T0299125

بسم الله الرحمن الرحيم

دور التنشئة الاجتماعية

في الحد من السلوك الإجرامي

مدخل نظري ودراسة ميدانية

رقم الإيداع لدى المكتبة الوطنية (2010/3/820)

303.32

العزي، صلاح حسن أحمد

دور التنشئة الاجتماعية في الحد من السلوك الاجرامي/صلاح حسن أحمد العزي

عمان :غيداء للنشر والتوزيع ، 2010

(   ) ص

ر.أ: (2010/3/820)

الواصفات: /التنشئة الاجتماعية//

*تم اعداد بيانات الفهرسة والتصنيف الأولية من قبل دائرة المكتبة الوطنية

دار غيداء للنشر والتوزيع

تلاع العلي- شارع الملكة رانيا العبداللـه
تلفاكس: 2043535 6 269 +
ص: ب: 520946 عمان 11152 الأردن

مجمع العساف التجاري - الطابق الأول
خلوي: 143 95667 7 692 +
E-mail:darghidaa@gmail.com

دور التنشئة الاجتماعية

في الحد من السلوك الإجرامي

مدخل نظري ودراسة ميدانية

المؤلف

د. صلاح حسن أحمد العزي

الطبعة الأولى

2011م - 1431هـ

الفهرس

الباب الثاني

الدراسة الميدانية

فهرس الجداول

المقدمة

توجه هذه الدراسة الانظار وتركز الاضواء على الدور الذي تضطلع به عملية التنشئة الاجتماعية المتمثل باكتساب الفرد ثقافة مجتمعه ولغته وقيمه وقواعده الاجتماعية السائدة فيه والمعاني والرموز والقيم التي تحكم سلوكه والتي تبدأ منذ البواكير الاولى لحياته وتستمر حتى بلوغه مراحل متقدمة من عمره، وهي تهدف ايضاإلى تزويد الفرد سلوكاومعايير واتجاهات مناسبة لادوار معينة تمكنه من مسايرة جماعته وتكسبه الطابع الاجتماعي وتيسر له الاندماج في الحياة الاجتماعية، فضلاعن ذلك كله فانها تشكل حجر الزاوية في ضبط سلوكه لكونها تقوم بمهمة تحويله من كائن عضوي حيواني السلوك إلى شخص آدمي بشري التصرف، ولذا يمكن اعتبارها بمثابة طوق النجاة الذي يحفظ الفرد من الوقوع في مهاوي الجريمة التي باتت تشكل خطراحقيقياتعكر صفو المجتمع وامنه واستقراره وتعصف بالقيم الاجتماعية التي يسعى المجتمع في المحافظة عليها فضلاعن كونها تعد معول هدم واداة تخريب تستنزف امكانيات وتهدر طاقاته، اضافة إلى ذلك فان المجتمع يدفع مقابل السلوك الاجرامي خسائر فادحة تتمثل بخسارة الفرد بوصفه طاقة منتجة في حركة تنمية المجتمع وتطوره، كما انه يضطر إلى انفاق جانب من دخله القومي لمواجهة مخاطر هذا السلوك الشائن، وان النجاح في هذه المهمة الجليلة يعتمد إلى حد كبير على الجهات المعنية والمؤسسات المختصة بهذا الشأن في تزويد افراد المجتمع بالجرعات اللازمة من جرعات التنشئة الاجتماعية.

وانطلاقامن اهمية هذا الموضوع فقد تم اختياره للدراسة من اجل التعرف عن قرب على الدور الذي يمكن ان يقوم به في مجال الحد من الجريمة التي تعد علة اجتماعية ما تزال تطل برأسها البغيض على مسرح الحياة ضمن رقعة جغرافية محددة من قطرنا العزيز تمثلت في مدينة كركوك.

وقد تضمنت هذه الدراسة بابين، الباب الاول تضمن الدراسة النظرية واحتوى على خمسة فصول، تناول الفصل الاول الاطار العام لمشكلة الدراسة واهدافها واهميتها فضلاعن تحديد مفاهيمها، كما تناول هذا الفصل عرضاموجزالنماذج من الدراسات السابقة العراقية والعربية والاجنبية، في حين تناول الفصل الثاني الاهداف الرئيسة التي ترمي اليها عملية التنشئة الاجتماعية والشروط الواجب توفرها من اجل تحقيق تنشئة اجتماعية سليمة والمراحل الاساسية التي يمر بها الفرد من خلال هذه العملية والاساليب الشائعة التي يعتمدها المربون في تنشئة الابناء سواءالغث منها والسمين، اضافة إلى ذلك فقد تم في هذا الفصل تناول امهات النظريات الاجتماعية في هذا المجال من اجل التعرف على الخطوط الاساسية والافكار الرئيسة التي تتناول شرح الكيفية التي يتم من خلالها اندماج الفرد في الجماعة واكتسابه الكثير من القواعد الاجتماعية والاستعدادات النفسية التي تجعله يشعر ويفكر ويسلك بحسب ما تمليه عليه ثقافة المجتمع التي تعتبر العماد الذي ترتكز عليه عملية التنشئة الاجتماعية، في حين تناول الفصل الثالث المؤسسات المختصة بعملية التنشئة الاجتماعية وما تقوم به من دور هام وخطير في هذا المجال، بينما تناول الفصل الرابع العوامل المؤدية إلى السلوك الاجرامي الذاتية منها والموضوعية، ففي ما يخص العوامل الذاتية فقد تم التطرق فيه إلى دور العامل الوراثي الذي يعد قوة توجه الفرد بما تولد فيه من ميول تنتقل اليه من اصوله، فضلاعن تناول عاملي السن والجنس اللذين يشكلان العوامل الذاتية الاساسية الاخرى، اضافة إلى ذلك فقد تم في هذا السياق التطرق إلى الاختلالات التي تصيب الجهاز النفسي ـ للانسان وما تحدثه من تأثير سلبي على ادراكه وارادته. اما فيما يخص العوامل الموضوعية المسؤولة عن اخراج الجريمة إلى حيز الوجود فقد تم تناول العوامل الخارجية وخاصة الاجتماعية منها على وجه التحديد والتي تشكل ارضية خصبة في نمو النزعات الاجرامية وتكون في ذات الوقت سببارئيسافي انطلاق شرارة الجريمة.

اما فيما يتعلق بالفصل الخامس فقد تم فيه استعراض اهم النظريات الاجتماعية التي حاولت ان تفسر وتشرح الطريقة التي يتم من خلالها تعلم السلوك الاجرامي والتي جاء بها نخبة من مفكري واساطين علم الاجتماع، كذلك تم في هذا الفصل تناول الاجراءات الاحترازية التي من شأنها ان تعمل على الوقاية من الجريمة أو الحد منها وتضييق دائرة نشاطها. اما الباب الثاني فقد تضمن الدراسة الميدانية حيث اشتمل على فصلين هما الفصل السادس الذي تناول الاجراءات العلمية والمنهجية للدراسة وكذلك احتوى على البيانات الاولية للمبحوثين، اما مضمون الفصل السابع والاخير من الدراسة فقد احتوى عرضاتحليلياللبيانات الخاصة عن وحدات العينة، كما اشتمل على نتائج الدراسة والتوصيات والمقترحات المتعلقة بها، كما تضمنت هذه الدراسة قائمة بالمصادر العربية والاجنبية، اضافة إلى الملاحق التي تضمنت نموذجامن الاستمارة الاستبيانية وملخصالمضمون الدراسة باللغة الانكليزية. وفي الختام لابد لي من القول باني لا ادعي باي حال من الاحوال باني استوفيت ما اوفيت أو استكملت ما اكملت إذ الكمال لله وحده، فالباحث مهما بذل من جهد وقدم من عطاء فمثله كمثل باسط كفيه إلى الماء ليبلغ فاه وما هو ببالغه ولكن عسى ان اكون قد اسهمت كلمة في الجملة المفيدة، وهي بعد هذا وذاك جهد المقل وخطوة المتثاقل ارجو بها النفع في الناس والاجر من الله.

الباب الاول
الدراسة النظرية

الفصل الأول

المبحث الأول – الإطار المنهجي للدراسة

أولا – تحديد مشكلة الدراسة

ثانيا – أهداف الدراسة

ثالثا – أهمية الدراسة

رابعا – المفاهيم والمصطلحات

المبحث الثاني: نماذج من الدراسات السابقة

أولا – الدراسات العراقية

ثانيا – الدراسات العربية

ثالثا – الدراسات الاجنبية

الباب الأول

الفصل الأول

المبحث الأول

تحديد مشكلة الدراسة:

قد لا يحتاج المرء لاكثر من وقفة قصيرة امام عالمنا المترامي الاطراف ليدرك مدى التناقض العجيب الذي تعيش فيه البشرية، بناء وعمران وتقدم ومدنية بلغت مدارج رفيعة في الرقي والتقدم فاقت حدود التصور والخيال في جانب، وقتل تدمير وافناء يثير اقصى مشاعر الرعب والفزع والاشمئزاز من جانب اخر. ولا يقف الامر عند هذا الحد، ففي كل يوم وساعة، بل في كل لحظة من حياتنا يقتل انسان بيد اخيه الانسان أو يعتدى على سلامته البدنية أو عرضه أو يتجاوز على حقوقه وماله أو امنه.

والجريمة ظاهرة قديمة عرفتها جميع المجتمعات البشرية المنتشرة في اصقاع المعمورة سواء المتقدمة منها أو المتأخرة، فهي آفة اجتماعية مخربة للكيان الاجتماعي، فضلا عن كونها تعد معول هدم واداة تخريب في بنائه تستنزف امكانياته وتهدر طاقاته، حيث يذهب ضحية هذا المرض الاجتماعي الفتاك كثير من الابرياء، فضلا عما يحدثه من رعب وهلع بين ابناء المجتمع يبقى ينخر في جسد الامة فيضعف مقاومتها ويوهن عزيمتها في مواجهة الاخطار والتحديات التي تواجهها.

وقد بدأت مشكلة الجريمة في السنوات الاخيرة تزداد حدة يوما بعد يوم وتحمل في طياتها خطرا كبيرا، فالجريمة إلى جانب هدرها الانفس والاموال والحقوق واخلالها بامن المجتمع وطمأنينته واستقراره، صارت باهضة التكاليف وعبئا ثقيلا

على الاقتصاد تنوء اية دولة في العالم بحمله، لذا فان اكبر تحد واجه المفكرين قديما وحديثا هو مسألة البحث عن سبب الجريمة، لان فيها مفتاح علاجها والطلسم السحري الذي يستعان به على قبرها ولان اغفال عوامل نشوءها في عملية البحث عن وسائل الوقاية أو الحد منها يجعلنا نخفق في اختيار العلاج المناسب لها، بنفس الطريقة التي يخفق فيها الطبيب في علاج المريض عندما يهمل التحري عن سبب مرضه الحقيقي[1].

غير ان وجهات النظر بخصوص الجريمة تختلف باختلاف المجتمعات والعصور فما يعد جريمة في مجتمع قد لا يعد كذلك في مجتمع اخر، وما كان يعد جريمة في زمن ما لا يعد كذلك في زمن اخر، فضلا عن ان تطور المجتمعات بانظمتها وهيئاتها ومؤسساتها المختلفة وتعقد اساليب الحياة فيها وتشعبها ادى الى ظهور انماط جديدة من الجرائم لا وجود لها في مرحلة سابقة من تاريخ المجتمعات، وهذا يعني ان الجريمة مشكلة قديمة حديثة في آن واحد.

ومما يجعل دراسة الجريمة ووضع الحلول الناجعة لها عملية لا تخلو من صعوبة هو كون هذه الظاهرة الاجتماعية كأي ظاهرة انسانية اخرى متغيرة لا يمكن اخضاعها للتجريد والملاحظة، بنفس الطريقة التي تخضع لها الظواهر الطبيعية، وبالتالي فانه من العسير التوصل إلى قوانين ثابتة بشأنها، فكلما سد المختصون ثغرة وجد الاجرام لنفسه ثغرة اخرى ينشر من خلالها الهلع واليتم والضياع في ضحاياه الكثيرين.

(1) السراج، عبود (الدكتور)، علم الاجرام وعلم العقاب، مطبعة ذات السلاسل، الكويت، 1981، ص13 .

أهداف الدراسة:

ترمي كل دراسة علمية إلى تحقيق اهداف يتوخاها الباحث من وراء دراسته ويمكن من خلالها ان يركز الاضواء على مجموعة من الجوانب، ومن جملة الاهداف التي ترمي اليها هذه الدراسة هي ما يأتي:

1. تبيان الاساليب الصحيحة التي ينبغي ان تعتمد في عملية التنشئة الاجتماعية من قبل المربين والتي من شأنها ان تترك نتائج طيبة على الصحة النفسية للابناء وتحقق لهم التوافق الاجتماعي وتعمل في ذات الوقت على وقايتهم من شرور الجريمة والانحراف.

2. التعرف على المؤسسات الاجتماعية الاخرى التي تساهم إلى جانب الاسرة في عملية التنشئة الاجتماعية لافراد المجتمع تنشئة تستهدف تهذيب اخلاقهم وصقل سلوكهم وتساعدهم على التمسك بأهداب الفضيلة وعرى الاخلاق الفاضلة.

3. معرفة اهم العوامل الفردية والاجتماعية التي تؤدي بشكل أو بآخر إلى ولادة الجريمة والظروف المفضية اليها والاحوال المضطربة التي تنذر بوقوعها وتدق ناقوس الخطر في حدوثها.

4. تسليط الاضواء على الاجراءات الاحترازية التي تهدف إلى الوقاية من الجريمة ودرء اخطارها الجسيمة وتطهير المجتمع منها ووأدها قبل ان ترى النور باعتبارها تشكل عقبة كأداء في تحقيق الامن والاستقرار في المجتمع.

5. تقديم التوصيات والمقترحات التي من شأنها ان تساهم في ترسيخ التنشئة الاجتماعية لافراد المجتمع وخاصة النشئ منهم على وجه التحديد بحيث تحصنهم من الوقوع في مراتع الجريمة والانحراف.

أهمية الدراسة:

تأتي اهمية الدراسة في الوقت الذي نلمس فيه بشكل جلي ضعفا واضحا في التنشئة الاجتماعية لافراد المجتمع وخللا واضحا في المؤسسات المعنية والمسؤولة

عن هذه التنشئة، وقد افرز مثل هذا الضعف والخلل سلوكيات شاذة تجلت في المظاهر الانحرافية التي اخذ قسم منها صورا اجرامية، الامر الذي احدث شرخا في الجدار الامني للمجتمع مما شكل عنصر قلق يتطلب الوقوف عنده مليا.

وتأسيسا على ما تقدم فان الحاجة تدعونا اكثر من أي وقت مضى إلى ان نضع الاصبع على الجرح، وان نعمل على معالجته والتئامه حتى لا يستفحل امره ويخرج من دائرة السيطرة والتحكم، لذا فان المسؤولية الاخلاقية قبل الوطنية تلزم الجهات المعنية ان تعي وتدرك بحس مسؤول المسؤولية الملقاة على عاتقها والمتمثلة في تحصين افراد المجتمع، بمختلف فئاتهم العمرية وشرائحهم الاجتماعية وانحداراتهم الطبقية، ووقايتهم من هذا المرض الاجتماعي الوبيل (الجريمة) التي اصبح امر استفحالها يقض المضاجع ويبعث على القلق فضلا عن انها تعكر صفو المجتمع وتعرقل مسيرة تطوره وتقدمه، مما يستدعي بان تشحذ الهمم والعزائم في تطويق هذه المشكلة والحد من انتشارها ووأدها في مهدها قبل ان ترى النور، ولتفويت الفرصة على كل من تسول له نفسه العبث بامن المجتمع واستقراره من اصحاب النفوس المريضة ممن لديها من الاستعداد ما يكفي بان تجنح عن سواء السبيل فتزل قدمها.

واذا كانت "الوقاية خير من العلاج" فان نقطة الشروع في حماية المجتمع من هذه العلة الاجتماعية الخبيثة تبدأ من الفرد، فالفرد هو الخلية الاولى في بناء المجتمع، بيد انه لا يمكن تحقيق هذا الهدف الا من خلال اصلاح بعض ما اصاب الوكالات المعنية والمؤسسات المختصة من حالات ضعف تحول بينها وبين ما تقدمه من التربية السليمة والتنشئة الصحيحة الصائبة لجميع افراد المجتمع، وهذه المؤسسات تشكل دعامة كل حركة اصلاحية، فاذا قدر للاصلاح من يحمل رسالته على افضل وجه واكمل صورة كان ذلك بداية النجاح في هذا المسعى الطيب وتحقيق الرفاهية والتقدم المطرد في طريق لا زيغ فيه ولا انحراف. لذا فان من علائم الخير في الامم والمجتمعات والدول ان تكون امراضها وادواؤها الاجتماعية والخلقية في تناقص

مستمر لتكون في نهاية المطاف وقد تطهرت منها، فبوجود هذه الامراض لن تستقيم معها نهضة ولن يطرد معها سير، لان الناس جميعا عالمهم وجاهلهم كبيرهم وصغيرهم مدنيهم وقرويهم بحاجة مستمرة ومتواصلة إلى من يصون اخلاقهم ويردهم إلى حضيرة الفضيلة اذا ما زاغوا عن الطريق المستقيم، فتلك امانة جسيمة ووديعة عظيمة في اعناق المصلحين والمفكرين والقائمين على المؤسسات المعنية بهذا الامر.

تحديد المفاهيم والمصطلحات العلمية المستخدمة في الدراسة:

يعد تحديد المفاهيم والمصطلحات العلمية امرا ضروريا ومفروغا منه، لانه كفيل بان يؤسس ارضية صلبة من الفهم والادراك المشترك لهذه المفاهيم والمصطلحات لدى جمهور القراء والباحثين والمختصين على حد سواء دون ان يكون هناك اختلاف أو تباين في وجهات النظر حول المعاني التي يريد الباحث التعبير عنها أو الافكار التي يرمي اليها من خلال هذه المفاهيم والمصطلحات. وبما ان المفهوم هو الوسيلة الرمزية التي يستعين بها الانسان للتعبير عن المعاني والافكار المختلفة بغية توصيلها لغيره من الناس[1].

وبما ان دراستنا تتناول الاهمية الكبيرة التي تقوم بها التنشئة الاجتماعية في الحد من الجريمة وتقليل معدلات حدوثها ونسب ارتكابها فاننا قد اخترنا جملة من المفاهيم والمصطلحات التي تدخل في صلب موضوع الدراسة والتي سوف يرد ذكرها في مواضع مختلفة ضمن الدراسة وسياقها العام. وهذه المفاهيم والمصطلحات هي (الدور، التنشئة الاجتماعية، الاسرة، السلوك، الجريمة، الانحراف، المجرم).

---

(1) حسن، عبد الباسط محمد (الدكتور)، اصول البحث الاجتماعي، الطبعة الرابعة، مكتبة الانجلو المصرية، القاهرة، 1975، ص155.

أولا. الدور (Role):

يعد مفهوم الدور من اكثر المفاهيم غموضا وابهاما في العلوم الاجتماعية بسبب تداخله مع غيره من المفاهيم، فهو يستخدم في علم الاجتماع وعلم النفس الاجتماعي والانثروبولوجيا، لذلك فان تحديد معنى الدور يكتسب اهمية قصوى في دراسة وتحليل البناء الاجتماعي الذي يتألف من مجموعة من المراكز الاجتماعية التي تتطلب ادوارا محددة ومعينة، وهذه المراكز تحتل مواقع خاصة في سلم البناء الاجتماعي، وان الاستمرار الوظيفي لاي نظام اجتماعي يعتمد على الاداء المتميز والمنظم للادوار الاجتماعية والتي هي حصيلة تفاعل العوامل الاجتماعية والعوامل النفسية في المواقف الاجتماعية المختلفة. وقد تناول عدد من الباحثين والمختصين هذا المفهوم واستطاعوا من خلاله ان يضعوا الخطوط العامة لمضمونه واضفاء سمة العلمية والدقة المطلوبة عليه، فالعالم (رالف لنتون) يعد من ابرز العلماء الذين حاولوا ان يضعوا تعريفا دقيقا وواضحا للدور دون ان يكتنفه التباس أو غموض، فهو يعرف الدور (بانه الجانب الديناميكي للمركز الذي يلتزم الفرد بتأديته كي يكون عمله سليما في مركزه)[1]. في حين ينظر اخرون إلى الدور من وجهة نظر اخرى ومنهم العالم (كوترل) الذي يرى ان الدور ما هو (الا سلسلة استجابات شرطية متوافقة داخليا لاحد اطراف الموقف الاجتماعي، تمثل نمط التنبيه في سلسلة استجابات الاخرين الشرطية المتوافقة داخليا بنفس الطريقة في هذا الموقف)[2]. في حين هناك عدد من العلماء ينظرون إلى الدور من زاوية اخرى فيعتقدون بانه ذلك النمط المتكرر من الافعال المكتسبة التي يؤديها شخص معين في موقف تفاعلي[3].

---

(1) ابو جادو، صالح محمد علي، سيكولوجية التنشئة الاجتماعية، دار المسيرة، عمان، 1988، ص19.
(2) ابو جادو، صالح محمد علي، سيكولوجية التنشئة الاجتماعية، مصدر سابق، ص57 .
(3) غيث، محمد عاطف (الدكتور)، قاموس علم الاجتماع، الهيئة المصرية العامة للكتاب، الاسكندرية، 1979، ص390 .

ووضع قسم اخر من العلماء للدور معنى وبعدا اخر يضاف إلى مضمون ما تقدم ذكره فيعرفونه بانه ذلك السلوك المتوقع من الفرد في الجماعة وهو الجانب الحيوي الذي يجمع إلى جانبه العناصر الفيزيقية[1]. وتذهب طائفة اخرى من العلماء إلى القول عنه والنظر فيه على انه تمتع الشخص بحقوقه وتحمله مسؤوليات تحتم عليه اداء واجبات محددة بحكم اشغاله منزلة معينة[2].

وهناك اكثر من نمط للدور وكل نمط من هذه الانماط يختلف الواحد عن الاخر من حيث طبيعته والمهمة التي يقوم بها وهذه الانماط هي ما يأتي:

1. **الدور المكتسب:** وهو الدور الذي يقوم به الفرد سواء اختاره أم تعلمه.

2. **الدور الموروث:** وهو الدور الذي يحصل عليه الفرد بصفة تلقائية عند ميلاده أو عند وصوله إلى سن معينة.

3. **الدور المستدمج:** وهو الدور الذي يتبناه الفرد ويجعله جزءا من مفهومه الذاتي أو صورته الذاتية.

4. **الدور المتوقع:** وهو الدور الذي يعتقد الشخص من خلاله ان الآخرين ملزمون بادائه نحوه في موقف معين كما يشير ايضا إلى الدور الذي يعتقد الشخص ان الاخرين يتوقعون منه القيام به.

5. **الدور الملزم:** وهو الدور الذي تحدده المستويات الثقافية وهو يشير ايضا إلى السلوك المتوقع من الذين يشغلون دورا معينا[3].

في ضوء ما تقدم ومن خلال ما تم عرضه لتعاريف متعددة للدور يمكن ان نعرف هذا المفهوم تعريفا اجرائيا مضمونه انه (ذلك النمط المتكرر من السلوك

(1) بدوي، احمد زكي (الدكتور)، معجم العلوم الاجتماعية، مكتبة لبنان، بيروت، 1977، ص395.

(2) سليم، شاكر مصطفى (الدكتور)، قاموس الانثروبولوجيا، الطبعة الاولى، جامعة الكويت، الكويت، 1980، ص829 .

(3) غيث، محمد عاطف (الدكتور)، قاموس علم الاجتماع، مصدر سابق، ص390-391 .

المنظم الذي يؤديه الفرد في موقف تفاعلي مع الافراد الاخرين في اثناء توليه مركزا اجتماعيا وتنظمه مجموعة من المعايير والقيم والاتجاهات التي يفرضها المجتمع).

ثانيا. التنشئة الاجتماعية (Socialization):

تعد التنشئة الاجتماعية عملية تعليمية وتربوية تهدف إلى اكتساب الفرد سلوكا ومعايير ومقاييس واتجاهات تمكنه من الاندماج في المجتمع الذي يعيش فيه وتسهل له امتلاك القدرة على التكيف معه. وعملية التنشئة الاجتماعية تشكل حجر الزاوية في ضبط سلوك الافراد وثنيهم عن الافعال التي لا يرتضيها المجتمع بغية امتثالهم له والاندماج في ثقافته والخضوع لالتزاماته، لذا فهي الاساس الذي يعول عليه المجتمع في صياغة الانسان في القالب والشكل الذي يطمح اليه حتى يكون سلوكه متوافقا مع الحياة الاجتماعية السائدة. والتنشئة في اللغة العربية مشتقة من الفعل نشأ أي ربا والناشئ هو من جاوز حد الصغر [1].

وقد وردت تعاريف كثيرة تناولت هذا المفهوم من زوايا مختلفة، فهناك من العلماء من يذهب إلى تعريف التنشئة الاجتماعية بانها عملية تعلم وتعليم تقوم على التفاعل الاجتماعي وتهدف إلى اكتساب الفرد طفلا كان أم مراهقا أم راشدا أم شيخا سلوكا ومعايير واتجاهات مناسبة لادوار اجتماعية معينة، تمكنه من مسايرة جماعته والتوافق الاجتماعي معها وتكسبه طابعا اجتماعيا وتيسر له الاندماج في الحياة الاجتماعية [2]. وهناك للتنشئة الاجتماعية تعاريف اخرى منها تعريف عنها مفاده بانها عملية تحويل الفرد من كائن عضوي حيواني السلوك إلى شخص آدمي

---

(1) الفيروز آبادي، العلامة مجد الدين محمد بن يعقوب، قاموس المحيط، عالم الكتب، بيروت، 1980، ص30 .

(2) زهران، حامد عبد السلام (الدكتور)، علم النفس الاجتماعي، الطبعة الخامسة، عالم الكتب، القاهرة، 1984، ص243 .

بشري التصرف في محيط افراد اخرين من البشر يتفاعل بعضهم مع بعض ويتعاملون على اسس مشتركة من القيم التي تبلور طرائقهم في الحياة[1].

في حين ينظر قسم اخر من العلماء إلى التنشئة الاجتماعية من وجهة نظر اخرى فيعرفونها بانها العملية التي يكتسب بواسطتها الفرد المعرفة والمهارات والامكانات التي تجعله بصورة عامة قادرا على ممارسة دور مناسب في مجتمعه[2]. كما عرفت التنشئة الاجتماعية من زاوية اخرى بانها العملية التي تهدف إلى تزويد الفرد بالقيم التي ينشدها المجتمع وتحمله على السلوك الذي ينسجم وهذه القيم وتتم هذه العملية عن طريق البيئة الاجتماعية المحيطة بالفرد[3]. في حين يرى بعض المختصين بان التنشئة الاجتماعية ما هي الا عملية اجتماعية نفسية تتقوم بها نفسية الفرد وتتطور بالتعليم في الاسرة وخارجها بوسائل الضبط الاجتماعي كي يتواءم الفرد مع حضارته ويصبح قادرا على العيش في مجتمعه وعلى تطبيق نظمه والتفاعل مع افراده وتتضمن هذه العملية غرس قيم الجماعة ومثلها في نفس الفرد وتعليمه كيفية التعبير عنها[4].

وتناول العالم (بارسونز) هذا المفهوم ايضا وكان فحوى تعريفه له بانه (عملية تعليم تعتمد على التلقين والمحاكاة والتوحد مع الانماط العقلية والعاطفية والاخلاقية عند الطفل والراشد وهي تهدف إلى ادماج عناصر الثقافة في نسق الشخصية)[5]. وعرفت التنشئة من ناحية اخرى بانها التربية الاسرية التي يتعلم

---

(1) دياب، فوزية (الدكتورة)، نمو الطفل وتنشئته بين الاسرة ودور الحضانة، الطبعة الثانية، مكتبة النهضة المصرية، القاهرة، 1980، ص110 .

(2) حوامده، مصطفى محمود (الدكتور)، التنشئة الاجتماعية في الاسلام، دار الكتب، اربد، 1994، ص2.

(3) خليفة، احمد محمد (الدكتور)، مقدمة في دراسة السلوك الاجرامي، الجزء الاول، دار المعارف، القاهرة، 1962، ص105 .

(4) سليم، شاكر مصطفى (الدكتور)، قاموس الانثربولوجيا، مصدر سابق، ص328 .

(5) ابو جادو، صالح محمد علي، سيكولوجية التنشئة الاجتماعية، مصدر سابق، ص18 .

بواسطتها الابناء عن طريق التوجيه والتعليم والتدريب والتشجيع الاسري قيم المجتمع وقواعد السلوك فيه[1]. في ضوء ما تم ذكره من نصوص تمثل تعاريف متعددة للتنشئة الاجتماعية فانه بالامكان وضع تعريف اجرائي لهذا المفهوم مفاده وهو (العملية التي يكتسب من خلالها الفرد القيم والقواعد والمعايير الاجتماعية المتعارف عليها في المجتمع عن طريق التوجيه والتدريب والتعليم بحيث تسهل له الاندماج في الحياة الاجتماعية وتحقق المواءمة بينه وبين الثقافة السائدة في محيطه الاجتماعي).

ثالثا. الأسرة (Family):

كانت الاسرة وما تزال الوحدة الاساسية الاولية للجماعات البشرية التي يستمر عن طريقها بقاء المجتمع واستمرار حضارته فهي اللبنة الرئيسة والحجر الاساس الذي يستند عليه الكيان الاجتماعي، فهي خليته الاساسية وقلبه النابض، فمن خلالها يرى المجتمع افراده ويرى الافراد مجتمعهم من خلالها، فهي الجسر الموصل بين الفرد والمجتمع، وهي من اقدم وأهم النظم التي اقامها الانسان واوسعها انتشارا وعنها تنبثق كل النظم الاجتماعية الاخرى.

وقد حظيت الاسرة باهتمام بالغ ومنقطع النظير من العلماء والمفكرين والمختصين قلما حظيت به مؤسسات المجتمع الاخرى وقد تنوعت المفاهيم والتعاريف التي كتبت عنها فالعالم (برجس) عرف الاسرة بانها (جماعة من الاشخاص يتحدون عن طريق الزواج أو الدم أو التبني ويسكنون معا بصورة مستقلة وتوجد بينهم تفاعلات مستمرة نتيجة لقيامهم بادوار اجتماعية معينة)[2] .

(1) الالوسي، حسام (الدكتور) واخرون، علم الاجتماع والفلسفة، شركة الجنوب للطباعة المحدودة، بغداد، 1995، ص164-165 .

(2) العاني، عبد اللطيف عبد الحميد (الدكتور) واخرون، المدخل إلى علم الاجتماع، دار الكتب للطباعة والنشر، بغداد، 1985، ص206 .

اما العالمان (اوكبرن ونيمكوف) فيعتقدان بان الاسرة هي عبارة عن (منظمة دائمة نسبيا تتكون من زوج وزوجة مع اطفال أو بدونهم)[1]. في حين يذهب العالم (سمنر) في تعريفه الاسرة إلى القول بانها (منظمة اجتماعية مصغرة تحتوي على جيلين من الافراد تؤسس على اساس رابطة الدم)[2]. فيما يرى العالم (ماكيفر) بان الاسرة عبارة عن (جماعة تربطهم علاقات جنسية متينة لغرض التناسل وتربية الاطفال)[3]. وكما عرفت الاسرة من وجهة نظر اخرى بانها الوحدة الاجتماعية الاولى التي تهدف إلى المحافظة على النوع الانساني وتقوم على المقتضيات التي يرتضيها العقل الجمعي والقواعد التي تقرها المجتمعات المختلفة[4].

كما يمكن ان تعرف الاسرة بانها جماعة من الاشخاص مرتبطون بواسطة الزواج أو الدم أو التبني ويعيشون في بيت واحد ويتفاعلون مع بعضهم وفق ادوارهم الاجتماعية وتسود بينهم ثقافة مشتركة[5]. وعرفت الاسرة أيضا بانها وحدة تتكون من شخصين يجمعها الزواج اضافة إلى الاطفال الناتجين عن هذا الزواج أو التبني[6]. من خلال التعاريف العديدة التي ذكرت عن الاسرة فانه يمكن ان نستخلص تعريفا اجرائيا عنها مؤداه هي (وحدة أو منظمة اجتماعية تتألف من الاب والام وابنائهما وتسود بينهم علاقات وروابط ثابتة نسبيا كالروابط

(1) الحسن، محمد احسان (الدكتور)، المدخل إلى علم الاجتماع الحديث، مطبعة الجامعة، بغداد، 1975، ص184.
(2) الكعبي، حاتم (الدكتور)، مبادئ علم الاجتماع، دار الحرية، بغداد، 1974، ص63 .
(3) المصدر نفسه، ص64 .
(4) بدوي، احمد زكي (الدكتور)، معجم العلوم الاجتماعية، مصدر سابق، ص152 .
(5) القصير، مليحة عوني والدكتور صبيح عبد المنعم، علم اجتماع العائلة، مطبعة الجامعة، بغداد، 1984، ص6 .
(6) النوري، قيس (الدكتور)، المدخل إلى علم الانسان، مطبعة جامعة الموصل، الموصل، 1980، ص217 .

الاجتماعية والاخلاقية والروحية وتقوم بمهمة التربية والتوجيه والارشاد لابنائهما وفق قيم وقواعد المجتمع والاخلاق السائدة فيه).

رابعا. السلوك (Behaviour):

ان النشاط الذي يصدر عن الكائن الحي يشكل محور التفاعل الاجتماعي الذي من خلاله يستطيع هذا الكائن ان يؤثر ويتأثر بالمحيط الاجتماعي الذي يعيش فيه وهو يشكل في ذات الوقت رد فعل نتيجة المواقف المختلفة التي يمر بها، ومن خلال هذه العملية تستمر وتيرة الحياة وتدب الروح في جسد المجتمع، وهي تأخذ صورا مختلفة وأشكالا متباينة ومواقف متعددة ومن خلالها تتبلور القيم وتصاغ حضارة المجتمعات وفي ضوءها يتحدد السلوك وفق قوالب محددة ومعايير منتظمة.

وقد تناول علماء النفس والاجتماع مفهوم السلوك وصاغوا له تعاريف عدة فمنهم من يذهب في تعريفه عن السلوك فيقول عنه بانه الاستجابة الكلية الحركية والغددية التي يقوم بها الكائن الحي نتيجة للموقف الذي يواجهه[1]. وهناك من يعرف السلوك بانه نتاج عملية تتفاعل فيها العوامل الحيوية والمؤثرات الاجتماعية[2].

فيما ينحى لفيف من المختصين منحى اخر في بلورة تعريفهم للسلوك فيعتقدون بانه أي استجابة أو رد فعل للفرد، لا يتضمن فقط الاستجابات والحركات بل يشتمل على العبارات اللفظية والخبرات الذاتية[3]. وقد خاض العلماء في مسألة انواع السلوك وصوره المختلفة فهناك من وضع تقسيما لاشكال السلوك ونماذجه المتنوعة وهذه الاشكال والانواع الخاصة بالسلوك هي:

(1) الحفني، عبد المنعم (الدكتور)، موسوعة علم النفس والتحليل النفسي، دار العودة، بيروت، 1978، ص92 .

(2) زهران، حامد عبد السلام (الدكتور)، علم النفس الاجتماعي، مصدر سابق، ص101 .

(3) غيث، محمد عاطف (الدكتور)، قاموس علم الاجتماع، مصدر سابق، ص36 .

1. **السلوك الجمعي**: وهو شكل من اشكال سلوك الجماعات يظهر اذا ما توافر عدة شروط في المواقف المحيطة بهذه الجماعات ويتميز ظهوره بانه يمر بمراحل محددة، فهو يبدأ بان تستثار عند عدد من افراد الجماعة دوافع معينة ثم تنتشر هذه الدوافع بين عدد اكبر ثم تنظم وتوجه نحو موضوعات تتخذ اهدافا لافعال بعينها.

2. **السلوك المنحرف**: ويراد به السلوك الخارج عن المعايير الاجتماعية والثقافية التي يؤكد عليها النظام الاجتماعي والتي تقرها احدى الجماعات فيه[1].

وهناك قسم من العلماء يرى ان انماط السلوك تنقسم على نوعين هما:

1. **السلوك المستتر**: وهو سلوك الفرد الذي يصعب على الاخرين ملاحظته لانه يشتمل على المشاعر والافكار.

2. **السلوك الظاهر (المكشوف)**: وهو سلوك الفرد الذي يمكن ملاحظته وتسجيله في مقابل السلوك الكامن الذي يستنتج من المشاعر والافكار[2].

على هدي ما تقدم وفيما عرض من تعاريف عدة عن السلوك وانماطه المختلفة وضروبه المتنوعة فاننا بالامكان صياغة تعريف اجرائي عنه نصه هو (الاستجابة التي تصدر عن الفرد والتي تشكل رد فعل نتيجة الموقف الذي يمر به والتي تعد الركيزة الاساس لعملية التفاعل الاجتماعي والتي تأخذ صيغا متعددة فقد تكون حركات فعلية أو اشكال لفظية تستمد طبيعة نماذجها من ثقافة المجتمع وموروثه الحضاري).

---

(1) مدكور، ابراهيم (الدكتور)، معجم العلوم الاجتماعية، الهيئة المصرية للكتاب، القاهرة، 1975، ص214 .

(2) غيث، محمد عاطف (الدكتور)، قاموس علم الاجتماع، مصدر سابق، ص36-37 .

خامسا. الجريمة (Crime):

تعد الجريمة من الظواهر الاجتماعية السلبية التي تعاني منها جميع المجتمعات البشرية المتقدمة منها أو النامية، فهي وجدت منذ اقدم الازمان وعلى الرغم من الجهود التي بذلت في مكافحتها والوقاية منها الا انها لا تزال تفرض وجودها على مسرح الحياة، فهي تشكل الخنجر الذي يتسبب في نزف خاصرة المجتمع وتتأرجح معدلات حدوثها بين الزيادة والنقصان تبعا للظروف التي تمر بها الدول والشعوب ولا يكاد مجتمع على كوكبنا يخلو من هذه العلة الاجتماعية الخطيرة.

والجريمة في اللغة العربية مشتقة من الجرم ويعني الذنب تقول منه جرم واجرم واجترم، والجرم: يعني التعدي أو الذنب، والجمع اجرام[1]، وقد تنوعت التعاريف الخاصة بالجريمة واختلفت نصوصها نظرا لتعدد الاختصاصات التي ينتمي اليها العلماء والمفكرون وتباين الزوايا التي نظر إلى الجريمة من خلالها. فمن الناحية الدينية عرفت الجريمة في الشريعة الاسلامية بانها كل فعل نهى الله عنه وعصيان ما امر الله به أو بعبارة اعم عصيان ما امر الله به بحكم الشرع الشريف ، ذلك لان الله تعالى قرر عقابا لكل من يخالف اوامره ونواهيه[2]. والجريمة في التشريع الجنائي الاسلامي تقسم على انواع ثلاثة هي:

1. **جرائم الحدود:** الحد هو العقوبة المقررة حقا لله تعالى، أي لا تقبل التعديل او التغيير التنازل أو الاسقاط وهي توجب الحد وتشمل سبع جرائم وهي (الردة والقذف والزنا والسرقة والبغي والحرابة وشرب الخمر).

(1) الرازي، محمد بن ابي بكر بن عبد القادر، مختار الصحاح، دار الكتاب العربي، بيروت، 1985، ص100 .
(2) ابو زهرة، محمد،الجريمة والعقوبة في الفقه الاسلامي، مكتبة الانجلو المصرية، القاهرة، 1960، ص23 .

2. **جرائم القصاص والـديات:** كلمـة القصـاص مشـتقة مـن القـص أو القطـع واتبـاع الاثـر والمساواة بين جانبي الشيء أي ان ما ينزل على الجاني من عقاب لا بد ان يكون مسـاويا لجنايته أو جرمه، فالقاتل يقتل، والدّية هي جزاء القتل الخطأ والجروح والدّية مبلغ من المال يدفع إلى اولياء القتيل مقابل تنازلهم عن الحق في القصاص ويشمل هذا النوع من الجرائم خمسة اصناف وهي (القتل العمد وشبه العمد والقتل الخطأ والجناية على مادون النفس عمدا والخيانة على مادون النفس خطأ) والعفو فيهـا جـائز مـن المجني عليه مقابل الدّية.

3. **جرائم التعازير:** وهي الافعال التي يعاقب عليها بعقوبـة أو اكـثر وقد عـرف الفقهـاء التعزير بانه عقوبة غير مقدرة تجب حقا لله تعالى أو لادمي في كل معصية ليس فيها حد ولا كفارة. والتعزير في اللغة مأخوذ من (عزر) أي منع وادب، وترك امر التعزيـر إلى القاضي أو ولي الامر لتقرير العقاب وفقا لمتطلبات المصلحة العامة ومن امثلته العقاب على ترك الجهاد، التعزير على الربا وشهادة الـزور والرشـوة وخيانـة الامانة امـا انـواع العقوبات التعزيرية فهي الحبس والتشهير والجلد والغرامة والتوبيخ والوعظ[1].

وللجريمة ثلاثة اركان رئيسة هي:

1. ان يكون هناك نص يحظر الجريمة ويعاقب عليها وهو ما يطلق عليه بـالركن الشرعي أو ما اصطلح عليه (لا جريمة ولا عقوبة الا بنص).

2. اتيان الفعل المكون للجريمة سواء كان فعلا أم امتناعا وهو ما يسـمى اصطلاحا بـالركن المادي للجريمة.

---

(1) المشهداني، اكرم عبد الرزاق (الدكتور)، منهج الاسلام في مكافحة الاجرام، مجلـة التربيـة الاسـلامية، العـدد الثـامن، السـنة الخامسة والثلاثون، شركة الخنساء للطباعة المحدودة، بغداد، 2002، ص35 .

3. ان يكون مرتكب الفعل مسؤولا عن الجريمة وهذا هو الركن الادبي[1].

على وفق ما تقدم تعرف الجريمة من الناحية القانونية بانها كل عمل مخالف لاحكام قانون العقوبات[2]. وقد ذهب الفقيه الايطالي (فرانسوا كرارا) في سياق تعريفه الجريمة بقوله (بانها العمل الخارجي الذي يقترفه شخص مخالفا به قانونا معينا ينص على عقاب مرتكبيه بحيـث لا يـبرره اداء لواجب معين أو استعمال بحق معين)[3]. اما العالم الامريكي (جيروم هول) فيرى بان الجريمة ما هـي الا عن (ضرر محظور بمقتضى القانون الجنائي مسند إلى رجل عادي بالغ، ارتكبه عن ارادة يجـب ان ينال عنه عقابا معينا في القانون)[4].

اما من الناحية الاجتماعية فدعاة المـذهب الاجتماعـي يـرون خـلاف ذلـك ويعتقـدون بـان الجريمة تشير إلى كل فعل يخالف الشعور العام للجماعة على اعتبار ان الجريمة ليست سوى تعبير عن نقص شعور التضامن الاجتماعي لـدى مرتكبها بسـبب عـدم تـزوده بالقـدر الكـافي مـن القيم والقواعد الاجتماعية اللازمة لحفـظ وجـود الجماعـة وانهـا تـشمل كـل فعـل يتعـارض مـع الافكار والمبادئ السائدة في المجتمع[5]. فالعالم (سذرلاند) ينظر إلى الجريمة ويعرفها بانها (السلوك الـذي تحرمه الدولة لما يترتب عليه من ضرر على المجتمع والذي تتدخل لمنعه بعقاب مجرميه)[6].

(1) صالح، ثناء محمد (الدكتورة)، الجريمة ونظرية السـببية في الشريـعة الاسـلامية، مجلـة الشرطة، العـدد السـادس، السـنة الرابعة والسبعين، مركز البحوث والدراسات في مديرية الشرطة العامة، شركة الوفاق للطباعة المحدودة، بغـداد، 2001، ص29 .

(2) عريم، عبد الجبار (الدكتور)، نظريات علم الاجرام، مطبعة المعارف، بغداد، 1970، ص36 .

(3) شتا،السيد علي (الدكتور)، علم الاجتماع الجنائي، دار الاصلاح، الدمام، السعودية، 1984، ص26.

(4) السراج، عبود (الدكتور)، علم الاجرام وعلم العقاب، مصدر سابق، ص34 .

(5) ابو عامر، محمد زكي (الدكتور)، دراسة في علم الاجرام والعقاب، الدار الجامعية، بيروت، 1982، ص33.

(6) شتا، السيد علي (الدكتور)، علم الاجتماع الجنائي، مصدر سابق، ص23 .

ومن ابرز انصار المذهب الاجتماعي العالم الفرنسي (اميل دوركهايم) الذي فسر الجريمة في نظريته بانها ظاهرة تتصل بتكوين المجتمع والحياة الاجتماعية التي ينشئها المجتمع ذاته بادانته بعض الانماط السلوكية، بوصفها افعال مخلة بمعايير القواعد الاجتماعية المألوفة يعتبرها جرائم وبالتالي يصبح فاعلها مجرما[1]. كما ان العديد من فقهاء القانون الجنائي الاوربي في القرن التاسع عشر فسروا الجريمة كظاهرة اجتماعية منهم الالماني (فون لست) والهولندي (فان هامل) والبلجيكي (ادولف برينس)[2]. اما اصحاب الاتجاه النفسي فيعتقدون ان السلوك الاجرامي ما هو إلا سلوك شاذ مرضي صادر عن الشخصية المضطربة نفسيا وذلك بالنسبة لاغلب حالات المجرمين، وبعبارة اخرى فان شخصية المجرم لا تختلف في جوهرها وفي تكوينها النفسي عن شخصية المريض، كما يرون ان كل فعل اجرامي ما هو إلا دلالة وتعبير عن صراعات نفسية تدفع صاحبها إلى الوقوع في الجريمة[3]. اما رائد التحليل النفسي (فرويد) فيذهب في قوله عن الجريمة بانها (تعبير عن طاقة غريزية لم تجد لها مخرجا اجتماعيا فادت إلى سلوك لا يتفق والاوضاع التي يسمح بها المجتمع)[4].

بمقتضى ما تم ذكره عن تعاريف مختلفة في التوجهات والابعاد عن لجريمة فاننا نستطيع القول في تعريفها بانها (كل فعل محظور يشكل خرقا لقوانين الدولة ومروقا عنها ويترتب على مرتكبه عقابا معينا يوازي في طبيعته شدة ونوعية الجرم الذي اقترفه الجاني نظرا لما يترتب عليه من ضرر كبير يلحق بالهيئة الاجتماعية).

---

(1) ابراهيم، اكرم نشأت (الدكتور)، علم الاجتماع الجنائي، الطبعة الثالثة، مطبعة النيزك، بغداد، 1998، ص5 .

(2) ابراهيم، اكرم نشأت (الدكتور)، علم الاجتماع الجنائي، مصدر سابق، ص5 .

(3) المغربي، سعد (الدكتور) والسيد احمد الليثي، الفئات الخاصة واساليب رعايتها – المجرمون -، مكتبة القاهرة الحديثة، القاهرة، 1967، ص114 .

(4) خليفة، احمد محمد (الدكتور)، مقدمة في دراسة السلوك الاجرامي، مصدر سابق، ص35 .

سادسا: الانحراف (Deviation)

يخلط كثير من الباحثين بين الانحراف والجريمة، حيث يعتقدون ان لكلا المفهومين ذات المعنى ونفس المضمون. فقد يعد كل من الاجرام والانحراف سلوكا مضادا للمجتمع، إلا ان مفهوم الاجرام اضيق من مفهوم الانحراف، باعتبار ان الاجرام هو عبارة عن صورة من صور الانحراف تتميز عنها بالتجريم القانوني، في حين ان الانحراف هو فعل ينتهك الاداب الاجتماعية غير ان ذلك الانتهاك لا يعد عملا اجراميا بموجب القانون.

وقد تعددت التعاريف التي ذكرت عن الانحراف، وتنوعت المضامين التي كتبها عنه الباحثون والمختصون. فالعالم (مارشال كلينارد) ينظر إلى السلوك المنحرف بانه (السلوك الذي يتجاوز حدود التسامح التي وضعها المجتمع)[1]. اما العالم (اريكسون) فيذهب في معرض تعريفه عن الانحراف بانه (السلوك الشاذ الذي يتطلب استثارة قوى الضبط الاجتماعي، أي انه التصرف الذي يجب عمل شيء ما ازاءه)[2]. في حين يقول العالم (روبرت ميرتون) عن الانحراف بانه (السلوك الذي يخرج عن الاهداف أو الوسائل أو كليهما والتي يستند عليهما البناء الاجتماعي)[3].

(1) حافظ، ناهدة عبد الكريم (الدكتورة)، السلوك المنحرف بوصفه ثقافة فرعية، بحث مقدم إلى الندوة الفكرية الخاصة بالسلوك المنحرف وآليات الرد الاجتماعي، سلسلة المائدة الحرة في بيت الحكمة، مطبعة اليرموك، بغداد، 1999، ص46 .

(2) حافظ، ناهدة عبد الكريم (الدكتورة)، السلوك المنحرف بوصفه ثقافة فرعية، مصدر سابق، ص47 .

(3) شتا، السيد علي، علم الاجتماع الجنائي، مصدر سابق، ص18 .

وهناك من يرى ان الانحراف ما هو إلا عبارة عن ذلك السلوك الـذي لا يتماشى مـع القيـم والعـادات والتقاليـد الاجتماعيـة التـي يعتمـدها المجتمـع في تحديـد سـلوكية افـراده[1]. ويصنـف الانحراف من الناحية الوظيفية على ثلاثة انواع هي:

1- **الانحراف الفردي:** وهو الانحراف الـذي يبدو بانه ظـاهرة شخصية يحـدث مرتبطا بخصائص فردية للشخص ذاته، أي ان هذا النمط من الانحراف ينبع في هذه الحالة من ذات الشخص.

2- **الانحراف بسبب الموقف:** وهو الانحراف الذي يحدث نتيجة لوطأة القـوى العاملـة في الموقف الخارجي على الفرد أو الموقف الذي يكـون فيه الفـرد جـزءا متكـاملا، وبعـض المواقف قد تشكل قوة قاهرة يمكن ان تدفع الفرد إلى الاعتداء على القواعـد الموضوعة للسلوك.

3- **الانحراف المنظم:** وهـو الانحـراف الـذي يظهـر بشـكل ثقافـة فرعيـة أو نسـق سـلوكي مصحوب بتنظيم اجتماعي خاص له ادوار ومراكز واخلاقيات متميزة عن طابع الثقافـة الكبرى[2].

في ضوء ما عرض فاننا نستطيع ان نعرف الانحراف تعريفا اجرائيا فنقـول عنـه بانـه (ذلك السـلوك الذي يتنافى مع القواعد الاجتماعية بوصفه تصرفا شـاذا يتجـاوز حـدود التسـامح المتعـارف عليها في المجتمع مما يؤدي إلى استثارة قوى الضبط الاجتماعي).

(1) ميتشيل، دينكن، معجم علم الاجتماع، ترجمة الدكتور احسان محمد الحسن، دار الطليعة، بيروت، 1986، ص73 .
(2) غيث، محمد عاطف (الدكتور)، المشاكل الاجتماعية والسلوك المنحرف، دار المعرفة، القاهرة، 1982، ص90-91 .

سابعا. المجرم (Criminal):

المجرم في اللغة العربية يعني المذنب والجارم هو الجاني[1]. وقد ورد هذا اللفظ في القرآن الكريم بصورتين:

1- **الاجرام الفردي**: هو الذي يتحدث عن المجرم ذاته في قوله تعالى: (يُبَصَّرُونَهُمْ يَوَدُّ الْمُجْرِمُ لَوْ يَفْتَدِي مِنْ عَذَابِ يَوْمِئِذٍ بِبَنِيهِ (11) وَصَاحِبَتِهِ وَأَخِيهِ (12))[2].

2- **الاجرام الجماعي**: وهو الفعل السيء الذي تقوم به الجماعة كقوله تعالى: (سَيُصِيبُ الَّذِينَ أَجْرَمُوا صَغَارٌ عِنْدَ اللَّهِ وَعَذَابٌ شَدِيدٌ بِمَا كَانُوا يَمْكُرُونَ (124))[3].

ولقد تعددت المنطلقات التي شرع من خلالها المختصون والعلماء في تعريفهم لهذا المفهوم فمن الناحية القانونية يعرف المجرم بانه الشخص الذي ارتكب الفعل الذي يعد بالقانون جريمة[4]. كما عرف المجرم ايضا بانه الشخص الذي يخرق القانون وتدينه اجراءات المحاكمة[5]. اما في نظر علماء الاجتماع فيعرف المجرم بانه ذلك الشخص الذي يرتكب فعلا يرى المجتمع انه جريمة[6].

ويتجاوز علماء الاجرام التعريفات السابقة لينظروا إلى المجرم من زاوية اخرى فيعرفونه بانه ذلك الشخص الذي يرتكب جريمة ينص عليها القانون والتعريف هنا

---

(1) ابن منظور، العلامة ابو الفضل جمال الدين محمد بن مكرم، لسان العرب، المجلد الثالث عشر، دار لسان العرب، بيروت، 1956، ص445 .

(2) القرآن الكريم، سورة المعارج، الآيات (11-12) .

(3) القرآن الكريم، سورة الانعام، الآية (124) .

(4) ابو عامر، محمد زكي (الدكتور)، دراسة في علم الاجرام والعقاب، المصدر السابق، ص43 .

(5) شتا، السيد علي (الدكتور)، علم الاجتماع الجنائي، مصدر سابق، ص21-22 .

(6) السراج، عبود (الدكتور)، علم الاجرام وعلم العقاب، مصدر سابق، ص55 .

لا يلتزم بضرورة شرط الادانة امام المحاكم القضائية المختصة، كما هو الحال في التعريف القانوني للمجرم[1].

وبناءا على ما تقدم فاننا يمكن اشتقاق تعريف اجرائي للمجرم فحواه هو (الشخص الـذي يقترف فعلا شائنا يخرق به القانون والقواعد الاجتماعية ويحدد له عقابا معينا لما يترتب عليـه مـن أذى مادي ومعنوي للمجتمع).

---

(1) المصدر نفسه، ص56 .

المبحث الثاني

نماذج من الدراسات السابقة

تمهيد:

ان الاشارة إلى بعض الدراسات السابقة مسالة مهمة وتتجلى اهميتها في انها تزود الباحث بمعلومات مهمة عن الجوانب النظرية والدراسات الميدانية التي اجراها عدد من الباحثين والمختصين فضلا عن ذلك تكمن اهمينها في انها توجه الباحث إلى طبيعة المنهج التي تم اعتماده والادوات والوسائل العلمية التي تم استخدامها والاستعانة بها، إلى جانب النتائج التي تم التوصل اليها، فضلا عن ان هذه الدراسات تفصح عن مواطن الضعف وجوانب النقص والمعوقات التي اعترضت سبيل القائمين بها لكي يتم تجاوزها في الدراسات اللاحقة. وفيما ياتي نستعرض بشكل موجز بعضا من هذه الدراسات:

الدراسات العراقية

1. **دراسة الباحث عبد الحسن العباسي حول (دور مؤسسات الضبط الاجتماعي الرسمية في مكافحة الجريمة)**[1]. وهي دراسة ميدانية اجراها الباحث في مدينة بغداد عام 1998 وقد بلغ عدد افراد عينة الدراسة التي اختارها (125) مبحوثاً، وقد اعتمد الباحث في دراسته اكثر من منهج، منها المنهج التاريخي ومنهج المسح الاجتماعي. اما الاساليب الاحصائية التي استعان بها فهي النسبة المئوية والوسط الحسابي والانحراف المعياري ومربع كاي وقد توصل الباحث إلى العديد من النتائج وهي:

(1) العباسي، عبد الحسن، دور مؤسسات الضبط الاجتماعي الرسمية في مكافحة الجريمة، رسالة ماجستير في علم الاجتماع غير منشورة، كلية الاداب، جامعة بغداد، 1998 .

1. يعتقد نسبة 57% من المبحوثين بان قيام اجهزة الدولة ومؤسسات المجتمع المختلفة بوسائل الضبط الاجتماعي يؤدي إلى انخفاض معدلات الجرائم، في حين اجاب 25% من المبحوثين بـ(لا اعراف). في حين كانت اجابة (18%) منهم لا تعتقد بذلك.

2. تبين ان 61% من المبحوثين يرون بان وسائل الضبط الاجتماعي تختلف من وسيلة لاخرى في درجة الفعالية في مواجهة الجريمة وردع المجرمين، في حين يعتقد 20% منهم خلاف ذلك، وكان 19% منهم ليست لديهم معرفة بخصوص ذلك.

3. اظهرت بيانات الدراسة بان 72% من مجموع العينة ترى بان معظم وسائل الضبط الاجتماعي تعاني من مشكلات ونقاط قصور تحد من درجة فعاليتها في مواجهة الجريمة ومكافحتها، في حين ان نسبة 19% ترى عكس ذلك، ونسبة 9% منهم كانت اجابتهم (لا اعرف).

4. اشارت نتائج الدراسة إلى ان 67% من المبحوثين يعتقدون بانه لا يوجد تعاون وتنسيق بين وسائل الضبط الاجتماعي، في حين لا تعرف 13% منهم عن ذلك شيئا، ويعتقد 25% بوجود هذا التعاون.

5. يعتقد 55% من المبحوثين ان التحضر والتصنيع يؤديان إلى اضعاف وسائل الضبط الاجتماعي، في حين ترفض 44% منهم ذلك، ويرى 1% بان ليس لديهم فكرة عن ذلك.

6. اوضحت الدراسة ان 45% من المبحوثين ترى بان تفكك القيم والصراع القيمي تسببان ضعف وسائل الضعف الاجتماعي، في حين 40% منهم لا يسلمون بمصداقية ذلك.

7. تبين ان 61% من المبحوثين يعتقدون بان تعقد وتعدد وكثرة مطاليب الحياة في المجتمع المعاصر يؤدي إلى تفكك العلاقات الاسرية والقرابية، في حين ان 39% منهم لا يقرون بمدى صحة هذا الراي.

8. اشارت نتائج الدراسة إلى ان 65% من المبحثوين يعتقدون باهمية السياقات الداخلية للضبط الاجتماعي كالقيم والاخلاق والضمير، فلولا وجود مثل هذه السياقات لما كانت السياقات الخارجية مجدية في الحد من الانحراف والجريمة، ويرى 21% منهم خلاف ذلك ، واجاب 14% بلا اعرف.
9. تبين من نتائج الدراسة ان 76% من العينة تعتقد بان اللجوء إلى القوة واستعمال التشدد والحزم في استخدام وسائل الضبط الاجتماعي يكون عاملا فاعلا في منع الجريمة والحد من تكرارها، في حين يرى 24% نقيض ذلك.
10. اظهرت نتائج الدراسة ان 82% من المبحوثين يرون بان وسائل الضبط الاجتماعي تترك اثارا ايجابية على الاستقرار والامن الاجتماعي، في حين 16% منهم يرى نقيض ذلك، اما النسبة المتبقية وهي 2% فاجابت بلا اعرف.
11. اوضحت بيانات الدراسة بان 70% من المبحوثين يرون بان المحاكم تردع كل من تسول نفسه الاعتداء على الافراد والجماعات، في حين ان 11% منهم لا يعتقد ذلك فيما كانت اجابة 19% بلا اعرف.
12. تبين ان 72% من عينة الدراسة يعتقدون بان من اهم واجبات الدولة المعاصرة تطبيق حكم القانون، في حين لا يتفق 10% مع ذلك، ولا يعرف 18% من المبحوثين عن ذلك شيئا.
13. اشارت نتائج الدراسة إلى ان 81% من عينة الدراسة يرون بان اجهزة الامن الداخلي ما هي في الحقيقة الا عبارة عن اجهزة انضباطية رادعة ذات صيغة وقائية وعلاجية لها اهميتها في منع الجريمة، في حين اجاب 12% بـ (لا) و 7% بلا اعرف.

14. تبين من نتائج الدراسة ان 69% من عينة الدراسة تعتقد بان السجن ما هـو في واقـع الامر الا عبارة عن مؤسسة عقابية يرد الاعتبار للمجتمع التي ارتكبت بحقـة الجـرائم والاعمال المنكرة، في حين يرى 17% مـن المبحـوثين خـلاف ذلـك، ونسـبة 14% مـنهم اجابت بلا اعراف.

15. اشارت نتائج الدراسة إلى ان 26% من المبحوثين يعتقدون بـان السـجن هـو مؤسسـة عقابية اكثر مما هو مؤسسة اصلاحية، وان 35% منهم يرون بان السجن هو مؤسسـة اصلاحية.

2. **دراسـة الباحثـة انعـام جـلال القصـيري حـول موضـوع (التنشـئة الاجتماعيـة في الاسرة العراقية)**[1]. دراسة ميدانية في مدينة بغداد اجرتها الباحثـة عـام 1995 وقـد بلـغ مجمـوع العينة (250) مبحوثا اعتمدت الباحثة على اسلوب المقابلة والاستمارة الاستبيانية في جمـع المعلومات اما اهم الوسائل الاحصائية التي اسـتخدمتها فكانـت النسـبة المئويـة والوسـط الحسـابي والانحـراف المعيـاري واختبـار مربـع كـاي والرسـوم الهندسـية وقـد اسـتخدمت الباحثة اكثر من منهج منها المنهج التاريخي والمنهج المقارن ومنهج المسح الاجتماعـي. امـا اهم النتائج التي توصلت اليها الباحثة فهي كالاتي:

1. ان التنتشئة الاجتماعية في الاسرة العراقية تعتمد على الخلفية الاجتماعيـة التـي تنحـدر منها فهناك اسر تنحدر من خلفيات مرفهة وهناك اسر تنحدر من خلفيات وسـطى وهناك اسر تنحدر من خلفيات عمالية وفلاحية.
2. ان معظم الاسر العراقية تفضل اساليب التنشئة الاجتماعية التـي تجمـع اللـين والشـدة ومع هذا فان هناك اسرا تستعمل اساليب اللين واساليب الشدة مع الابناء.

(1) القصيري، انعام جلال، التنشئة الاجتماعية في الاسرة العراقية، رسالة دكتوراه في علم الاجتماع غـير منشـورة، كليـة الاداب، جامعة بغداد، 1995 .

3. ان عمليـة التنشـئة الاجتماعيـة لا تـنعكس في التنشئة الاسرية فحسـب وانمـا في التنشئة الاجتماعية التي تؤديها المؤسسـات الاخـرى كالمدرسـة والجـامع ووسـائل الاعلام والمنظمات الجماهيرية والشعبية.

4. اظهرت الاحصاءات التي تم جمعها ان عملية التنشئة الاجتماعيـة التـي تتولاهـا الاسرة مع بقية الجماعات المرجعية تؤدي الدور الكبـير في صقل معالم الشخصية وتنميتها بحيث تكون قادرة على القيام بالادوار المتعددة التي مـن خلالها يقـوم الابناء بخدمة المجتمع. اما اذا كانت التنشئة خاطئة أو قاصرة فان ذلك يؤثر سـلبا عل بناء الشخصية وتكامل الادوار.

5. كشفت الدراسة عن حقيقة مفادها ان الاسرة عند قيامها بتنشئة الابنـاء تواجـه العديـد مـن المشـكلات الانسـانية كالمشـكلات النفسـية والتربويـة والاجتماعيـة ولاقتصـادية ولهـذه المشـكلات الموضوعية والذاتيـة اثارهـا المخربـة علـى الابنـاء والمجتمع.

6. اشارت نتائج الدراسة إلى ان عمل الابوين خارج البيت ساعات طويلـة يضر عمليـة التنئشـة الاجتماعيـة اذ يسـبب العمـل اهمـال العنايـة بالاطفال وتعريضـهم إلى احتمالية الوقوع في مشكلات الانحراف السلوكي والاجتماعي.

7. اوضحت الدراسة ان تدخل الاقارب في عمليـة التنشئة الاسرية وعمليـة التنشئة الاجتماعية ربما يتناقض مع طبيعة التنشئة الاجتماعيـة التـي ينتهجها الابـوان مـع اطفالهم وهذا التناقض بين تنشئة الاقارب وتنشئة الابوين انما يسيئ إلى قيم الابناء وممارساتهم السلوكية ويخل بعملية استقرارهم وتكيفهم مع المحيط الاجتماعي.

8. ان توقعات الآباء من ابائهم تفوق قدرات الابناء على تحقيق هذه التوقعات، بمعنـى اخر ان التنشئة الاسرية تتوقع من الابناء ان يحققوا

نتائج تسمو على القدرات والقابليات الذاتية للابناء وهذا سيؤدي إلى حدوث الفجوة بين الواقع والطموح.

9. ان العمل المبكر للابناء لا يكون سببا من اسباب الانحراف والجنوح كما يعتقد البحث، فهناك العديد من الاسر تعتقد بان عمل الابناء أو مزاوجة الابناء العمل مع الدراسة لا تسبب تصدع شخصية الابناء وانحرافهم.

10. كشفت الدراسة عن عدم وجود موازنة بين اساليب التنشئة الاجتماعية التي تنتهجها الاسرة وتنتهجها بقية المؤسسات كما كشفت النتائج ذاتها عدم المام الاسرة والمؤسسات المعنية بالتنشئة الاجتماعية الايجابية والتربية القيمية التي يحتاجها الابناء في الوقت الحاضر.

3. **دراسة الباحثة سناء عبد الوهاب الكبيسي- حول موضوع (التنشئة الاجتماعية في رياض الاطفال)**[1]. وهي دراسة ميدانية اجرتها الباحثة في مدينة بغداد عام 1996 وكانت عينة الدراسة عشوائية بلغت (300) مبحوث قسمت على (100) مديرة ومعاونة و (200) معلمة يتوزعن على (50) روضة، وقد استخدمت الباحثة اسلوبي المقابلة والاستمارة الاستبيانية ادوات رئيسة في جمع المعلومات. اما اهم الوسائل الاحصائية التي اعتمدتها فكانت الوسط الحسابي والانحراف المعياري والنسبة المئوية ومعامل الارتباط البسيط وتحليل التباين ومعادلة الانحراف الخطي وطريقة بلالوك لتحديد حجم العينة. وقد استعانت الباحثة بمنهج المسح الاجتماعي في دراستها، أما اهم النتائج التي توصلت اليها الباحثة فهي كالاتي:

(1) الكبيسي، سناء عبد الوهاب، التشئة الاجتماعية في رياض الاطفال، رسالة دكتوراه في علم الاجتماع غير منشورة، كلية الاداب، جامعة بغداد، 1996 .

1. تعد التنشئة الاجتماعية للاطفال من المهمات الاساسية لرياض الاطفال لانها وسيلة تحويل الطفل إلى كائن اجتماعي يمتثل لقيم المجتمع ومعاييره.
2. ترمي معظم اهداف رياض الاطفال في العراق وانشطتها وبرامجها إلى اعداد الطفل وجدانيا ووطنيا وصحيا وروحيا.
3. على الرغم من التطور الكمي الحاصل في عدد اطفال الرياض للعام الدراسي 1995-1996 الا ان نسبتها تعد قليلة.
4. حظي المجال الوجداني بمساحة كبيرة من المهمات التي ينبغي ان تمارسها معلمات رياض الاطفال في التنشئة الاجتماعية قياسا بمجالاتها (الوطني، الصحي، الديني).
5. تولي معلمات الرياض واداراتها اهتماما بالتنشئة الاجتماعية للاطفال، لكن ممارسة دورهن في هذه التنشئة لم يصل إلى اقصى مستواه.
6. لا تختلف عينة المعلمات عن عينة الادارة كثيرا في اداء دورهن في التنشئة الاجتماعية لاطفال الرياض.
7. يؤثر عمر المعلمة على مستوى ادائها للتنشئة الاجتماعية وافضل مستوى للاداء هو في عمر (26-30) سنة واقل مستوى للاداء هو في عمر (41-45) سنة.
8. تؤثر مدة خدمة المعلمة في مستوى ادائها في التنشئة الاجتماعية وافضل مستوى للاداء حين تتراوح مدة الخدمة بين خمس سنوات فاقل واقل مستوى للاداء حين تتراوح مدة الخدمة بين (11-15) سنة.
9. لم يؤثر نوع الشهادة التي تحملها المعلمة في مستوى ادائها للتنشئة الاجتماعية، كما لم يؤثر ايضا في مستوى اداء الادارة واتضح عدم وجود أية فروق بين اداء المعلمات ولادارة تبعا لنوع الشهادة.

10. لم تؤثر الحالة الزوجية سواء للمعلمة أو المديرة أو المعاونة في مستوى ادائها للتنشئة الاجتماعية لاطفال الرياض، كما لا توجد فروق بدلالة احصائية بين المعلمات والادارة تبعا للحالة الزوجية في مستوى هذا الاداء.

11. لم يؤثر نوع الاختصاص في مستوى اداء كل من المعلمة أو المديرة أو المعاونة للتنشئة الاجتماعية، كما لا توجد فروق بدلالة احصائية بين المعلمات والادارة تبعا لنوع الاختصاص في مستوى هذا الاداء.

12. هناك علاقات ارتباطية بين كل متغيرين بمن من متغيرات البحث لدى المعلمات عدا متغير نوع الشهادة فانه لم يرتبط بدلالة احصائية مع متغيري مدة الخدمة والاختصاص، وكذلك فان العلاقة بين مدة الخدمة والحالة الزوجية جاءت سالبة. كما كانت هناك علاقات ارتباطية بين كل متغيرين من متغيرات البحث لدى الادارة عدا متغير الشهادة مع متغيرات مدة الخدمة والعمر والحالة الزوجية فانها لم ترتبط بدلالة احصائية.

13. كانت العلاقة بين متغيرات البحث ومستوى الاداء للتنشئة الاجتماعية علاقة ضعيفة سواء عند المعلمات أم عند الادارة.

14. ان جميع المتغيرات مجتمعة تسهم اسهاما ضعيفا في تفسير التباين في مستوى اداء المعلمات واداء الادارة من التنشئة الاجتماعية.

الدراسات العربية:

1. دراسة نجوى حافظ من جمهورية مصر العربية عام 1980 حول (الاتجاهات الحديثة في الوقاية من الجريمة)[1].

اشارت الباحثة في دراستها إلى الخطوات الرئيسة والمبادئ الاساسية المعتمدة

---

(1) حافظ، نجوى، (الدكتورة)، الاتجاهات الحديثة في الوقاية من الجريمة، المجلة الجنائية القومية، العدد الثالث، المجلد الثالث والعشرون، المركز القومي للبحوث الاجتماعية والجنائية، القاهرة، 1980، ص3-19 .

في الوقاية من الجريمة وتتمثل هذه الخطوات بالبرامج التعليمية والتوجيهية المخصصة للوقاية من الجريمة فضلا عن البرامج التي تهدف إلى تغيير الاتجاه واعادة بناء اتجاهات جديدة بعيدة عن الاتجاه نحو الجريمة والجنح ويوجه هذا النوع الاخير من البرامج نحو صغار السن. كما تطرقت الباحثة في دراستها في هذا المجال إلى الجهود التي توجه للوقاية من الجريمة وهذه الجهود تتمثل بما ياتي:

أ. الجهود التي تعمل على تحسين ظروف الصغار المعيشية لاسيما في البيئات المتخلفة، وتهدف إلى تكوين بيئات تمنع الصغار من السير في طريق الجنوح، ولهذا وجهت جهود في بعض الدول المتقدمة لاسيما في امريكا لتغيير البيئة السكنية بيد ان عملية التحول من بيئات متخلفة إلى بيئات متطورة عملية صعبة، حيث انها مكلفة وبطيئة، ولهذا ادخلت انظمة اخرى منها الاسر البديلة والمؤسسات السكنية وقد اثبت هذه النظم صلاحيتها وجدواها بالنسبة لعدد من الجانحين.

ب. الجهود التي تعمل على تغيير سلوك الافراد واتجاهاتهم لاسيما الذين سبق ارتكابهم لبعض الجرائم والانحرافات بهدف وقايتهم في المستقبل. وتتحقق هذه الجهود الوقائية من خلال الانشطة المتنوعة التي تقوم بها هيئات متخصصة. اما اهم الاجراءات العملية المتبعة في الوقاية من الجريمة أو الحد منها والتي تناولتها هذه الدراسة فيمكن ادراجها بما ياتي:

1. **الاسر البديلة:** يعني نظام الاسر البديلة وضع الطفل الذي يحتمل انحرافه في اسر خاصة تتكون من الزوج والزوجة ويشترط ان يكون لدى هذه الاسر ابناء اكبر سنا من الطفل البديل وان يكون لدى الوالدين اهتمام كبير بالاطفال، ويتم تنفيذ هذه الفكرة عن طريق هيئة اجتماعية متخصصة أو عن طريق محكمة الاحداث من خلال الاخصائي الاجتماعي. وتدفع لهذه الاسر قيمة مادية مقابل استقبال الطفل، وان المفهوم الاساسي الذي يقوم عليه هذا النظام هو وجود اهتمام من الاسر

المستضيفة تجاه الاطفال، وان نجاح هذا النظام يحتاج إلى مهارة في التوفيق بين الطفل والوالدين في الاسر البديلة.

2. **المؤسسات السكنية:** عادة ما تؤسس هذه المؤسسات لكبار السن من الاطفال الـذين يحتمل انحرافهم، ولكن يصعب وضعهم في اسر لكبر سنهم، وهذه المؤسسات تأخذ شكل مدارس سكنية (مدراس داخلية) ولقد ادخل هذا النوع مـن المـدارس مـن اجـل تحقيق هدفين هما:

أ. تغيير الاتجاه نحو الانحراف.

ب. تكوين اتجاهات جديدة متوافقة مع الجماعة.

3. **المنازل المقيمة ومراكز الجماعة:** وتهدف فكرة هذه المنازل والمراكز إلى تحسين الظروف السكنية في المناطق المتخلفة من خلال اساليب الاصلاح الطوعية، كما تهدف إلى تقديم الخدمات الشخصية لمساعدة السكان في البيئات المتخلفة. وكان العمل في هـذه المنازل والمراكز في بداية الامر تتم من قبل المتطوعين الـذين يخـدمون الجماعة عـلى نفقتهم الخاصة، ثم ظهرت اتجاهات الخدمة الاجتماعية وزاد عـدد الاخصائيين الاجتماعيين المحترفين لمثل هذا العمل وزاد عدد الاعضاء الـذي يتقاضـون الاجـر في مقابـل خدمـة الجماعة.

4. **منظمات الشباب:** تعتبر هذه المنظمات احدى الهيئات التي توجه جهودها للوقاية من الجريمة، وتقام هذه المنظمات قرب المناطق التي ترتفع فيها نسبة الانحراف والجريمـة وتهدف هذه المنظمات إلى تحقيق ما ياتي:

أ. زيادة فرص التوظيف امام الشباب محدودي الدخل.

ب. اصلاح وتحسين فرص العمل والتدريب والاعداد لهؤلاء الشباب.

ج. ملئ اوقات الفـراغ لهـذه الفئـة العمريـة بالانشطة النافعـة كممارسـة مختلـف الفعاليات الرياضية والترويحية والترفيهية.

5. **وسائل الاعلام:** تعتبر وسائل الاعلام احدى الاساليب الهامة في الوقاية من الجريمة وهي تتضمن كل وسائل الاعلام وخاصة التي تعتمد على الحركة والصورة والصوت ويقصد بها الاعلام المرئي مثل التلفزيون، وتتجسد مهمة هذه الوسائل من خلال تحشيد الراي العام في الوقوف ضد الجريمة وتنويره بالاساليب التي يعتمدها المجرمون في تنفيذ مخططاتهم الاجرامية من اجل التوقي منها وزيادة الشعور العام بخطورة الجريمة على الامن والاستقرار في المجتمع.

2. **دراسة الباحث احمد جمال ظاهر حول موضوع (التنشئة الاجتماعية والسياسية في العالم العربي)**(1). وهي دراسة ميدانية اجراها الباحث في منطقة شمال الاردن عام 1985 وقد بلغ مجموع افراد العينة الخاصة بالبحث (416) طالبا وطالبة تراوحت اعمارهم من (10-20) سنة وقد اعتمد الباحث منهج المسح الاجتماعي، واستخدم وسائل احصائية عدة منها مربع كاي ومعامل الارتباط، اما اهم النتائج التي توصل اليها فيمكن اجمالها بما يأتي:

1. تعتقد نسبة 47% بان العائلة هي الركيزة الاساسية في التنشئة الاجتماعية وفي تلقي المعلومات، ثم يليها المدرسون بنسبة 17%، ووسائل الاعلام في المرتبة الثالثة بنسبة 11% والاصدقاء بالمرتبة الرابعة بنسبة 10% واخيرا رجال الفكر والدين بنسبة 7% و 4% على التوالي.
2. تعتقد نسبة 27% من المبحوثين على ان العائلة والاصدقاء هما مصدر المعلومات السياسية.
3. ترى نسبة 45% من افراد العينة ان اهم شيء في حياتهم هو الدين ثم ياتي الوطن بنسبة 16% ثم العائلة بنسبة 13% من مجموع العينة.

(1) ظاهر، احمد جمال، التنشئة الاجتماعية والسياسية في العالم العربي، مجلة العلوم الاجتماعية، العدد الثاني، المجلد الخامس عشر، الكويت، 1987، ص335-342 .

4. من اهم النتائج التي توصل اليها الباحث ان المبحوثين يحبون العائلة والقبيلة إلى درجة تفوق الولاءات الاخرى.

الدراسات الاجنبية

1. **دراسة البرفسور تالكوت بارسونز وروبرت بيلز بعنوان (التنشئة الاسرية وعملية التفاعل)[1]:**

تناولت هذه الدراسة العلاقة بين البناء الاجتماعي وعمليات التنشئة الاجتماعية التي يمر بها الطفل منذ المراحل المبكرة من عمره فالاسرة لا تكون هي المصدر الوحيد في التنشئة الاجتماعية لابنائها، وانما تشاركها مؤسسات اخرى تشكل برمتها البناء الاجتماعي للمجتمع ويعتقد الباحثان ان دور الاسرة في عملية التنشئة يتمثل في نقطتين اساسيتين هما:

1. ان الوالدين يشغلان ادوارا متعددة في المؤسسات المختلفة في المجتمع فضلا عن ادوارهما في الاسرة. وان التنشئة الاجتماعية التي يقوم بها الوالدان لاتاتي فقط من محيط الاسرة، ونما تشارك في هذه العملية المؤسسات الاخرى التي ينتمي اليها الوالدان، فهذه المؤسسات تجعلهم ينشئون ابناءهم في ضوء ما اكتسبوه من المعتقدات والافكار والمهارات والاتجاهات التي تعتمدها هذه المؤسسات.
2. لا تقتصر تنشئة الابناء على الاسرة فحسب وانما تتم هذه التنشئة في المؤسسات المرجعية التي ينتمي اليها كالمدرسة وجماعة الاقران لاسيما عند بلوغهم سنا يؤهلهم للاحتكاك بالمجتمع. فعملية التنشئة الاجتماعية التي يتلقاها الابناء ليست حصيلة دور الاسرة فيها فحسب وانما هي حصيلة الجماعات التي ينتمون اليها ويتفاعلون معها، لذلك هناك نوع من

(1) Parsons , Talcot , and R.Bales , Family Socialization and Interaction process , London , 1964 . P. 223

التضامن والتكافل بين الاسرة والجماعات الاخرى في تحمل مسؤولية التنشئة الاجتماعية، واي خلل يطرأ على هذه العملية التي يتلقاها الفرد من اسرته أو من المؤسسات الاخرى لا بد ان يؤثر تاثيرا سلبيا في عملية التنشئة الاجتماعية.

2. دراسة ويلسون هاريت بعنوان (قدرة الوالدين على كبح معدل الجريمة)[1].

يتمثل الهدف الرئيس من اجراء هذه الدراسة في الكشف عـن الاثار السـلبية التي يولـدها ضعف الرعاية الابوية والتفكك الاسري في التنشئة الاجتماعية للابناء مما يؤدي بالتـالي إلى انحـرافهم وجنوحهم. وقد بلغ مجموع عينتي الدراسة (120) اسرة بواقع (60) اسرة في كل عينة، وقـد استعان الباحث بالمقابلة والاستبيان اداتين رئيسـيتين في جمـع المعلومـات واستطاع ان يتوصـل إلى النتائج الاتية:

1. ان الجنوح يتزايد بشكل ملحوظ نتيجة التفكك الاجتماعي في داخـل المدينـة والمنـاطق السكنية الموجودة في ضواحيها، فكلما تعددت الجماعات التي ينتمي اليها الفـرد كلـما تعددت فرص انتفاء الالتئام بين المعايير لهذه الجماعات.

2. ترتبط حالات الجنوح بصورة مباشرة بضعف الرعاية الابوية المطلوبة، فضعف جرعـات التنشئة الاجتماعية التي يتلقاها الابناء بسـبب الاهـمال الابـوي تكون سببا رئيسيا في اشتطاطهم وانحرافهم عن جادة الصواب.

3. اوضحت الدراسة ان حالات الجنوح لدى الابناء تقـترن زيـادة نسـبتها بـاهمال الرعايـة الابوية اكثر بكثير من تلك التي ترتبط بالتفكك الاجتماعي الـذي يطـرأ علـى مؤسسـات ووحدات المجتمع المختلفة نتيجة لعدم التناسق في المعايير السلوكية التي تعتمدها.

---

(1) Wilson, Harriet, Parents can cut the Crime Rate , New Society , Number 57 Coventry , England, 1980. P. 43.

50

الفصل الثاني

المبحث الأول

أولا: أهداف التنشئة الاجتماعية

تضطلع عملية التنشئة الاجتماعية أو ما يعرف بعملية التطبيع الاجتماعي بمهمة جوهرية تستهدف صقل الانسان وترويضه منذ ولادته حتى تظهر انسانيته من اجل اعداده اعدادا يمكنه من الامتثال لمطالب المجتمع والاندماج في ثقافته واتباع تقاليده والخضوع لالتزاماته والتي تشكل بدورها الدعائم الاساسية لهذه العملية. ومن ابرز الوظائف والاهداف التي تسعى التنشئة الاجتماعية إلى تحقيقها ما يأتي:

1. التدريبات الاساسية لضبط السلوك واساليب اشباع الحاجات وفقا للتحديد الاجتماعي، فمن خلال التنشئة الاجتماعية إذ يكتسب الطفل من اسرته اللغة والعادات والتقاليد السائدة في مجتمعه والمعاني المرتبطة باساليب اشباع رغباته وحاجاته الفطرية والاجتماعية، كما يكتسب القدرة على توقع استجابات الآخرين نحو سلوكه واتجاهاته.
2. اكتساب المعايير الاجتماعية التي تحكم السلوك وتوجهه والتي تنبع من اهداف المجتمع وقيمه ونظامه والثقافي بصفة عامة، فلكي يحقق المجتمع اهدافه وغاياته فانه يقوم بغرس قيمه وتقاليده في الافراد، كما يضع المعايير الاجتماعية التي تساعد الفرد في اختيار استجاباته للمثيرات في المواقف الاجتماعية.
3. تعلم الادوار الاجتماعية، فلكي يحافظ المجتمع على بقائه واستمراره وتحقيقه رغبات افراده وجماعاته، فانه يضع تنظيما خاصا للمراكز والادوار الاجتماعية التي يشغلها ويمارسها الافراد والجماعات، وتختلف

المراكز باختلاف السن والجنس والمهنة وكذلك باختلاف ثقافة المجتمع، فقد تشغل المرأة مركزا يشغله الرجل في نظام ثقافي آخر[1].

4. اكتساب المعرفة والقيم والاتجاهات وكافة انماط السلوك، أي انها تشمل اساليب التعامل والتفكير الخاصة بجماعة معينة أو مجتمع معين سيعيش فيه الانسان، فضلا عن اكتساب العناصر الثقافية للجماعة والتي تصبح جزءا من تكوينه الشخصي.
5. تحويل الطفل من كائن بيولوجي إلى كائن اجتماعي، حيث يكتسب الفرد صفته الاجتماعية وتحويل الفرد كذلك من طفل يعتمد على غيره في نموه إلى فرد ناضج يدرك معنى المسؤولية[2].

وبذلك يتضح مما تقدم ان الاهداف التي تؤديها التنشئة الاجتماعية ترمي إلى تكوين شخصية الفرد وبنائها بشكل يتسق مع قيم مجتمعه وعاداته واتجاهاته، أي ان الفرد يتشرب تراث بيئته الاجتماعية ويكتسب ثقافتها بوساطة عملية التنشئة الاجتماعية والتي تستمر من بداية حياته حتى بلوغه مرحلة متقدمة من عمره.

ثانياً: شروط التنشئة الاجتماعية:

لكي تحقق التنشئة الاجتماعية اهدافها فلا بد من وجود جملة من الشروط التي ينبغي توفرها من اجل التوصل إلى تنشئة اجتماعية سليمة وصحيحة وهذه الشروط الاساسية يمكن اجمالها بالآتي:

1. **المجتمع القائم:** ان المجتمع الذي يولد فيه الطفل، هو مجتمع كائن وموجود قبل ولادته، ومعد مادة جديدة لوافد جديد إلى العالم، فهو بذلك يشكل مجتمعا لاإراديا او قهريا بالنسبة للطفل، ومع ذلك فلا يمكن ان تتم عملية

(1) ابو جادو، صالح محمد علي، سيكلوجية التنشئة الاجتماعية، مصدر سابق، ص 20 .
(2) المصدر نفسه، ص 21 .

التنشئة الاجتماعية بغياب المجتمع فأول شرط لاستمرار التنشئة وبقائها وجود مادة خام، وهذه المادة هي المجتمع.

2. **الوراثة البيولوجية للفرد:** للوراثة البيولوجية دور كبير في عملية التنشئة الاجتماعية، وتؤثر هذه الوراثة في التنشئة الاجتماعية ايجابا أو سلبا، فعلى سبيل المثال، تتوقف تنشئة الطفل الاجتماعية على الذاكرة واستيعاب القيم الاجتماعية، فاذا كان الفرد يعاني من قصور في نمو الخلايا الدماغية المسؤولة عن الذاكرة، فانه ربما لا يستطيع ان ينمي المستوى اللازم للتذكر. وبصورة عامة فان هنالك مميزات أو صفات بيولوجية تشكل مضمون التنشئة الاجتماعية وهي:

أ. الكائن البشري لا حول له ولا قوة عند ولادته فهو يعتمد كليا على الآخرين ولايمكن ان يحيا دون تدخل الافراد الذي يرعونه ويهتمون به، ومن المعروف ان استمرار بقاء الجسم وسلامته يعتمد على التغذية والحماية من الامراض، وبذلك فان الانسان يختلف عن الحيوانات المسيرة بالغريزة، والتي تعتمد على غريزتها في بناء اعشاشها مثلا، أو اختيار غذائها، لذلك فان الانسان مقيد بما يأخذه من الآخرين من خلال التنشئة الاجتماعية.

ب. **النضج:** يحدد النضج مدى الاستفادة من معايير التنشئة الاجتماعية وتقبلها والالتزام بها[1].

3. **الطبيعة الانسانية:** من المتعارف عليه ان الطبيعة الانسانية تختلف تماما عن الحيوانات وكما يرى (تشارلز كولي)، فان ما يميز الطبيعة الانسانية هو العواطف والمشاركة الوجدانية، اما الحيوانات فليس لها مشاركة وجدانية، فالقط مثلا لا يشعر بألم الفأر وهو يقلبه حتى يموت ثم يأكله، ولكن

---

(1) نمر، عصام وعزيز سمارة، الطفل والاسرة والمجتمع، الطبعة الثانية، دار الفكر للنشر والتوزيع، عمان، 1990، ص 42 – 44 .

الانسان يعرف الحب والكراهية والطموح والصواب والخطأ والشرف والشجاعة وبصورة عامة تقوم العواطف الانسانية على نوعين من السمات: البسيط منها مثل السمات سالفة الذكر، والمعقد منها وهي الكبرياء والخجل والقسوة والحسد. وتتصف العواطف الانسانية المعقدة بما يأتي:

أ. **القدرة على المشاركة:** حيث ان الانسان قادر على مشاركة الآخرين مشاعرهم، بعكس الحيوانات المسيرة بالغريزة، فمثلا الكلب الذي يخطف العظمة من كلب اخر اضعف منه لا يهتم بمشاعره تجاه هذا العمل، والقط الذي يأخذ فرخ الدجاجة امام عينيها لايهتم بشعورها. ولكن الانسان يختلف، فالعدو عندما يضرب طفلا امام والديه، فانه على وعي تام بما يعانيه الوالدان لذلك.

ب. **القدرة على استخدام الرموز:** فالانسان يستخدم الرموز والاشارات للدلالة على مواقف معينة، فاذا ما قبض الانسان بيده وهز رأسه امام اخر فانه يعرف بانه غاضب ويريد شرا، وكذلك المعلم الذي يضع كلمة ممتاز على ورقة الامتحان، فانه يقصد بذلك ان يكون رمزا ادراكيا أو معرفيا يمثل النجاح[1].

لذا يبدو جليا ان توفر جميع هذه الشروط تعد مسألة في غاية الاهمية لان الاخلال بشرط من هذه الشروط الضرورية لا يمكن لعملية التنشئة الاجتماعية ان تتم بصورة مرضية بحيث تحقق الاهداف المبتغاة منها، فتكامل هذه الشروط بعضها مع البعض الآخر تشكل ضمانا لنجاح هذه العملية.

(1) نمر، عصام وعزيز سمارة، الطفل والاسرة والمجتمع، مصدر سابق، ص 45 – 46 .

ثالثاً: مراحل التنشئة الاجتماعية:

قام عدد من العلماء والمختصين بتقسيم المراحل الاساسية التي يمر بها الفرد من خلال عملية التنشئة الاجتماعية، ومن اشهر التقسيمات ما قام به العالم بارسونز الذي قسم مراحل التنشئة الاجتماعية على اربعة اطوار رئيسة هي:

- **الطور الاول:** ويتم هذا الطور من عمر الانسان داخل الاسرة حتى دخوله المدرسة، حيث يعيش بحرية تامة بدون ان تترتب عليه أية التزامات ولا تمارس عليه أية ضغوط اجتماعية، ويكتسب الطفل خلال هذا الطور بعض المهارات الجديدة، كما يكتسب اللغة التي تسهل عليه عملية الاتصال والاستجابة لرغباته. وقد تبدأ الاسرة في هذا الطور بممارسة بعض اساليب الضبط على الطفل.
- **الطور الثاني:** ويتم هذا الطور في اثناء مراحل الدراسة التي يمر بها الطفل، حيث يشكل مرحلة اساسية من حياته، وتجد هنا ان التفاعل في المدرسة مجال خصب للتنشئة الاجتماعية، كما يتدرب الطفل على بعض الادوار المتخصصة، وهنا تقوم المعلمة ايضا بدور هام في مرحلة الدارسة الابتدائية لانها تمثل استمرارا لشخصية الام بالنسبة للطفل، وتصبح عنده موضوعا للتوحد.
- **الطور الثالث:** ويبدأ الفرد هنا بالخروج من دور التعلم إلى العمل، وتجب الاشارة هنا إلى ان عملية التنشئة لاتنتهي بحصول الفرد على مركز في مهنة، ولكنها عملية مستمرة تؤدي باستمرار إلى التكيف مع التغير الحاصل في المجتمع.
- **الطور الرابع:** ويبدأ الفرد في هذا الطور بتكوين اسرة جديدة له ويتداخل هذا الطور مع الطور الثالث[1].

(1) ابو جادو، صالح محمد علي، سيكلوجية التنشئة الاجتماعية، مصدر سابق، ص 23 – 24 .

وهناك من المختصين من يرى ان مراحل التنشئة الاجتماعية التي يمر بها الفرد منذ ولادته لغاية نضوجه وتكامل ادواره الوظيفية التي يمر بها في المجتمع هي خمس مراحل متتابعة، وهذا المراحل يمكن ايجازها بالآتي:

- **المرحلة الاولى:** وتسمى هذه المرحلة بالمرحلة الفمية، والتي تبدأ من يوم ولادة الطفل وتستمر إلى نهاية السنة من عمره، وفي هذه المرحلة يكون الطفل كامل الاعتماد على امه دائم الاتصال بها، فهي مصدر رعايته لكونه يحصل منها على متطلباته الضرورية من حاجات نفسية وبيولوجية من رضاعة وعطف وحنان ويشعر بانه جزء لا يتجزأ من امه وهو بحاجة ماسة لها ولايمكن ان يستغني عنها.

- **المرحلة الثانية:** تبدأ هذه المرحلة منذ اكمال الطفل السنة الاولى من عمره حتى السنة الثالثة، وفي هذه المرحلة تتسع علاقات الطفل الاجتماعية التي تربطه بالآخرين كأبيه واخوانه واخواته، كما يتعلم عادات غير محببة له كعملية الفطام واستعمال التواليت في الوقت المناسب والاعتماد على تناول الغذاء وليس على الحليب فقط، وفي هذه المرحلة يحصل على الثواب والعقاب من لدن الام أو غيرها من افراد الاسرة.

- **المرحلة الثالثة:** وتبدأ هذه المرحلة من السنة الرابعة من عمر الطفل وتنتهي عند مرحلة البلوغ. وتقسم هذه المرحلة على فترتين اساسيتين هما: الفترة الاولى تبدأ من السنة الرابعة من عمر الطفل وتنتهي بالسنة الخامسة أو السادسة من العمر، اما الفترة الثانية، فهي الفترة التي تأتي بعد التغلب على عقدة اوديب وتسمى بفترة السبات الجنسيـ وفي هذه المرحلة يتحلى الابن باخلاق والده وسلوكه وقيمه، وتتحلى البنت باخلاق امها وسلوكها

وقيمها. ويحاول الطفل الانتماء إلى جماعات كجماعة اللعب وجماعة الرفقـة في المنطقـة السكنية أو في المدرسة ويتأثر بها تأثيرا كبيرا[1].

- **المرحلة الرابعة:** وتسمى هذه المرحلة بمرحلة المراهقـة أو البلـوغ التـي تبـدأ بعد انتهـاء مرحلة السبات الجنسي، وتستمر من سن الثانية عشرة من العمر وتنتهي في سـنة الثامنـة عشرة، وقد تستمر إلى سن العشرين. وفي هذه المرحلة يبدأ كل جنس بالانتباه إلى الجنس الاخر، كما تحدث تغيرات فسيولوجية واضحة عند الفتى أو الفتاة، ويبدأ كل من الولـد أو البنت في هذه المرحلة بالاستقلالية والشـعور بالقـدرة عـلى اداء الاعـمال والمهارات التـي يؤديها الكبار.

- **المرحلة الخامسة:** وهي المرحلة التي تبدأ من سن الثامنة عشرة أو العشرين إلى الخامسـة والعشرين. وفي بعض المجتمعات تستمر إلى سن السادسة والثلاثين من العمر، حيث يصل فيها الفرد إلى درجة من النضج الكامل، ويتم فيها تحديد ادواره الوظيفية التي يؤديهـا في المجتمع، كما تتحدد منزلته الاجتماعية وما يترتب عليها مـن حقـوق وواجبـات. وفي هـذه المرحلة يحدد الفرد الهدف الذي يريد الوصول اليه[2].

يتبين من خلال هذه المراحل التي يمر بها الفرد، انها عبـارة عـن سلسـلة مترابطـة الحلقـات تكمل الواحدة منها الاخرى، والتي تشكل برمتها المراحل الاساسية مـن حياتـه والتـي يسـتطيع مـن خلالها ان يصل إلى درجة كافية من النضج الاجتماعي بحيث تكسبه مـن الخـبرة اللازمـة مـا يعينـه على التعامل في الحياة على نحو سليم وضمن الاطار الاجتماعي العام الذي يحدده المجتمع.

---

(1) Johnson, Harry, Sociology: A Systematic Introduction, Routledg and Kegan Panal, London, 1976, p. 124-126.

(2) Johnson, Op. Cit., p. 130.

رابعاً: أساليب التنشئة الاجتماعية:

تمهيد:

تتباين الاساليب التي يعتمدها الوالدان والمربون في عملية التنشئة الاجتماعية لابنائهم، فمن هذه الاساليب ما يقوم على حسن القول ولين الجانب وحسن المعاملة والتي من شأنها ان تنشئ الاولاد على الاستقامة والخلق النبيل، وهناك من الاساليب ما ترتكز على القسوة والمعاملة الفظة الغليظة والنبذ والتي ستؤدي حتما إلى نتائج عكسية على تنشئة الابناء.

وفي هذا المجال يقول الامام العزالي:"فالابن وخاصة في مرحلة الصبا امانة عند والديه وقلبه الطاهر جوهرة نفيسة ساذجة خالية من كل نقش وصورة، وهو قابل لكل نقش ومائل إلى كل ما يمال به، فان عود الخير وعلمه نشأ عليه وسعد في الدنيا والآخرة وشاركه في ثوابه ابواه وكل معلم له ومؤدب، وان عود الشر واهمل اهمال البهائم شقى وهلك وكان الوزر في رقبة القيم عليه والوالي له"(1).

لذا فان اختيار أسلوب معين في التنشئة الاجتماعية سيؤدي إلى تشرب الابناء بمعايير خاصة واتجاهات معنية وميول ورغبات تصطبغ بها حياتهم وتتأثر بها نفوسهم، وتصبح من العلائم البارزة في نمط سلوكهم وطبيعة عاداتهم في حياتهم اليومية والتي ستميز شخصيتهم وطبيعة تعاملهم مع البيئة الاجتماعية التي يتفاعلون معها.

وسنستعرض في هذا المجال أهم الاساليب المستخدمة والشائعة في عملية التنشئة الاجتماعية والتي تنقسم بدورها إلى صنفين رئيسيين هما:

1.   الاساليب الخاطئة.

2.   الاساليب الصحيحة.

---

(1) الغزالي، ابو حامد محمد، احياء علوم الدين، الجزء الثالث، مكتبة عبد الوكيل، دمشق، لا توجد سنة الطبع، ص 62 .

أولا: الأساليب الخاطئة:

لا شك ان الاساليب الخاطئة وغير الصحيحة لها انعكاسات سلبية على حياة الابناء ومستقبلهم من حيث نتائجها الوخيمة وافرازاتها الصارة على صحتهم النفسية وتوافقهم الاجتماعي مما يؤدي بالنتيجة إلى خلق كثير من الاضطرابات النفسية والعقلية والعصبية بمختلف انواعها واشكالها، والتي سوف تتأثر بها شخصيتهم. ومن بين هذه الاساليب الشائعة هي:

أ. القسوة والنبذ:

ان التربية الصارمة والقسوة المفرطة النبعة من ضمير ارعن يحاسب الطفل على كل صغيرة وكبيرة، تؤدي لا محالة إلى خلق الكراهية للسلطة الابوية وكل ما يشبهها أو يمثلها فيتخذ الطفل من الكبار ومن المجتمع موقفا عدائيا قد يدفعه إلى الجناح، وفي هذا ما يلقي الشك على الرأي الشائع بان جناح الاحداث يرجع إلى انعدام الضبط والعقاب، وقد يستسلم الطفل أو يستكين للقسوة ويطيع، ولكنها طاعة مصطبغة بالحقد والكراهية والنقمة، فيحاول ان يتحين الفرص لارتكاب العمل المحظور ليس حبا فيه بل انتقام لنفسه، او يكف نفسه عن اغلب وجوه نشاطه لانه لا يعمل شيئا الا عوقب عليه[1].

وهناك من الآباء والامهات من ينبذون اطفالهم نبذا صريحا أو مضمرا بالقول أو بالفعل، ويبدو النبذ في كراهية الطفل أو التنكر له أو اهماله أو الاسراف في تهديده وعقابه أو السخرية منه أو ايثار اخوته أو اخواته عليه أو طرده من البيت والنتيجة المحتومة لهذا فقدان الطفل شعوره بالأمن، فان كان النبذ صريحا بث في نفسه روح العدوان والرغبة في الانتقام وازدادت حساسيته وشقاؤه[2].

---

(1) راجح، احمد عزت (الدكتور)، اصول علم النفس، المكتب المصري الحديث، الاسكندرية، 1970، ص529 .

(2) المصدر نفسه، ص 608 .

وقد تنعكس الظروف الاقتصادية التي تعانيها الاسرة وما يلاقيها افرادها من حرمان مادي ومعيشة جافة وتظهر في صورة الضيق النفسيـ الذي ينتاب رب الاسرة أو الانفجارات الشديدة والسخط والتبرم بالحياة مما يجعل الجو الاسري مشحونا بالنزاع واستعمال أسلوب القسوة والشدة في المعاملة ويكون الصغار عادة هدفا لهذه الانفجارات وتلك الاساليب غير السوية في المعاملة مما يدفع الكثير منهم إلى الهرب من البيت أو قد يدفعهم إلى الانتقام ممن حولهم عن طريق السرقة أو الاعتداء أو التخريب أو الالتجاء إلى الكذب والغش والخداع أو المروق عن السلطة الوالدية[1].

لذا يظهر بشكل واضح ان استعمال مثل هذا النمط من شأنه ان يجعل من شخصية الطفل تتسم بالعنف ويغلب عليها الشراسة ويطغى على طبعها الغلظة والقسوة تنظر بعين النقمة والاستياء على كل ما يحيط بها فتكون بذلك اقرب إلى العدوان منه إلى التسامح والصفح.

ب. التراخي والتدليل:

ليس التراخي في معاملة الابناء باقل ضررا من التشدد والتزمت في معاملتهم، لانه ينطوي على عواقب جسمية يتحملها الطفل واسرته معا. حيث ان اغداق الحب بغير حساب على الابناء يصاحبه حتما تهاون في التربية وشك للانطلاق الحيوي لدى الطفل وحرمان له من ملاقاة الحياة والاحتكاك، فالوالد الذي يغدق حبه دون ان يسأل شيئا في مقابله لا يشجع الطفل على ان يكبح نفسه إذ ان يقينه من الحب على أي حال لا يشجعه على ان يضحي بذاته[2].

---

(1) المغربي، سعد (الدكتور)، والسيد احمد الليثي، الفئات الخاصة واساليب رعايتها – المجرمون، مصدر سابق، ص 209 .
(2) خليفة، احمد محمد (الدكتور)، مقدمة في السلوك الاجرامي، مصدر سابق، ص 120 .

ومن صور التدليل والتراخي عدم تدريب الطفل على الالتزام بقواعد وقيم معينة وعدم تحمله أي مسؤولية والتسيب المطلق في السلوك وفي معاملته لافراد الاسرة وتلبية كافة طلباته وسد كل حاجاته. ان مثل هذه التربية تعود الطفل على الاخذ دون العطاء وهو مخالف لما سيواجهه الطفل مستقبلا وهذا يؤدي إلى شعور الطفل بالنقص والفشل عندما يبدأ في الخروج خارج محيط الاسرة[1].

كما ان التدليل يخلق من الطفل شخصا هيابا يضيق بأهون المشكلات ولا يطيق مواجهة الصعوبات كما انه يضعف ثقة الطفل بنفسه ويميت فيه روح التفرد والاستقلال ويخلق في نفسه على مر الزمن الصراع بين الاعتماد على الآخرين والرغبة في التحرر وتأكيد الذات، فمبالغة الوالدين في حبهما للطفل إلى حد الاسراف في تدليله وتنفيذ كل ما يريده والتجاوز عن اخطائه وعلى ان يخدم دون ان يخدم ويتعاون وبذلك ينشأ انانيا محبا لنفسه ميالا إلى الاتكال على الآخرين[2].

جـ. التذبذب في المعاملة:

ان التأرجح في التعامل مع الابناء يعد من اسوأ الحالات التي تكتنف عملية تربية الابناء واكثرها شيوعا واغلبها انتشارا. حيث تبدأ المعاملة بالتدليل ثم تتحول للشدة المسرفة والعقاب أو قد يمثل احد الوالدين الشدة والآخر يمثل اللين المسرف بل قد يصل الخلاف على معاملة الطفل إلى التشاجر علنا والتنابز بالالقاب والطفل في مثل هذا النظام غير المتسق يسهل عليه ان يسود والديه ويندفع في طريق العدوان دون ضابط أو قيد[3].

---

(1) السمالوطي، نبيل، التنظيم المدرسي والتحديث التربوي، دار الشروق للنشر والتوزيع، جدة، 1980، ص 118 .
(2) دياب، فوزية (الدكتورة)، نمو الطفل وتنشئة بين الاسرة ودور الحضانة، مصدر سابق، ص 141 .
(3) المغربي، سعد (الدكتور) والسيد احمد الليثي، الفئات الخاصة واساليب رعايتها - المجرمون، مصدر سابق، ص 209 .

فضلا عن ان التقلب في معاملة الطفل بين اللين والشدة أو القبول والرفض من اشد الامور خطرا على خلقه وصحته النفسية. فاذا به يثاب على العمل مرة ويعاقب عليه هو نفسه مرة اخرى، يعاقب على الكذب أو على الاعتداء على الآخرين حينا، ولا يعاقب حينا اخر، يجاب إلى مطالبه المشروعة مرة، ويحرم منها مرة اخرى دون سبب معقول، يعاقب ان اختلس شيئا من البيت ويشجع ان اختلس شيئا من الخارج. هذا التذبذب في المعاملة يجعل الطفل في حالة دائمة من القلق والحيرة ولا يعينه على تكوين فكرة ثابتة عن سلوكه وخلقه. كما انه يهز ثقته بوالديه ولايدري ان عمل عملا أيثاب عليه ام يعاقب من اجله. وقد يفضي ـ به ذلك إلى اصطناع النفاق والكذب والختل وان يكون ذا وجهين ولقد ظهر ان الشدة المعقولة الثابتة اهون شرا من هذا التذبذب[1].

وقد اثبتت الدراسات والابحاث وجود صلة بين اساليب التربية الخاطئة من ناحية والسلوك الاجرامي من ناحية اخرى، ومن بين هذه الدراسات والابحاث، بحوث (شلدون واليانور جلوك)، حيث تشير نتائج دراستهما بهذا الخصوص انه يوجد عدد كبير من الآباء والامهات ممن يتسم اسلوبهم في التربية باللين والتساهل ضمن الاسر التي ينتسب اليها الجانحون وعلى الاخص من جانب الامهات اذ تبلغ نسبتهم 56.8% في أسر الجانحين في حين لا تزيد على 11.7% في اسر غير الجانحين. كما تبين من جهة اخرى ان اسلوب التربية الذي يتسم بالحزم والعطف اقل وجودا في اسر الجانحين، فبينما تبلغ نسبته في اسر غير الجانحين 56.6% بالنسبة للام فانها تبلغ 55.5% للاب، في حين نجد ان هذه النسبة تنحدر في اسر الجانحين إلى 4.2% وتبلغ 5.7% بالنسبة للاب، كما تبين ان القسوة من جانب الاب توجد في 26.1% من اسر الجانحين، بينما لاتوجد الا في 8.7% من اسر غير الجانحين[2].

(1) راجح، احمد عزت (الدكتور)، اصول علم النفس، مصدر سابق، ص 610 .
(2) خليفة، احمد محمد (الدكتور)، مقدمة في السلوك الاجتماعي، مصدر سابق، ص 122 – 123 .

وظهر ايضا من الابحاث التي اجراها (بيرت) ان التربية الخاطئة هـي اهـم العوامـل البيئيـة صلة بالجريمة، وانهـا توجـد بـين المجرمين بنسـبة تبلـغ خمسـة اضعاف نسبة وجودها بـين غـير المجرمين[1].

وبذلك يبدو واضحا ان هذا النمط من اساليب التنشئة الاجتماعية له من الآثار السلبية على الابناء ما يؤدي إلى عرقلة عملية النمو النفسي والنضج الاجتماعي على نحـو سـليم الامـر الـذي قـد يدفعهم إلى السقوط في حمأة الرذيلة والانحراف.

ثانيا. الأساليب الصحيحة:

لا ريب ان استعمال الاساليب السليمة والصحيحة في تنشئة الابنـاء وتـربيتهم سـوف يـترك نتائج طيبة على صحتهم النفسية وتوافقهم الاجتماعي ويجعل منهم اناسا يتحلون بفضائل الافعال، وبما ان ابناء اليوم هم جيل المستقبل، لذا تقتضي الحكمة تنشـئتهم عـلى وفـق هـذه الاسـس لانها تنسجم والفطرة السليمة والتي من شأنها ان تبني شخصيتهم جسميا وعقليا ونفسيا واجتماعيا بناء يتصف بالشمول والاتزان والواقعية، ومن ضمن هذه الاساليب:

أ. الترغيب والترهيب:

وهو اسلوب من اساليب التنشئة الاجتماعية الناجعة في تربيـة الابنـاء وابعـدها اثـرا لكونـه يتفق مع ما فطره اللـه عليه الانسان من الرغبـة الجامحـة في اللـذة والنعيم والرفاهيـة والخـوف والرهبة من الشقاء والالم وسوء العاقبة والمصير.

فمن المعروف عن اسلوب الترغيب انه اسلوب ايجابي باقي الاثر دائم التأثير يثير في الانسـان الرغبة الداخلية، ويخاطب وجدانه ومشاعره وقلبه في حين يكون اسلوب الترهيب سلبيا لانه يعتمد على الخوف وهو آني يزول بزوال المؤثر، ولا بد

---

(1) الشرقاوي، انور، انحراف الاحداث، دار الثقافة، القاهرة، 1970، ص105 .

من مراعاة الحكمة والاعتدال في استخدام الترغيب والترهيب، بحيث يؤدي الترغيب إلى الامتثال والطاعة وان لا يؤدي الترهيب إلى الخوف أو الضعف أو الاستسلام[1].

وهذا الاسلوب هو اسلوب قرآني فريد، فما من مرة ذكرت الجنة الا وذكرت معها النار وبالعكس، لان النفس البشرية تميل إلى حب الترغيب في العمل وثمرته وتخاف من التحذير من فعل الخطأ ونتائجه وليس معنى الترهيب هو التخويف المفزع والمقلق للنفس وانما تذكير الطفل بثواب الفعل وعقوبة المخالف.

فضلا عن ذلك فان هذا الاسلوب هو اسلوب واضح ظاهر في التربية النبوية، وقد استخدمه الرسول الكريم (صلى الله عليه وسلم) مع الاطفال في كثير من الحالات وفي مقدمتها بر الوالدين، فرَّغب في برهما وارهب من عقوقهما، وما ذاك الا ليستجيب الطفل ويتأثر فيصلح من نفسه وسلوكه[2].

ب. القدوة الحسنة:

من نافلة القول ان للقدوة الحسنة اثر كبير في نفس الطفل اذ غالبا ما يميل إلى تقليد والديه في اقوالهم وافعالهم ومحاكاتهم في حركاتهم وسكناتهم. لذا يجب ان يكون الوالدان اسوة صالحة لابنائهم في فعل الخير والتزم الصدق والوفاء والأمانة من اجل ان يشب هؤلاء الابناء على مثل هذه السجايا الحميدة والخصال الفاضلة.

ويرى العلامة ابن خلدون بان للقدوة الحسنة اثرا كبيرا في اكتساب القيم والفضائل فيقول عن ذلك "ان الاحتكاك بالصالحين ومحاكاتهم يكسب الانسان العادات الحسنة والطبائع المرغوبة، والسبب في ذلك ان البشر يأخذون معارفهم واخلاقهم وما ينتحلونه من المذاهب والفضائل تارة علما وتعليما والقاء وتارة

(1) ابو جادو، صالح محمد علي، سيكولوجية التنشئة الاجتماعية، مصدر سابق، ص 295 .

(2) سويد، محمد نور عبد الحفيظ، منهج في التربية النبوية للطفل، الطبعة الاولى، دار ابن كثير، دمشق، 1998، ص 141 .

محاكاة وتلقينا، الا ان حصول الملكات عن المباشرة والتلقين اشد استحكاما واقوى رسوخا"[1].

ومن هنا يتبين ان القدوة في التربية هي من انجع الوسائل المؤثرة في اعداد الولد خلقيا، وتكوينه نفسيا واجتماعيا، ذلك لان المربي هو المثل الاعلى في نظر الطفل، والاسوة الصالحة في عين الولد، يقلده سلوكيا، ويحاكيه خلقيا من حيث يشعر أو لا يشعر، بل تنطبع في نفسه واحساسه صورته القولية والفعلية والحسية والمعنوية من حيث يدري أو لا يدري، فهي عامل كبير في صلاح الولد أو فساده، فان كان المربي صادقا امينا كريما عفيفاً، نشأ الولد على الصدق والامانة والخلق والكرم والشجاعة والعفة وان كان المربي كاذبا خائنا متحللا بخيلا جبانا نذلا نشأ الولد على الكذب والخيانة والتحلل والجبن[2].

جـ العدل والمساواة:

ان هذا الركن الثالث من اركان التربية الصائبة مخاطب به الوالدين للالتزام به اذ له كبير الاثر في حث الابناء إلى البر وتشجيعهم على المسارعة في الطاعة، فالوالدان ما لم يتقيدا بهذا الركن سوف لا تكون لنصائحهما وارشاداتهما صدى يذكر لدى نفوس الابناء بل لاتجد آذانا صاغية منهم.

بل من شأن ذلك ان يشيع الحقد والكراهية فيما بينهم ويزرع الحقد والحسد في نفوسهم، ومما يدلل على رجاحة هذا الرأي ما ورد ذكره في التنزيل الحكيم في سورة يوسف عندما علم اخوة يوسف ان اباهم ميال بقلبه اليه فرموا اباهم بالخطأ:(إِذْ قَالُوا لَيُوسُفُ وَأَخُوهُ أَحَبُّ إِلَى أَبِينَا مِنَّا وَنَحْنُ عُصْبَةٌ إِنَّ أَبَانَا لَفِي ضَلَالٍ مُبِينٍ (8)) [3].

(1) ابن خلدون، ابو زيد عبد الرحمن، المقدمة، دار العودة، بيروت، 1982، ص 324 .
(2) علوان، عبد الله ناصح، تربية الاولاد في الاسلام، الجزء الثاني، دار الفكر، دمشق، 1996، ص196 .
(3) القرآن الكريم، سورة يوسف، الآية 8 .

فكانت نتيجة قناعتهم هذه ان يقدموا على عمل مشين في حق الاخوة: (اقْتُلُوا يُوسُفَ أَوِ اطْرَحُوهُ أَرْضًا يَخْلُ لَكُمْ وَجْهُ أَبِيكُمْ وَتَكُونُوا مِنْ بَعْدِهِ قَوْمًا صَالِحِينَ (9) قَالَ قَائِلٌ مِنْهُمْ لَا تَقْتُلُوا يُوسُفَ وَأَلْقُوهُ فِي غَيَابَةِ الْجُبِّ يَلْتَقِطْهُ بَعْضُ السَّيَّارَةِ إِنْ كُنْتُمْ فَاعِلِينَ)[1].

وهكذا حبك اخوة يوسف هذه المؤامرة على اخيهم الطفل الصغير الـذي لم يبلغ الحلم ولا ذنب له الا اظهار والده حبه له اكثر من اخوته. من جانب اخر اكد الرسـول الكـريم (صلى اللـه عليه وسلم) على وجوب العدل واقرار المساواة ما بين الاخوة قطعـا لـدابر الحسـد والكراهيـة التـي تنشأ من جراء عد تطبيق ذلك ففي الحديث الذي يرويه الامـام احمـد وابـو داود والنسـائي يقول الصادق الامين (صلى اللـه عليه وسلم) ويكررها ثلاثا "اعـدلوا بـين اولادكـم، اعـدلوا بـين اولادكـم، اعدلوا بين اولادكم"[2].

يتبين من خلال ما تقدم مدى اهمية الاساليب الصحيحة التـي يعتمـدها الآبـاء والمربـون في تنشئة ابنائهم تنشئة تضمن لهم استقامة خلقهم فتطبيق هذه الاساليب في العمليـة التربويـة تجعـل جهود المربين والقائمين عليها تؤتي اكلها من اجل تحقيق تربية سليمة للابناء تبعدهم عن الوقوع في مواطن الزلل ودروب الغواية والضلال.

(1) القران الكريم، سورة يوسف، الاية 9 – 10 .
(2) سويد، محمد نور عبد الحفيظ، منهج التربية النبوية، مصدر سابق، ص 95 .

المبحث الثاني

نظريات التنشئة الاجتماعية

تمهيد:

اذا كانت عملية التنشئة الاجتماعية تستهدف في الاساس تحويل الفرد من كائن بيولوجي تتمثل فيه الصفات الحيوانية إلى كائن اجتماعي تتجسد في وجدانه قيم المجتمع وعاداته وتقاليده والمعايير الاجتماعية المرعية فيه لكي تكتمل فيه الصفات الانسانية والاجتماعية. فمن هذا المنطلق اختلفت الاراء وتباينت الافكار حول الآلية المتبعة والطريقة المستخدمة التي يتم من خلالها رسم الخطوط العريضة لعملية التنشئة الاجتماعية بشكل يحقق التماسك والتوازن في داخل المجتمع وبالتالي يمهد السبيل لجميع صور التفاعل المتسق م اشكال السلوك المختلفة التي تستند على الموروث الاجتماعي ويقلل في ذات الوقت من حالات التصادم واشكال التضاد التي تتنافى والقواعد الاجتماعية السائدة.

ونظرا للاهمية القصوى التي يوليها المفكرون والمعنيون على حد سواء لعملية التنشئة الاجتماعية، فقد قدم العلماء والمختصون في هذا المجال عددا من النظريات التي تناولت افكارا واراءا تناولت شرح الكيفية التي يتم من خلالها اندماج الفرد في الجماعة والمشاركة في الحياة الاجتماعية منذ البواكير الاولى لحياته ومراحل النمو التي يمر بها بدءا بمرحلة الطفولة والمراهقة ومرورا بمرحلة الكهولة وانتهاءا بمرحلة الهرم والشيخوخة، حيث يكتسب الفرد من خلال دورة الحياة هذه الكثير من القواعد الاجتماعية والاستعدادات النفسية التي تجعله يشعر ويفكر ويسلك بحسب ما تمليه عليه ثقافة المجتمع الذي يعيش فيه وتتماشى مع نماذج السلوك المقبولة في البيئة الاجتماعية التي يتفاعل معها.

وسنتناول ابرز النظريات التي تصلح لتفسير الجوانب المختلفة لعمليات التنشئة الاجتماعية.

أولا. نظرية التحليل النفسي:

تعد هذه النظرية للعالم النفسي ـ النمساوي المعروف (سيجموند فرويد) من النظريات الرئيسة التي حاولت ان تعطي تفسيرا للعملية التي تتم من خلالها عملية التنشئة الاجتماعية والمراحل التي تمر بها والقنوات الاساسية التي تستمد منها وجودها واستمراريتها، وبموجب هذه النظرية فقد قسم الجهاز النفسي للانسان على ثلاثة اجزاء اساسية هي:

1. **الهي (ID):** ويمثل هذا الجزء الجانب الشهواني من الطبيعة البشرية ويضم الغرائز والنزعات الاولية التي كان يعتمد عليها الانسان الاول قبل عصور المدنية أي في عصور الهمجية وهي تشمل الميول الفطرية إلى الاعتداء وحب المقاتلة وسفك الدماء والرغائب والميول التي تصطدم وقيم المجتمع المتطور وهذه الميول رغم كبتها لم تمت في نفس الانسان ولكنها قابعة في اعماق النفس قد تظهر اما مقنعة واما صريحة كلما تهيأت لها الظروف المناسبة، فالظواهر التي تلاحظ في اثناء الثورات الداخلية أو الحروب الخارجية كالافراط في استعمال القسوة والاسراف في القتل والتعذيب والايذاء وارتكاب الاعمال الوحشية ما هي في الواقع الا مظهر من مظاهر التنفيس عن هذه النزعات الهمجية والعقد النفسية الموجهة ضد المجتمع وافراده المكبوتة في اعماق النفس البشرية، ويشمل هذا الجانب من النفس ايضا الرغائب والشهوات الجنسية المختلفة لا سيما تلك التي تحرمها القوانين والتقاليد الاجتماعية والنظم الدينية كالميل نحو المحارم مما كان مباحا في العصور القديمة للانسان [1].

---

(1) عريم، عبد الجبار (الدكتور)، نظريات علم الاجرام، مصدر سابق، ص 193 .

2. **الأنا (Ego):** وهو الجانب الاجتماعي حيث يمثل الجزء العملي من الحياة النفسية أي عبارة عن انعكاس للحياة الخارجية المستمدة من عالم الحقيقة وهو في الواقع ما نسميه اصطلاحا بالعقل أو المنطق وقوام هذا الجانب من النفس هو الصورة الحسية أو بالاحرى هو المظهر المجسد للحياة العقلية للانسان. ومن خصائص الأنا انها تكبح جماح النفس أي انها تقيد الـ(هي) ومنها يصدر الكبت وعن طريقها يتم تحويل النزعات والميول الفطرية والغزيزية إلى ميول ورغبات سامية ترفعها فوق مستوى الشهوة الحيوانية وتجعلها في مستوى الشهوة المعنوية أو العقلية، ومن وظائف الانا انها تجاهد في سبيل الآداب العامة والقيم الرفيعة في المجتمع ومن اجل ذلك تفرض رقابة شديدة على الـ (هي) في اثناء النوم وفي سبيل ذلك تواجه ضغطا من النفس الشهوانية والنفس العليا أو الضمير وبالوقت نفسه فهي تجابه ضغطا من البيئة الخارجية من جهة ثالثة. وعلى ذلك فهي في خصام مستمر مع هذه القوى الثالثة. ومن خصائص الأنا انها تقوم بدور الوسيط ما بين اغراض النفس الشهوانية وبين مقتضيات الحياة الاجتماعية[1].

3. **الأنا العليا (Super Ego):** وتسمى ايضا بالأنا العليا المثالية أو السامية وهي بصورة عامة ما نسميه بالضمير أو الوجدان الاخلاقي. ولهذه الانا اوامر وزواجر تفرضها على الأنا وهي تمثل الجانب الادبي السامي والمظهر الروحاني الرفيع من الطبيعة البشرية ومن وظائفها انها تنتقد الأنا وتؤنبها اذا ما خضعت لسلطان النفس ذات الشهوة[2].

---

(1) المصدر نفسه، ص 200 .
(2) عاقل، فاخر، مدارس علم النفس، دار العلم للملايين، دمشق، 1977، ص 200 .

ويمكن ان نفهم عملية التنشئة الاجتماعية في ضوء هـذا التقسيم الـذي جـاءت بـه نظريـة التحليل النفسي عندما ننظر اليها في اطار تصوري ومن خلال مراحل النمو الاساسية التي يمـر بهـا الانسان وهذه المراحل هي ما يأتي:

أ. **المرحلة الفمية**: وتغطي هذه المرحلة عمر الطفل مـن الـولادة حتـى النصـف الثاني مـن السنة الاولى. ان شخصية الطفل ونوع ونمط علاقاته الاجتماعية تتحدد بطبيعة علاقتـه بأمه وكيفية اشباع حاجاته الفمية ودرجة مـا يتعـرض لـه مـن احبـاط ومـدى مفاجـأة الفطام.

ب. **المرحلة الشرجية**: وتغطي هذه المرحلة العامين الثاني والثالث مـن عمر الطفل ويجد الطفل فيها المتعة واللذة نتيجة لتعلمه ضبط الاخراج حيـث يحظى في هـذه الحالـة بحب وقبول والديه ويؤثر في هذه المرحلة على شخصية الطفل ونمـوه الاجتماعـي نـوع العلاقة والمعاملة بين الطفل ووالديه.

جـ **المرحلة القضيبية**: وتحتل هذه المرحلة العامين الرابع والخامس من عمر الطفل ويهتم الطفل في هذه المرحلة باعضائه الجنسية باعتبارها مصدر اشباع ولذة والظاهرة الرئيسة في هذه المرحلة هي عقدة اوديب حيث يـرتبط الطفل الـذكر بامـه راغبا في الاستئثار التام بحبها ويحس بالغيرة من والده الذي يقاسمه وينافسه في حب امـه، امـا البنـت فترتبط ارتباطا قويا بابيها وتحس بالغيرة والعدوانية تجاه امه[1].

د. **مرحلة الكمون**: وتغطي هذه المرحلة عمر مـا بـين سـن السادسة وسـن البلـوغ ويتعلـق الطفل في هذه المرحلة بالوالد من نفس الجنس كما يضع نفسه عن طريق التـقمص في موضع الوالدين ويمتص المعايير التي يؤكدانها

---

(1) أبو جادو، صالح محمد علي، سيكولوجية التنشئة الاجتماعية، ص 50 .

أي انه يسلك في هذه المرحلة كما يسلكان، وكما يرغبان لانه يعتقد ان آراءهم صحيحة.

هـ **المرحلة الجنسية التناسلية**: ويبحث الطفل في هـذه المرحلـة عـن الاشـباع عـن طريق تكوين علاقات وصـلات مـع افـراد مـن الجـنس الاخـر وتتوقـف طريـق اشـباع نزعاتـه الجنسية على ظروف بيئته المباشرة من ناحية وعلى نمـوه وخبراتـه السـابقة مـن ناحيـة اخرى ⁽¹⁾.

ومن هنا نجد ان نظرية التحليل النفسي ترى ان عملية التنشئة الاجتماعية تتضمن اكتساب الطفل قواعد الضبط الاجتماعي وتشرب معايير الجماعة وقيمها حيث تستند عـلى قـوانين المجتمـع وتعاليمه الادبية وقيمه الحضارية وبالتالي تتكون الانا العليا لديه وهذا لا يتم الا عن طريق اساليب عقلية واجتماعية تعمل بدورها على تعزيز انماط السلوك المقبولة اجتماعيا وتدعيمها وعلى انطفـاء بعضها الآخر غير المقبول اجتماعيا.

وهذه النظرية تؤكد على دور العلاقة بين الوالدين والطفل واثرها الكبير على الثاني في صحته النفسية ونموه الاجتماعي وعلى تحقيق التقبـل الاجتماعـي مـن خـلال تطبيعـه عـلى قبـول قـوانين المجتمع ومثله العليا فضلا عـن اشـباع حاجاتـه الفسـيولوجية بطريقـة تسـاير المعـايير الاجتماعيـة المرعية في مجتمعه.

ثانيا. نظرية التفاعل الرمزي:

يمكن ان تعد نظرية التفاعل الرمزي من النظريـات المهمـة والاساسـية التـي جـاءت بافكـار وآراء قيمة حول الطرائق المختلفـة والوسـائل المتنوعـة التـي تجـري مـن خلالهـا عمليـة التفاعـل الاجتماعي بين الفرد من جهة والجماعة التي يحتك بها من جهة اخرى وذلك عـن طريـق اسـتخدام اللغة التي تعد محـور عمليـة الاتصـال والتفاعـل فضـلا عـن بقيـة الرمـوز والاشـارات التـي يمثـل استخدامها حاجة ضرورية لا

---

(1) المصدر نفسه، ص 51 .

يمكن الاستغناء عنها في توجيه السلوك. ومن خلال ما تقدم اذا كان مثل هذا التفاعل بين الفرد ومجتمعه يشكل علاقة تأثير وتأثر والتي يمكن ان تترك بصمات واضحة للعيان في التنشئة الاجتماعية للافراد والجماعات وعليه فانه طبقا لمضمون هذه النظرية. فانه على الرغم من اهمية السنين الخمس الاولى للانسان فان الشخصية لا تصبح ثابتة، كما ان عملية التنشئة الاجتماعية تستمر مدى الحياة، إلى جانب اهمية الام يكون الآباء والاجداد والمعلمون في نفس مستوى الاهمية للطفل والبالغ معا، وتثير هذه النظرية قضية اخرى هي انه إلى جانب اهمية الحاجات الداخلية والدوافع باعتبارهما مصادر للطاقة، فان التفاعل مع الآخرين والمعاني التي تخلعها على العالم لا تقل اهمية، فالمسألة هنا بالنسبة لنظرية التفاعل الرمزي ان العالم الخارجي بما فيه من اشخاص وافكار ومعان لا بد من اخذه في الاعتبار عند تفسير نمو الطفل أو في موجهات التنشئة الاجتماعية أو في تطور سمات الشخصية حتى مرحلة متأخرة من الحياة[1]. وقد لخص احد اقطاب هذه النظرية وهو العالم (هربرت بلومر) القضايا الاساسية لهذه النظرية في ثلاث مقدمات على النحو الآتي:

1. ان الكائنات الانسانية تسلك ازاء الاشياء في ضوء ما تنطوي عليه هذه الاشياء من معـان ظاهرة لهم.

2. ان هذه المعاني هي نتاج التفاعل الاجتماعي في المجتمع الانساني.

3. ان هذه المعاني تتعدل وتتشكل خلال عملية التأويل التي يستخدمها كل فرد في تعاملـه مع الرموز التي تواجهه[2].

ومن خلال هذا المنظور يتضح ان معرفة الانسـان عـلى صـورة ذاتـه يـتم مـن خلال تصور الاخرين المحيطين به أو القريبين منه وعن طريق تفاعله مع هؤلاء وما

(1) الخولي : سناء (الدكتورة)، الاسرة والحياة العائلية، مركز الكتب الثقافية، القاهرة، 1984، ص236- 237 .
(2) غيث، محمد عاطف (الدكتور) وآخرون، مجالات علم الاجتماع المعاصر، الطبعة الاولى، دار المعرفة الجامعيـة، القـاهرة، 1982، ص 79 – 80 .

تتضمنه تصرفاتهم وافعالهم واستجاباتهم لسلوكه فانه يكون قد حقق فكرة لذاته أي ان الاخرين بالنسبة له مرآة عاكسة يرى فيها نفسه.

ويوجد بشكل عام ثلاثة نماذج رئيسة من التفاعل الاجتماعي أو الرمزي وهذه النماذج هي:

1. **التفاعل الطبيعي:** وهو التفاعل الذي يتطور وينمو مـن خـلال علاقـات سـابقة يكونهـا الافراد بوصفهم اجساما طبيعية وكائنـات حيـة. فالنـاس يؤثـر بعضـهم بـالبعض الاخـر كاجسام طبيعية مادية، فعنـدما يـركض شخصـان مـثلا إلى زاويـة معينـة مـن اتجـاهين مختلفين ويصطدمان ببعضهما ويسقطان على الارض فان ذلك يشكل تفاعلا طبيعيا.

2. **التفاعل البايولوجي أو الايكلوجي:** ويحدث عندما يؤثر الافراد بعضـهم بـالبعض الاخـر بوصفهم كائنات حية، فعنـدما يسـتخدم الفـرد المصـادر الضـرورية ويطورهـا للمحافظـة على حياته فانه يؤثر في حياة الآخرين.

3. **التفاعل السلوكي:** وينشأ عندما يتصرف الافراد مع بعضهم بوصفهم افرادا لهم عقول أي لهم دوافعهم ومعتقداتهم ورغباتهم وحاجاتهم[1].

وفي ضوء ذلك فان مفهوم التفاعلية الرمزية يشير إلى التفاعل الذي ينشأ بين مختلف العقول والمعاني، ويعد سمة مميزة للمجتمع الانساني، ويستند هذا التفاعل الاجتماعي عـلى حقيقـة هامـة وهي ان يأخذ المرء ذاته في الاعتبار وان يحسب حسابا للآخرين أي انه يسـتوعب ادوار الآخـرين، وعلى هذا النحو يمكن صياغة صورة المجتمع الانساني تلك الصـورة التـي تعبـر تعبيرا صادقا عـن التفاعل والتساند والاعتماد المتبادل بين الفرد والمجتمع[2].

---

(1) النوري، قيس (الدكتور) وعبد المنعم الحسني، النظريات الاجتماعية، مطابع جامعة الموصل، الموصل، 1985، ص 245 .
(2) غيث، محمد عاطف (الدكتور)، مجالات علم الاجتماع المعاصر، مصدر سابق، ص 80 .

وعندما يعيش الفرد في المجتمع ويتفاعل مع الآخرين ويتعامل معهم فهو لا يتفاعل معهـم اجتماعيا على انهم اشياء فسيولوجية مادية فحسب، بل بوصفهم اشخاصا يحدد سلوكهم سلوكه فيؤثر بالآخرين ويتأثر بهـم فهـو يأخذ بنظر الاعتبار كـونهم افراد لهـم اتجاهـاتهم وتوقعـاتهم وقابلياتهم وعندئذ يتأثر سلوكه بالاخرين ويؤثر فيهم ويتم ذلك عن طريق الاتصال الرمزي كالاشارة واللغة الذي يعتمد بدوره على التفاهم المشترك حول معاني الاشارات والكلام وقد لا يتضمن هـذا التفاعل والاتصال بالضرورة الاتصال المباشر وجها لوجه، بل قد يكون الاتصال غير مباشر عن طريـق المراسلة والكتب والتصوير والموسيقى وغير ذلك من وسائل الاتصال[1].

ومن ابرز الافكار التي جاءت لاغناء مضمون هـذه النظريـة هـو مـا جـاء بـه العـالم (وليـم جيمس) الذي يعد من المع من يمثل الاتجاه التفاعلي الرمـزي والـذي عـد الغريـزة احـدى العوامـل المهمة في سلوك الانسان فضلا عن انه لفت الانظار إلى اهميـة العـادة الاجتماعيـة اذ انها ليسـت مهمة فقط من ناحية ضبطها سلوك الفـرد بـل هـي مهمـة بالنسبة للمجتمع لانها مـن العناصـر المحافظة. ويمكن القول بـان جيمس اكتشـف في العـادة مبـدأ نستطيع بواسطته تفسيـر السـلوك بعوامل ذاتية داخلية اكثر من تفسيره بعوامل أو قـوى خارجيـة وبـذلك تكون العـادة الاجتماعيـة عنده مهمة اهمية التقليد عند تارد واتباعه حسب ما يعتقد بعض المختصين[2].

وتأسيسا على ما تقدم يتضح بان الفرد والمجتمع ما هما الا وجهان لحقيقـة واحـدة ولـذلك فلا يمكن التأكيد على احدهما دون الاخر لان الفرد لا يمكن ان ينمو ويتطور الا من خـلال التفاعـل والاتصال المباشر مع الاخرين لا سيما مع الجماعات الاولية كـالاسرة والجيرة وجماعـة اللعب وثلـة الاصدقاء لكون ان هذا

(1) العاني، عبد اللطيف (الدكتور) واخرون، المدخل إلى علم الاجتماع، مصدر سابق، ص 91 .
(2) النوري، قيس (الدكتور) والدكتور عبد المنعم الحسني، مصدر سابق، ص 247 .

التفاعل اساس في اكسابه وتزويده بالكثير من الخبرات والافكار والاتجاهات الثقافية السائدة في مجتمعه والتي تشكل قوام تنشئته الاجتماعية.

ثالثا. نظرية التعلم السلوكية:

تؤكد هذه النظرية على اهمية التعلم ودوره الحيوي في الحياة اذ انه تشكل قضية رئيسة للانسان ويعد جوهر وجوده واساس تربيته وهو في ذات الوقت منطلق اساسي لتعديل سلوكه وتغييره وفق ما تمليه عليه المواقف التي يمر بها واكتسابه للكثير من الاتجاهات والميول والافكار والمبادئ التي تمكنه من التفكير السليم والفعل السوي عن طريق التجربة والخبرة والتمييز بين الخطأ والصواب، فضلا عن تكوين شخصية متزنة سوية له تحقق له نموا اجتماعيا سليما وصحة نفسية بعيدين عن الاختلال أو الاعتلال بحيث يمكنه من العيش في بيئته الاجتماعية المعقدة والمتغيرة على نحو توافقي معها.

وبما ان صور التعلم تختلف في اشكالها وتتباين في موضوعاتها وتتراوح من حيث بساطتها وتعقيداتها فهي تلازم الكائن الحي طوال عمره وتستهدف جوانب مختلفة من حياته تبدأ بالتعلم الذي يغلب عليه النشاط الحركي كالمشي والركض والسباحة مرورا بالتعلم اللفظي الذي يرمي إلى كسب عادات يغلب فيها النشاط اللفظي كعادة النطق الصحيح واللغة السليمة، انتهاء بالتعلم العقلي والاجتماعي الذي يتضمن كيفية مواجهة المشكلات ووضع الحلول الملائمة لها وكسب العادات الاجتماعية والآداب والقيم الخلقية، كالتسامح والتعاون والايثار واحترام قواعد الضبط الاجتماعي. وتتم عملية التعلم من خلال قنوات رئيسة ومصادر مختلفة تشكل الاساس الذي تستمد منه وجودها ودوام استمراريتها كمشاهدة افعال الاخرين وملاحظتهم ومحاولة تقليدهم عن طريق تدعيم نماذج معينة من السلوك وتعزيزها عن طريق تقديم الثواب الذي يشجع على تكرارها والتشبث بها أو الاحجام عن القيام بفعل معين وسلوك خاص عن طريق الكبح بالعقاب المعنوي أو المادي ومحاولة تضييق دائرة نشاطه عن طريق ذلك.

ولهذا فان هذه النظرية تقصر ميدانها على رصد السلوك الظاهر الذي يخضع للقياس الكمي وتهتم برصد ادق جزئياته رصدا يساير تتابعها الزمني القصير. وتلك صفة تصلح لتفسير ناحية ضيقة جدا من مشكلة الدوافع وتخطئ في تفسير الدعائم الاخرى للمشكلة ذلك بانها تهمل دراسة الناحية الشعورية النفسية وتضفي على الانسان والكائنات الحية الاخرى صورة آلية ثابتة صماء. وهي تعجز عن تفسير تغير واختلاف استجابات الكائن الحي ذاته بالنسبة لمثير واحد ومثلها في ذلك كمثل الافعال العشوائية التي لا يؤازرها هدف محدود أو قصد معروف[1].

ومن اجل الوقوف على اهم الافكار التي جاء بها المنظرون الرئيسيون في سيكولوجية التعلم والتي كانت وما تزال بنات افكارهم المصاغة على هيئة قوانين تشكل قوام هذه النظرية، لذا سوف نستعرض اهم هذه القوانين التي توضح الخطوط الرئيسة والملامح الاساسية لهذه النظرية.

أولا. قوانين ثورندايك:

تعد القوانين التي جاء بها احد اقطاب هذه النظرية وهو العالم الامريكي (ثورندايك) من اهم القوانين التي أغنت نظرية التعلم وجعلتها في مصاف النظريات التي لها وزن ثقيل ودور مؤثر وفعال في توجيه جهود العاملين وتنظيمه في مجال التعلم والتربية. ومن ابرز هذه القوانين:

1. **قانون الاستعداد**: وهو من اول القوانين التي جاء بها ثورندايك وهذا القانون يعبر عن خصائص الظروف التي تجعل المتعلم يميل إلى ان يكون مشبعا أو متضايقا. وقد شرحا (هيلغارد وبور) هذه الظروف بما ياتي:

---

(1) السيد، فؤاد البهي (الدكتور)، علم النفس الاجتماعي، الطبعة الاولى، دار الفكر العربي، القاهرة، 1954، ص 206 .

أ. اذا ما اثير حافز قوي لاداء عمل فان تتابع تنفيذ هذا العمل بطريقة سلسلة يكون مشبعا.

ب. اذا ما أجهض أو اعيق اتمام عمل ما فان هذا العمل يكون سببا للضيق.

جـ. عندما يكون اداء عمل ما متعبا أو متخما فان الاكراه على تكراره يكون سببا للضيق.

2. **قانون المران (التدريب):** وهو ثاني قوانين ثورندايك الاولية وينص على انه عند حدوث ارتباط قابل التعديل بين موقف واستجابة تزداد قوة هذا الارتباط ويعرف هذا الجزء من القانون باسم قانون الاستعمال. اما اذا انقطع الارتباط القابل للتعديل بين الموقف والاستجابة فان قوته تضعف ويعرف هذا الجزء ايضا من القانون باسم قانون عدم الاستعمال[1].

3. **قانون الاثر:** وهو ثالث قوانين ثوراندايك الاولية وينص على ان أي ارتباط قابل للتعديل بين موقف واستجابة يزداد اذا ما صاحبته حالة اشباع ويضعف اذا ما صاحبته أو اعقبته حالة ضيق. ويختلف الاثر الذي يقوي الرابطة المشبعة أو يضعفها في حالة الرابطة المسببة للضيق باختلاف ما بين الاقتران والرابطة الناجمة عنه من قرب أو بعد.

4. **قانون نقل الارتباط:** اذا ما بقيت الاستجابة ثابتة في اثناء حدوث سلسلة من التغيرات في الموقف المثير فان الاستجابة يمكن ان تنقل إلى مثير جديد تماما. ويتغير الموقف المثير بالاضافة اولا ثم بالطرح ثانيا حتى لا يتبقى سوى الموقف الاصلي[2].

---

(1) غازدا أم، جورج وريموند جي كورسيني، ترجمة، الدكتور علي حسين وعطية محمود، نظريات التعليم، عالم المعرفة، الكويت، 1983، ص 20 – 21 .

(2) غازدا أم، جورج وريموند جي كورسيني، ترجمة، الدكتور علي حسين وعطية محمود، نظريات التعليم، مصدر سابق ص 21 .

ثانيا. قوانين بافلوف:

استطاع العالم الروسي (بافلوف) من خلال تجاربه المختبرية واختباراته المعملية ان يخرج بطائفة اخرى من القوانين التي تمثل محور العمليات التي تجري من خلالها الاساليب المعتمدة في التعلم كما انها تفسر جوانب كثيرة منها تكوين العادات لدى الانسان والحيوان على حد سواء، وهو بذلك يضيف نماذج اخرى من صور التعلم وهذه النماذج تتمثل في عقد الصلات وتقوية الروابط بين المثيرات والاستجابات أي بمعنى اخر ان هناك ارتباطا بين المثير الطبيعي والمثير الصناعي الجديد بحيث يخلع الاول على الثاني قوة المثير الطبيعي فاذا به يصبح قادرا على اثارة السلوك وهذا ما يسمى لدى بافلوف بالتعلم الشرطي.

ومن اهم القوانين التي استطاع بافلوف ان يتوصل اليها هي:

1. قانون المرة الواحدة: لقد كان بافلوف في تجاربه الاولى يكرر ربط المثير الشرطي بالمثير الطبيعي عدة مرات، غير انه اتضح ان الاستجابة الشرطية قد تتكون من فعل المثير الشرطي مرة واحدة فقط. فالطفل الذي لسعته النار أو لدغه ثعبان مرة واحدة يحجم عن الاقتراب منهما بعد ذلك.

2. قانون التدعيم: ويراد به تقوية الرابطة بين المثير الشرطي والاستجابة الشرطية مما يدعم الاستجابة ويقويها، ويدفع بالفرد إلى تكرارها عدة مرات واختيارها دون غيرها. فقد لاحظ بافلوف انه اذا ما عود كلبا ان يسيل لعابه عند مجرد سماعه الجرس ثم كرر عليه التجربة في اليوم التالي لم يسل لعاب الكلب أول الأمر عند سماعه الجرس.

لكنه بعد تكرار سماعه الجرس مقترنا بالطعام عدة مرات فان لعابه يبدأ في الافراز. وهذا القانون يشير إلى ان الثواب في هذه الحالة جاء قبل الاستجابة لا بعدها[1].

_____

(1) راجح، احمد عزت (الدكتور)، اصول علم النفس، مصدر سابق، ص 224 .

3. قانون الانطفاء: وهو عكس قانون التدعيم ويتلخص في ان المثير الشرطي ان تكرر ظهوره دون ان يتبعه المثير الطبيعي من آن لآخر أي دون تدعيم تضاءلت الاستجابة الشرطية الثابتة حتى تزول قاطبة فالكلب الذي تعود ان يسيل لعابه عند سماعه جرسا لا يعود يسيل لعابه ان تكرر سماعه الجرس مرات كثيرة دون ان يتلو ذلك تقديم الطعام اليه.
4. قانون تعميم المثيرات: ويتلخص هذا القانون في انتقال اثر المثير أو الموقف إلى مثيرات ومواقف اخرى تشبهه أو ترمز اليه وهو يفسر لنا كثيرا من سلوكنا اليومي، فمن لدغه ثعبان فانه يخاف من رؤية الحبل، والطفل الذي عضه كلب معين يخاف من جميع الكلاب.
5. قانون التمييز: هو التغلب على التعميم أي التفرقة بين المثير الاصلي والمثيرات الاخرى الشبيهة به نتيجة لتدعيم المثير الاصلي وعدم تدعيم المثيرات الشبيهة به. فهو نوع من التدعيم الانتقائي اساسه التدعيم والانطفاء. فالطفل الصغير يسمي كل رجل يراه "بابا" لكنه بفضل التدعيم وعدم التدعيم من البيئة الاجتماعية لا يلبث ان يصحح خطأه هذا وتعميمه الفضفاض فلا يعود يطلق هذا اللفظ الا على ابيه فقط[1].

وبهذا نستنتج ان للتعلم الشرطي دورا هاما في كسب العادات عند الانسان لا سيما في مرحلة الطفولة حيث تتشكل الملامح الرئيسة للشخصية عن طريق التطبيع والتعلم الاجتماعي التي تعد الاساس الذي تتكئ عليه عملية التنشئة الاجتماعية.

(1) المصدر نفسه، ص 224 – 226 .

رابعاً: نظرية الدور الاجتماعي

وهي من النظريات الاجتماعية التي لها صلة وطيدة بموضوع التنشئة الاجتماعية وانه لا يمكن لاي دراسة تتناول هذا الموضوع دون ان تذكر هذه النظرية التي يتمحور جوهر مضمونها حول اداء الابنية لوظائفها وما تقوم به من دور فعال في هذا المجال. ولعل الافكار والاراء التي جاء بها عدد من العلماء وخاصة منهم العالم (تالكوت بارسونز) الاثر الايجابي في اغناء المضامين الاساسية التي جاءت بها هذه النظرية.

يرى العالم (بارسونز) ان تقسيم العمل في النظام الاجتماعي ادى إلى تعدد الادوار وتباينها، وتكون كل مجموعة من هذه الادوار مرتبطة ارتباطا وظيفيا وذات اهداف مشتركة وان التباين بين الادوار شرط لوجود نظم الادوار وتوافقها في نظام واحد معقد التكوين وان قيام الفرد بعدة ادوار متباينة ومتخصصة ما هو في الواقع الا نتيجة ارتباطه بعلاقات اجتماعية داخل نظم متعددة ويحدث نتيجة تنشئة الفرد على اداء الدور المطلوب في المواقف المختلفة[1].

وعندما تناول (بارسونز) التفاعل الاجتماعي التي ترتكز عليه عملية التنشئة الاجتماعية فانه درس طبيعة ثلاثة انماط من الانساق التي ترتبط بطبيعة الفعل الاجتماعي وهذه الانساق هي:

أ. النسق الاجتماعي: ويتكون من مجموعة الادوار ذات العلاقات المتداخلة، تلك الادوار التي تشكل مجموعة متآلفة يطلق عليها اسم النظم، والنسق الاجتماعي يشير إلى مجموعة من الافراد الذين يتفاعلون بعضهم مع البعض الاخر وان هدف هذا التفاعل هو الميل إلى الاشباع الامثل لاحتياجاتهم.

---

(1) ابو جادو، صالح محمد علي، سيكولوجية التنشئة الاجتماعية، مصدر سابق، ص58 .

ب. **نسق الثقافة**: ويتضمن مجموعة من العلاقات المتداخلة للقيم والمعتقدات والرموز المشتركة التي توجد في المجتمع.

ج. **نسق الشخصية**: ويضم مجموعة الدوافع والمؤثرات والافكار وكل ما يتصل بالفرد ككائن عضوي [1].

وبما ان الموضوع الاساسي الذي تدور حوله النظرية الاجتماعية عند (بارسونز) هو ما يقوم به البناء الاجتماعي من اداء لوظيفته، لذا فان التحليل البنائي الوظيفي يتطلب معالجة منهجية لمكانات وادوار الافراد الذين يضمهم موقف اجتماعي معين، ويشير مفهوم المكانة إلى موقع الفرد في نسق علاقة اجتماعية معينة منظورا اليه كبناء، اما الدور الذي لا ينفصل باي حال عن المكانة أو المركز فانه يمثل الجانب الديناميكي لهذه المكانة [2].

وبذلك يتضح جليا من خلال هذه النظرية ان قيم المجتمع ومعاييره تلعب دورا مهما في تحديد اداء الفرد لدوره، وان اداء هذا الدور ما هو الا نتاج لعملية التنشئة الاجتماعية، لان ديمومة واستمرارية الاداء الوظيفي لاي نظام اجتماعي يعتمد إلى حد كبير على الاداء المناسب والمنظم للادوار الاجتماعية.

---

(1) كوهن، بيرسي، النظرية الاجتماعية الحديثة، ترجمة الدكتور عادل مختار الهواري، دار فينوس للطباعة والنشر، القاهرة، 1975، ص147 .

(2) تيما شيف، نيقولا، نظرية علم الاجتماع، ترجمة الدكتور محمد عودة وآخرون، الطبعة الخامسة دار المعارف، القاهرة، 1978، ص 358-359 .

الفصل الثالث

مؤسسات التنشئة الاجتماعية

تمهيد:

تضطلع المؤسسات المعنية بالتنشئة الاجتماعية بدور هام في تنشئة أفراد المجتمع منذ مجيئهم ووجودهم في هذه الحياة تنشئة ترمي إلى أحداث افضل ما يمكن من السبك والتهذيب في طبيعتهم وصقل سلوكهم منذ نعومة أظافرهم وصبهم في القالب الذي يرتضيه لهم المجتمع وتزويدهم بالمهارات المختلفة التي تساعدهم على بناء شخصيتهم بشكل متماسك فضلا عن تدريب قواهم واستعداداتهم تدريبا تعود فائدته عليهم وعلى مجتمعهم على حد سواء.

ومن احل تحقيق هذا الهدف أقام المجتمع هذه المؤسسات لتلبية احتياجاته الاساسية المتصلة باعداد الفرد لمتطلبات المواطنة.

والمؤسسة الاجتماعية هي كل التنظيمات الاجتماعية المختلفة التي يقيمها المجتمع لتنظيم علاقات الافراد لتحقيق حياة افضل لهم. وتختلف اشكال المؤسسات الاجتماعية وتراكيبها باختلاف مجموعة الوظائف التي تقوم بها المؤسسة، والتي تتشابك وتتداخل فيما بينها، في بعض الاوقات وبدرجات متفاوتة والمؤسسة في شكلها ومضمونها تتمثل في كل وظيفي يستمد مقوماته من النظام الثقافي الشامل للمجتمع[1].

لذلك فان احسن السبل وانجع الطرق للوقاية من الجريمة والجد منها وتضييق دائرة انتشارها يتمثل في ايلاء المشكلات التي تعاني منها مؤسسات التنشئة الاجتماعية اهتماما كبيرا والعمل على وضع الحلول الناجعة لها باعتبارها تمثل

(1) ابو جادو، صالح محمد علي، سيكلوجية التنشئة الاجتماعية، مصدر سابق، ص 245 .

سلاحا ماضيا يساعدها في اجتثاث الجريمة من جذورها وتظهير المجتمع منها. كما ان تنسيق الجهود بين عمل هذه المؤسسات هو السبيل الاكيد لحماية الهيئة الاجتماعية من هذه العلة الاجتماعية الخطيرة. اذ ان قيام هذه المؤسسات على قواعد راسخة ودعائم قوية هو الذي يمكنها من ان تصمد بوجه الظروف الصعبة التي تحاول ان تنال من دورها في الحياة والمتمثل في درء اخطار كل ما يعكر صفو المجتمع وأمنه وطمأنينته، ولا يمكن ان يظهر دور هذه المؤسسات على المحك الصحيح الا في الاوقات العصيبة والظروف الحرجة التي يمر بها المجتمع.

ونظرا لاهمية مؤسسات التنشئة الاجتماعية، ودورها التكاملي في بناء شخصية الفرد وكيانه الاجتماعي، فسوف نستعرض ونوضح بالتفصيل دور كل من هذه المؤسسات من خلال ما تبذله من جهد في عملية التنشئة الاجتماعية لافراد المجتمع والعمل على تحصينهم من الانزلاق في مهاوي الانحراف والجريمة.

أولا. الأسرة:

كانت الاسرة وما تزال من اهم المؤسسات الاجتماعية التي يقوم عليها المجتمع الانساني، فهي الدعامة الاساس التي يستند عليها البناء الاجتماعي بوصفها حجر الزاوية فيه، وهي ضرورة حتمية لبناء الجنس البشري ودوام استمراريته، وبما ان الاسرة هي الوحدة الاجتماعية الاولى التي يرى الفرد فيها النور، حيث ينشأ في ظلها ويترعرع في كفنها حتى يبلغ سن الرشد والنضوج، لذا فان لها النصيب الاوفر واليد الطولى في تنشئة ابنائها تنشئة اجتماعية سليمة ورصينة تحصنهم من الوقع في الجريمة وتقيهم من الانزلاق في الانحراف، فدورها في هذا المجال يمثل دورا محوريا بالنسبة لباقي مؤسسات التنشئة الاجتماعية الاخرى في تحقيق هذا الهدف النبيل.

لذلك يتحدد مستقبل الاسرة من نقطة البدء في التفكير به والاعداد له والاتجاه اليه، وعلى كل طرف من الاطراف ان يجهد في الاحتياط والتقصي كما عليه ان يجتهد في الانجاز والاستجابة، وكلما كانت الخطوات الاولى راسخة القدم في اول الطريق، كلما كان ذلك اكثر نهوضا في الوصول إلى الهدف المنشود والغاية

المرجوة، ولما كان الاصل في النظرة إلى الاسرة هو الامعان في السير المجد، والاندفاع إلى النهاية المرسومة، والحرص على شد العرى وتوثيق الروابط فان ذلك يقتضي بالضرورة خطى وئيدة لا تزل وتصويبا محكمالا يطيش وقصدا حسنا لا يخيب[1].

لذا فان مسألة بناء الاسرة بناءا محكما لا يتم الا من خلال الاختيار السليم لشريك الحياة المناسب الذي تتوفر فيه عناصر النجاح ومقوماته المتمثلة بالتكافؤ في الدين والاخلاق والسن والمهنة، والتكافؤ في المستوى الثقافي والمركز الاجتماعي حتى يدوم الزواج بعيدا عن الشقاق والخلافات الاسرية والمشاكل البيتية التي لها تأثير سيء على سلوك الاولاد. ولهذا جاء في الحديث النبوي الشريف قوله (صلى الله عليه وسلم):"تخيروا لنطفكم وأنكحوا الأكفاء"[2].

كل ذلك من اجل ان تتوافر شروط تكوين الاسرة السليمة باعتبارها الجهاز المحوري الذي يأخذ على عاتقه توفير الرعاية السديدة لابنائه وتنشئتهم واشباع حاجاتهم اشباعا يحقق النمو السوي لهم باعتبارها تمثل المجتمع الصغير الذي يسلم الفرد إلى المجتمع الكبير، فان كل ما يجنيه من الاول تنعكس آثاره على الثاني، وعلى هذا الاساس فان للاسرة اهمية كبيرة في القيام بمهمة تهذيب ابنائها، لا سيما في مرحلة الطفولة وحثهم على اتباع السلوك القويم والتشبث بمحامد الاخلاق.

ولا يقتصر دور الاسرة في بداية نشأتها على تربية ابنائها وسد احتياجاتهم البايولوجية والنفسية والاجتماعية، بل كانت وظائفها في اقدم عهودها واسعة كل السعة شاملة لمعظم شؤون الحياة الاجتماعية، ولكن المجتمع العام اخذ ينتقص هذه

(1) الكبيسي، احمد (الدكتور)، فلسفة النظام الاسري في الاسلام، مطبعة الحوادث، بغداد، 1990، ص15 .
(2) الزلمي، مصطفى ابراهيم (الدكتور)، منهاج الاسلام لمكافحة الاجرام، مطبعة شفيق، بغداد، 1986، ص8 .

الوظائف من اطرافها شيئا فشيئا ويستلبها من الاسرة وظيفة وظيفة، وينشئ لكل وظيفة منها هيئة خاصة على اسس مستقلة عن الاسرة[1].

ووضع الاسرة بهذا الشكل كان واضحا في الشعوب التي تعتبر ممثلة في نظمها لاقدم مراحل الانسانية وهي العشائر البدائية بامريكا واستراليا. فكل عشيرة من هذه العشائر كانت اسرة مستقلة، اذ لم يكن لديهم فرق بين اسرة وعشيرة، وكل عشيرة من هذه العشائر كانت بمنزلة مملكة مستقلة تقوم بمختلف الوظائف الاجتماعية وتتمثل فيها جميع السلطات والهيئات المعروفة في العصر الحديث. فكانت هيئة اقتصادية تقوم بانتاج ما تحتاج اليه وتشرف على شؤون التوزيع والاستهلاك والاستبدال الداخلي وغيره، وكانت هيئة تشريعية تضع القوانين وترسم الحدود وتمنح الحقوق وتفرض الواجبات، وكانت هيئة سياسية تنفيذية تشرف على تحقيق سياستها العامة وتنظيم علاقاتها بما عداها من العشائر وتتعهد بتنفيذ ما تضعه من شرائع، وكانت هيئة قضائية تقوم بالفصل فيما ينشأ بين الافراد من خصومات وتعمل على رد الحقوق إلى اهلها والقصاص للمظلوم من الظالم وحراسة القانون وعقاب من يعتدي على حرماته، وكانت هيئة دينية تضع قواعد الدين وتفصل احكامه وتوضح مناهجه وتقوم بحراسته، وبالجملة لم تغادر اية ناحية من نواحي الوظائف الاجتماعية الا اضطلعت بها واشرفت على شؤونها، وقد ظلت الاسرة الانسانية محتفظة بهذه الوظائف الواسعة الى عهد قريب[2].

ويعزى السبب في عدم محافظة الاسرة على بنائها ووظائفها في يومنا هذا إلى خضوعها لقانون التغير الدائم شأنها في ذلك شأن نظم المجتمع الاخرى، وهذا ما حدث من جراء قيام الثورة الصناعية وتقدم التكنولوجيا الذي طرح امام المجتمع طرقا جديدة تتزايد باستمرار لمعالجة شؤون الحياة والعلاقات الانسانية[3].

(1) وافي، علي عبد الواحد (الدكتور)، الاسرة والمجتمع، دار احياء الكتب العربية، القاهرة، 1945، ص 21 .
(2) وافي، علي عبد الواحد (الدكتور)، عوامل التربية، دار نهضة مصر، القاهرة، 1977، ص 5-6.
(3) الخولي، سناء (الدكتورة)، الاسرة في عالم متغير، الهيئة المصرية العامة للكتاب، مصر، 1974، ص 161 .

ولهـذا نـرى ان المجتمـع انشأ هيئـات تسـاعد الاسرة في تنشـئة ابنائها مثل دور الحضـانة والمدارس والمعاهد والجامعات ومنظمات التربية الرياضية والاجتماعية والنوادي والمكتبات ووسائل الاعلام والمؤسسات الاجتماعية الاخرى التي تعنى بتربية الاطفال وعلاج ما قد يصيب بعضهم من انحراف كما وضع التزامات على الاسرة تتعلق بتربية اطفالها وتعليمهم. ولكن على الـرغم مـن هذا التطور حتى في تلك المجتمعات الصناعية التي انكمشت فيها الاسرة وصغر عدد افرادها وانصرفت معظم الامهات فيها إلى المشاركة في السعي لزيادة دخلها، وعلى الـرغم مـن تعـدد المؤسسـات والهيئات التي تشارك الاسرة وظيفتها في تنشئة الطفل فان المنـزل لا يـزال عـاملا مـن اهـم عوامـل التربية وما زالت الاسرة هي الخلية الاولى للمجتمع[1].

ولقد اوضح (جارلس كولي) دور الاسرة بوصفها احدى الجماعات الاولية التي تقوم بغلغلـة الضبط الاجتماعي في شخصيات الافراد، ووضع على اسـاس ذلـك مفهـوم "الـذات المـرآة" أو الـذات المنعكسة وهو يقصد بذلك ان الاسرة والجماعات المحيطة بالفرد والمجتمع الاوسع عبارة عـن مـرآة عاكسة يرى الفرد فيها صورته أي سلوكه، فان كان مرضيا تمسك بها وان كان مرفوضا عدلـه، وهكـذا تكون الاسرة احدى الجماعات التي تعلم الفرد تعديل سلوكه طبقا لقواعد المجتمع واسس الضبط فيه. فالتنشئة الاسرية تعلم الطفل اسس الطاعة والاحترام وما هو مقبول اجتماعيا وما هو مرفوض، وان هناك عقاب وثواب فتعلمه بذلك قواعد الضبط فضلا عن قواعد المجتمع من دينيـة أو قرابيـة أو قيمية[2].

لذا فان من اساسيات الدور الاسري ما يؤديه الوالدان لا سيما الام في مراحل الطفولة المبكرة من اعداد فكري للصغار، ومما يجعل هذا الدور مصيريا

(1) الشرقاوي، انور، انحراف الاحداث، مصدر سابق، ص 100 – 101 .

(2) الجابري، خالد (الدكتور)، دور مؤسسات الضبط في الامن الاجتماعي، بحث مقـدم إلى النـدوة الفكريـة الخاصة بـالامن الاجتماعي، سلسلة المائدة الحرة في بيت الحكمة، دار الحرية للطباعة، بغداد، 1997، ص 50 .

بالنسبة للفرد والمجتمع هو ان الطفل البشري يولد وهو كامل الاعتماد على الاسرة في تلقي الرعاية الذهنية والعاطفية والفيزيقية على حد سواء. وتكون الصيغة التي تتبعها الاسرة في تنشئته متدرجة من الابسط إلى الاعقد ومن المحسوس إلى المجرد ومع مرور السنين يتمكن الطفل باعانة من اسرته من التوغل في كثير من امور الحياة فتصبح مفهومة لديه بعد ان كانت مجهولة أو غامضة في تصوره[1].

من خصائص الاسرة المميزة قوة العلاقات واستمرارها ومتانتها بين اعضائها لا سيما الوالدين مما يسهل على الطفل تعميق واستيعاب النماذج والمواقف التي تصدر عنهما مما يجعلهم يكتسبون من الخبرات مما تؤهلهم لمواجهة المواقف المختلفة التي تمر بهم[2].

ومن هنا نتبع اهمية الاسرة فهي الوسط لاجتماعي الذي تتكون فيه شخصية الفرد والتي ينهل منه الثقافة الضرورية التي تؤهله للنضوج الاجتماعي، فالفرد يكون سويا إذا كانت الاسرة سوية وغير سوي إذا كانت غير سوية. فاثر الوالدين في الطفل وكونهما قدون مثلى له حقيقة واقعة اذ من الثابت ان معرفة الطفل بما هو خطأ وما هو صواب وموقفه منهما يتأثر إلى حد كبير بمعرفة والديه وموقفهما في هذا الخصوص، مما يؤكد اهمية اثر المستوى الخلقي للوالدين على شخصية وسلوك طفلهما، فالطفل الذي يجد اباه لصا والطفلة التي تجد امها عاهرة، لن يسلمان غالبا من اثر المثل السيء الماثل امامهما، وان لم يجدا من الاب أو الام أي تشجيع مباشر على التمثل والاقتداء بهما[3].

وبما ان الاسرة هي المجال الاول والاساس الذي يتم فيه وضع الخطوط والاتجاهات الاساسية للشخصية، وان كانت الشخصية قابلة للتاثر والتغير خلال

---

(1) النوري، قيس (الدكتور)، الاسرة مشروعا تنمويا، دار الشؤون الثقافية العامة، بغداد، 1994، ص 9 .

(2) ميريلا، كياراندا، التربية الاجتماعية في رياض الاطفال، ترجمة : فوزي محمد وعبد الفتاح حسن، دار الفكر العربي، القاهرة، 1992، ص42 .

(3) نشأت، اكرم ابراهيم (الدكتور)، علم الاجتماع الجنائي، مصدر سابق، ص38 .

مراحل العمر المختلفة وعن طريق مجالات وميادين الحياة الاخرى، إلا ان الاسرة والعلاقات داخلها اشد خطرا وابعد أثرا في تكوين شخصية الفرد وتشكيلها لا سيما في السنوات الاولى من حياة الطفل، ولذلك فقد لاحظ علماء الاجرام ان السلوك المضاد للمجتمع أو السلوك العدواني عامة تظهر بوادره في عهد الطفولة في صور مختلفة كالعناد الشديد والمخالفة المستمرة أو الهروب من البيت أو المدرسة أو التخريب والتحطيم أو السرقات البسيطة من البيت والانانية، وعدم القدرة على احتمال الحرمان والاحباط وعدم القدرة على تأجيل اشباع الرغبات أو استبدالها بغيرها إلى غير ذلك من صور العدوان وصفات الفرد العدواني[1].

ومع اجماع العلماء على اهمية الاسرة واثرها العميق في تنشئة الطفل الاجتماعية، نراهم يحرصون على ابراز الام بوصفها صاحبة الدور الرئيسي ـ في عملية تنشئته المبكرة، ويؤكدون اشد التأكيد على مركزها الجوهري بالنسبة للطفل لاسيما في السنوات الاولى من حياته، فالام تعد نقطة انطلاق الطفل وحجر الزاوية في تطوره ونموه، وهي بالنسبة له المعين الاول لكل ما قد يحس فيه من حاجة والكافلة الاولى لكل رغباته، وبما ان سد الحاجة يعني التخلص من التوتر وتبديد الطاقة المحشودة فيه، فانه من الواضح انه يجلب لنفس الصغير الراحة والهدوء والامن وبما ان الام هي الشخص الذي يلبي رغبات الطفل ويكفل حاجاته، وبالتالي يزيل عنه الالم والانزعاج، فانها تصبح عنده المصدر الاساس للذة والامن والطمأنينة، كما تصبح مركزا تدور حول انفعالاته، فهو يقلق ويغضب ويحزن، إذا غابت عنه أو اهملته ويسر ـ ويفرح ويطمئن إذا قامت برعايته واشباع حاجاته[2].

وبما ان الاحداث يستمدون معظم انماطهم السلوكية من الوسط العائلي الذي ينشأون فيه ويحيون بين ظهرانيه، لذلك فان من الضروري ان يعمل

(1) المغربي، سعد (الدكتور) والسيد احمد الليثي، الفئات الخاصة واساليب رعايتها ـ المجرمون ـ مصدر سابق، ص223 .
(2) دياب، فوزية (الدكتورة)، نمو الطفل وتنشئته بين الاسرة ودور الحضانة، مصدر سابق، ص124 .

المصلحون الاجتماعيون على النهوض بمستوى الاسرة والعناية بمركز الطفل فيها والحد من الظروف السيئة التي قد تدفع بالشباب إلى الجريمة[1].

وتدل نتائج كثير من الدراسات على ان الجانحين يأتون عادة من بيوت مهدمة اجتماعية. ففي دراسة (جلوك وجلوك) كان 60.4% من الجانحين ينحدرون من بيوت مهدمة يقابلهم 34.3% من العاديين وقد وجدت (ميرل) في دراستها نسبا مماثلة. ولكن يجب ان نذكر في هذا المجال ان العوامل الاجتماعية في تكوين الاسرة وعدد افرادها والمستوى الاجتماعي والاقتصادي لها، قد فقدت أهميتها في تفسير السلوك الاجرامي وبدا التركيز على ديناميكية العلاقة بين الطفل وافراد اسرته، اذ يتسائل المحللون النفسيون مثلا لماذا لا ينتهي كل سكان احياء الاحياء المتخلفة إلى الانحراف ولماذا لا ينحرف كل الاولاد الذين ياتون من بيوت مهدمة أو كل اولئك ينضمون إلى عصابات الصبيان، وكيف تفسر العوامل الاجتماعية وحدها انحراف عدد من ابناء الطبقات الراقية ويثير المحللون النفسيون هذه الاسئلة لبيان ان النظرية بحاجة إلى اضافة وتكملة[2].

لذا فانه من الاهمية ان يسود الوئام ويشيع التفاهم ما بين اعضاء الاسرة الواحدة سواء كان بين الاب والام أو ما بين الوالدين وابنائهما، لان وجود علاقات سليمة ما بين اعضاء الاسرة الواحدة يعد ضرورة لا يمكن الاستغناء عنها لانها كفيلة بان تخلق جوا اسريا خاليا من غيوم التوتر والاضطراب وبذلك تستطيع ان تؤدي رسالتها على الوجه الصحيح متمثلا بتهيئة البيئة الصالحة التي لا يخرج منها غير الطفولة السعيدة والمواطنة الفاضلة، على النقيض تماما من الاسر المفككة والمنهارة والتي يمكن ان تشعل شرارة الانحراف والجريمة في المجتمع بسبب وضعها البائس.

---

(1) زكريا، ابراهيم، الجريمة والمجتمع، مكتبة الانجلو المصرية، القاهرة، 1957، ص193 .

(2) جلال، سعد (الدكتور)، اسس علم النفس الجنائي، دار المعارف، الاسكندرية، 196، ص235 .

ومما يجعل الاسرة تحتل مكانا حيويا في هذا المجال لكونها منبت الجماعة ومهد الشخصية التي تدور حولها جميع عناصر تكوينها، فالاسرة هي اول وسط اجتماعي تتفتح فيه وعليه عينا الطفل وعلى اساسه تتكون شخصيته ومواقفه تجاه المجتمع، ويكون الشخص سويا إذا كانت الاسرة سويا ويكون غير سوي إذا كانت الاسرة غير سوية، وذلك في اغلب الاحوال، واستواء الاسرة وعدمه يتوقف على مجموعة القيم السائدة فيها وعلاقات افرادها والمستوى الاجتماعي والاقتصادي للوالدين[1]. ومن ذلك يتبين ان الاسرة لا تزال اهم مؤسسة من مؤسسات التنشئة الاجتماعية، بل قد لا نعدو الصواب إذا قلنا ان كفتها ترجح كفة المؤسسات الأخرى، فبصلاحها وجهودها يكتب لعملية التنشئة الاجتماعية النجاح والتوفيق وبفسادها واضطراب احوالها لا يمكن ان تتحقق هذه العملية على نحو سليم فتنحرف بذلك عن جادة القصد ويجانبها التوفيق.

وتتجسد اهمية الاسرة بقيامها بوظيفة تنشئة الاطفال من خلال تلقينهم اخلاق وقيم ومقاييس ومعتقدات واهداف المجتمع الذي تعيش فيه وتتفاعل معه، لذا تساعد عملية التنشئة الاجتماعية التي تتبناها الاسرة على تكوين الشخصية النموذجية عند الفرد، ولكن هذا لا يعني بان التنشئة الاجتماعية هي العامل الوحيد الذي يؤثر في تكوين شخصية الفرد فهناك عوامل اخرى تشارك مشاركة فعالة في بناء وصقل الشخصية ووضعها في قالب معين كالعوامل الوراثية المؤثرة في الشخصية والعوامل الاجتماعية التي تنعكس في الجماعات الاجتماعية المختلفة التي ينتمي اليها الفرد فيتاثر ويؤثر فيها كالمدرسة والجامع والحزب السياسي والصداقة والمجتمع المحلي والجماعات غير الرسمية[2].

ولهذا نستطيع القول ان للاسرة دورها الخطير في حياة اطفالها وفي حياة مجتمعها، ذلك لكونها هي الحاملة ثقافته وهي الاداة التي يستعان بها في نقلها من

(1) ابراهيم، أكرم نشات (الدكتور)، علم الاجتماع الجنائي، مصدر سابق، ص31 .
(2) الحسن، احسان محمد (الدكتور)، العائلة والقرابة والزواج، الطبعة الاولى، بيروت، 1981، ص27.

جيل إلى جيل والحفاظ عليها، والاسرة اقوى سلاح يستخدمه المجتمع في عملية التنشئة الاجتماعية فهي التي تحدد شخصية افرادها وتصبها في القالب الذي ترتضيه وتصوغها بالشكل الذي يروق لها، فهي اما ان توجههم إلى الخير أو إلى الشر، إلى السواء أو إلى الاعتلال.ويكاد يتفق اغلب المختصين على ان البيوت التي تسودها روح الود والتفاهم القائمين على الثقة والاحترام والمحبة والتقدير والتي توازن بين التقيد والتحرر هي بيوت لا يتخرج منها إلا الاصحاء الاسوياء من الراشدين وان البيوت التي ترضع أبناءها عواطف النقمة القائمة على الرعب والغيظ هي المتعهد الوحيد الذي يورد للمجتمع المنحرفين والضالين والعصابيين. بيد انه لا بد من الاشارة ان مهمة الاسرة باتت بالغة الصعوبة فلم تعد وظيفتها في تربية ابنائها مجرد تقديم الطعام لهم، بل إلى جانب هذا تكوين شخصياتهم وامدادهم بالاساليب الناجحة للكفاح في الحياة، فمن المشاهد اليوم ان الاطفال والمراهقين قد اضحوا اكثر جرأة وتحررا منهم بالامس، وكان هذا بفعل اساليب الحضارة الحديثة(1).

وان المجتمع لا يستطيع ان يضمن التعاون في تطبيق القوانين واللوائح التي يسنها إلى حد كبير إلا إذا كانت الاسرة تقوم بتحمل الاعباء الملقاة على عاتقها خير قيام والمتمثلة بتأهيل ابنائها وجعلهم على درجة عالية من الانضباط والامتثال لقيم المجتمع وقوانينه، فمؤسسات المجتمع لا يمكن ان تقوم باداء مهمتها بالشكل المطلوب ما لم يكن هناك تعاون وثيق بينه وبين الاسرة التي تعد محور عملية الضبط الاجتماعي(2).

وعلى هذا الاساس تعد الاسرة الجماعة المرجعية الاساسية للفرد فهو يتاثر بسلوك افرادها ويتشرب بقيمها ومعاييرها واتجاهاتها ويتوحد معها نتيجة التفاعل

---

(1) عوض، عباس محمد (الدكتور)، في علم النفس الاجتماعي، دار المعرفة الجماعية، الاسكندرية، 1988، ص326-327 .

(2) Reckless , Walter , The Crime problem , 3edition , New-York , 1961 , P. 27 .

الاجتماعي الصميمي، وبذلك يعد الفرد الاسرة مهده الاول وقيمه قيمه ومعاييرها معاييره حيث يكون فيها سهل التاثر شديد القابلية للايحاء والتعلم لاسيما في مرحلة الطفولة حيث ان ما يغرس في أثنائها من عادات واتجاهات وعواطف ومعتقدات يصعب أو يستعصي تغييره أو استئصاله في القادم من سنوات حياته. وقد اجمعت تجارب وابحاث العلماء ان الاسرة هي الوحدة الاجتماعية الاساسية في كل ثقافة وهي مسؤولة عن اعداد الطفل لثقافته حتى يتمكن من الحياة فيها. فهي التي تنقل اليه الاراء والافكار والمعتقدات والقيم والعادات السائدة في ثقافته، غير ان وظيفة الاسرة لا تقتصر على ذلك اذ ان كل اسرة تختار من بين ما هو سائد في ثقافتها ما تنقله إلى اطفالها وما لا تنقله، كما انها تفسر لهم ما تنقله من وجهة نظرها الخاصة، وتبعا لذلك نجد ان اطفال الثقافة الواحدة يختلفون فيما بينهم [1].

وتأسيسا على ما تقدم يتضح ان الاسرة كانت ولا تزال اهم هيئة في المجتمع تضطلع بعملية التنشئة الاجتماعية، وقد ظلت طوال حقب التاريخ الخلية الاولى والاساسية دون منازع في رعاية الابناء ووقايتهم من الجريمة والانحراف.

ثانيا. رياض الاطفال

اقتضت ظروف الحياة وتعقد مطالبها وتشابك مصالحها وتغير احوالها إلى ان تفقد الاسرة بعضا من وظائفها والتي كانت جزءا لا يتجزأ من صميم واجبها وتتنازل عنه لبعض المؤسسات الاخرى التي اخذت تشاطرها في تربية النشئ وتزويده بالثقافة الاجتماعية المطلوبة، وان هذا التحول في وظيفة الاسرة جاء خصوصا بعد خروج المراة من البيت ونزولها إلى ساحة العمل مشاركة الرجل اما في مواجهة الظروف المعاشية الصعبة أو رغبة منها في زيادة دخل الاسرة وتحقيق سعادتها ورفاهيتها الاقتصادية. ومن بين هذه المؤسسات رياض الاطفال التي جاءت ولادتها وظهورها على خارطة المجتمع لاهميتها القصوى في مساعدة الاسرة

(1) جلال، سعد (الدكتور)، اسس علم النفس الجنائي، مصدر سابق، ص105 .

في تربية الاطفال وتطوير قابلياتهم وتنمية قدراتهم وصقل ملكاتهم وتكوين شخصياتهم في مرحلة تعد من المراحل الهامة من حياتهم.

ومن الجدير بالملاحظة ان اسم روضة الاطفال وفلسفتها الاساسية ترجع الى (فروبل) عندما اسس اول روضة له في (بلاكنبرج) بالمانيا سنة 1837 بعد ان امضى عدة سنوات وهو يعلم في مدارس خاصة، وتأسست اول روضة في لندن سنة 1909 وقد اسستها الاختان (ماركريت وراشيل مكملان) وكان الهدف منها العناية بالاطفال المهملين الفقراء، ولذا كان برنامجها يشجع على التغذية والرعاية الصحية وكان نظامها يتسم بالشدة والصرامة، وفي نفس الوقت اخت الطبيبة (منتسيوري) من ايطاليا تعنى بالاطفال الذين تعمل امهاتهم خارج البيوت فانشات الرياض التي تشجع الاطفال على استخدام مواد مختلفة لتنمية المهارات العقلية والحركية عندهم وتقوم فلسفتها على ان الطفل الذي يملأ وقته هو طفل سعيد وكان لهذا الراي اثره في مفهوم ارشاد الاطفال وتوجيههم في الوقت الحاضر[1].

وبما ان الطفولة هي من اهم المراحل التي يمر بها الانسان في حياته حيث تشتد قابليته للتاثر بالعوامل المختلفة التي تحيط به الامر الذي تترك فيه بصمات واضحة على تكوين شخصيته ورسم خطوطها وبيان معالمها في المستقبل، الامر الذي يستلزم العناية الكافية والرعاية اللازمة من المربين والاباء على حد سواء، وفي هذه المرحلة بالذات لان اطفال اليوم هم قادة المستقبل. بيد ان هذا لا يعني ان مرحلة الطفولة ما هي إلا سلم يرقاه الفرد صعدا ليصل إلى نضجه ورشده، فالطفولة ذاتها لا تقل في حقيقتها واهميتها عن هذا النضج والرشد فسعادة طفل اليوم هي اقوى دعامة من دعامات حياته المقبلة[2].

---

(1) عدس، محمد عبد الرحيم وعدنان عارف، رياض الاطفال، الطبعة الاولى، عمان، 1980، ص14-15 .

(2) ويتزمان، اليس، التربية الاجتماعية للاطفال، ترجمة الدكتور فؤاد البهي السيد، مكتبة النهضة المصرية، القاهرة، 1981، ص17 .

وقد جاءت رياض الاطفال لتعوض عن غياب الوالدين عن البيت وخاصة الام من اجل السعي وراء الرزق حيث يؤدي عدم وجود من يحل محل الام في رعاية الاطفال وتلبية احتياجاتهم إلى تسكعهم في الحي أو في الاحياء المجاورة في المدينة، اذ انهم ما زالوا في سن لا تمكنهم من الدخول في معترك العمل والكسب، وهكذا يتجمع الاطفال في مغامراتهم التي تتفاوت ما بين اللهو وتصرفات البحث عن كسب مشروع أو غير مشروع وفي بعض الاحيان مثلا يتوجه بعض هؤلاء نحو مراكز تجميع القمامة ويبحثون عما يمكن استهلاكه أو استخدامه مثل الزجاجات الفارغة أو غيرها أو هم يقومون ببعض الاعمال التي تقترب من التسول كمسح زجاجات السيارات أو بيع العلكة مما يجرهم إلى السلوك الجانح[1].

لذلك كان الهدف الاساس من انشاء رياض الاطفال في بادئ الامر احتضان ورعاية اطفال النساء اللواتي خرجن إلى العمل في المصانع على اثر الثورة الصناعية التي عرفتها اوربا في القرن التاسع عشر، ثم تطور الامر من مجرد حضانة ورعاية إلى تربية شاملة ترمي إلى تنمية قدرات الاطفال وتسهيل نموهم في مرحلة هامة من مراحل حياتهم، كما اكتشف انه يمكن للروضة ان تلعب دورا هاما في اعداد الاطفال نفسيا واجتماعيا وعقليا للمدرسة الابتدائية وتعويدهم على نقل مناهجها وطرق عملها وجوها العام[2]. لذا فان الروضة تساعد الاطفال في التوافق مع البيئة الاجتماعية التي يترعرع في كنفها، فهي تعمل على توفير الفرص لهم في القيام بنشاطات تنسجم مع مراحل نموهم التي ستعمل على تطوير قدراتهم العقلية ونمو اجسامهم وحواسهم وبذلك تكون الروضة المكان الذي تتوافر فيه السعادة للطفل بدرجة تساعده على النمو بجميع مظاهره.

(1) الحجازي، مصطفى (الدكتور)، الاحداث الجانحون، الطبعة الثانية، دار الطليعة، بيروت، 1981، ص99 .
(2) ابو جادو، صالح محمد علي، سيكلوجية التنشئة الاجتماعية، مصدر سابق، ص258 .

ومن الواضح ان الطفل في هذه المرحلة من نموه تحركه مجموعة من الدوافع ذات الطبيعة النفسية والاجتماعية، فدافع حب الاستطلاع والاستكشاف يدفع به للتعرف على الاشياء من حوله وللسؤال عن كل شيء والدافع للتعلم يخلق لديه نهما لتعلم خبرات جديدة، والدافع للعب يجعله ينخرط في لعبة معينة، ليمر الوقت دون ان يشعر الطفل حتى بحاجته إلى الطعام، ويمارس مهاراته الحركية والتمثيلية، ويفرغ ما لديه من طاقة جسمية ونفسية وعليه فان وجود خبرات جديدة، وفرص للعب والاستكشاف امور ضرورية للطفل في هذه المرحلة[1].

وقد لوحظ ان كثيرا من الاطفال يسهل عليهم اكتساب العادات اليومية في الطعام واللعب والاستجمام والنوم حين يوجدون مع اطفال اخرين كما لوحظ ان الصغار الذين يرتادون رياض الاطفال أو المدارس الابتدائية الحديثة لا يتعرضون للآثار السيئة التي تنجم عن الكبت الشديد أو الكبح العنيف في البيت لانها تتيح لهم فرصا للتعبير عن حياتهم الخيالية وطبعها بطابع اجتماعي[2]. ومن خلال ذلك يتضح بجلاء ان سنوات الطفولة تعد في نظر العلماء والمختصين في التربية وعلم النفس لاسيما المبكرة منها الاكثر اهمية وخطورة حيث يتم تدريب الطفل خلالها ليكتسب الكثير من المهارات البدنية والعقلية والنفسية ولاجتماعية الضرورية لتنظيم علاقاته مع اترابه، فضلا عن ذلك فانه يتعلم في اثناء هذه المرحلة المزيد من المعايير الاجتماعية التي تعلمه كيفية التفاعل مع الاخرين بشكل سليم فضلا عن تدريبه على التعاون والانضباط في السلوك.

ومن هذا المنطلق جاءت اهمية رياض الاطفال لتساهم بشكل فعال في مساعدة الهيئات المعنية بشؤون تربية الاطفال ورعايتهم لا سيما الاسرة منها لان هذه المرحلة من حياة الانسان (مرحلة الطفولة) تشكل حجر الزاوية في بناء

---

(1) ابو جادو، صالح محمد علي، سيكلوجية التنشئة الاجتماعية، مصدر سابق، ص259.
(2) راجح، احمد عزت (الدكتور)، اصول علم النفس، مصدر سابق، ص522.

شخصيته، وتسعى رياض الاطفال إلى ان يكون لها بصمة واضحة وبارزة في هذا البناء.

وعلى هذا الاساس نرى الكثير مـن الـدول والحكومـات جنـدت علمـاءها ومربيهـا وسـخرت امكانياتها وقدراتها لتحقيق مسعاها الذي يهدف إلى خلق جيل قادر عـلى تحمـل اعبـاء المسـؤولية وادائها بدون عجز أو تلكؤ حتى يصبح لديها مجتمع قوي متماسك يعول عليه في الملمات ومتسـلح بقيم الفضيلة ومحاسن الشيم والاخلاق الرفيعة والتي تعد ذخيرة نافعة ومعينـا لا ينضـب لمواجهـة الازمات التي تعترض سبيله وتقيه في ذات الوقت من ان يركب ذلك المركب الذي يؤدي به إلى سبل الرذيلة ولانحراف والغواية.

أهداف الروضة

يشكل التعامل مع الاطفال في باكورة اعمارهم بشكل سليم امرا في غاية الاهمية لانه يبعث الثقة في نفوسهم في تحمل مسؤولياتهم في المستقبل ومن هذا المنطلق جاءت الروضة لتحقق جملة من الاهداف التي يمكن ان تضع الاطفال على الطريق الصحيح وهذه بعـض الاهـداف التـي يمكـن ادراجها بما ياتي:

1. **الشعور بالثقة:** ان من اولى مهام الروضة ان تنمي في الطفل شعوره بالثقة في نفسه وفي الاخرين، لان فهم الانسان لنفسه له ارتباط قوي بقدرته على ان يثق بها وبالاخرين وما يشعر به حول نفسه يعادل في الاهمية شعوره نحو الآخرين.

2. **النزوع إلى الاستقلال:** يميل الطفل نحو الاستقلال وبناء الثقة بنفسه وفي الاخرين بتولية زمام المبادرة وتزداد هذه النزعة عنده كلما قويت ثقته بنفسه وتصبح لديه رغبـة في اكتشاف ما حوله من الناس والاشياء وفي استخدام مـا لديـه مـن مهـارات وقدرات وفي تصميمه على ان يباشر كل

عمل بنفسه، واذا ما اردنا له ان يعتمد على نفسه فسحنا له المجال ليمارس ما يستطيع عمله.

3. **استكشاف البيئة والمحيط:** يبدأ الطفل في معرفة بيئته من خلال الادوات التي يستخدمها والتجارب التي يمارسها أو يراقب غيره بممارستها فهو يتفحص ويختبر بارداته كل جديد بشغف زائد وهذا بحد ذاته عملية استكشاف كبيرة.

4. **التهيئة والاعداد للحياة المدرسية المقبلة:** تعد مرحلة الروضة مرحلة اعداد وتهيئة للطفل بالنسبة لحياته الدراسية المقبلة وكل تخطيط في الروضة يحب ان يقوم على هذا الاساس فالطفل في هذه المرحلة بحاجة إلى توفير المناخ الملائم الذي يكشف عن قدراته ومواهبه[1].

وفي ضوء ما تقدم فان دور الروضة هو دور مكمل للبيت في اداء المهمة تجاه الطفل وليست بديلا عنه، بيد انها توفر الفرصة له بالاختلاط مع اترابه خارج البيت لمن هم في سنه، بعيدا عن مراقبة الامهات، وبهذا تعمل الروضة على حفظ الاطفال من التسكع أو من الاختلاط مع غيرهم من ابناء الجيران فيتعلمون انماطا سلوكية شاذة قد تكون الاساس الذي يعول عليه في بناء شخصيتهم التي تتسم في المستقبل ولديها من الاستعدادات ما قد يجرها إلى السقوط في الانحراف والجنوح.

ثالثا: المدرسة

تعد المدرسة من اهم المؤسسات التي تشاطر الاسرة في تربية النشئ وتزويدهم بالثقافة الاجتماعية المطلوبة، فهي البيئة الثانية التي يقضي فيها الابناء مدة طويلة من سني عمرهم، ولا يتوقف دور المدرسة على التعليم فحسب وانما يتعداه إلى ممارسة عملية التوجيه والنصح والارشاد للطلاب والعمل على مراقبة سلوكهم في اثناء وجودهم فيها. لذلك تحتل المدرسة مكان الصدارة في اهتمامات الدول

(1) عدس، محمد عبد الرحيم وعدنان عارف، رياض الاطفال، مصدر سابق، ص22-25 .

بوصفها اداة ضرورية ولازمة للتربية والتعليم والتثقيف وتدعيم النظام الاجتماعي والعمل على استقرار السلطة السياسية، وهي من نواح كثيرة تكمل عمل البيت وتسد بعض وجوه الضعف والتقصير وتضيف إلى ما وضعه من اسس وقد تعدل في هذه الاسس وتعيد تشكيلها وفق مقتضيات النظام العام المرسوم[1].

اما في اوقات الهزات السياسية والانقلابات في نظم الحكم ومظاهر السلطة والتغيرات الاجتماعية الجذرية فتظهر اهمية المدرسة بوصفها المعمل أو المختبر الذي تتفاعل فيه ركائز البناء المراد تشييده، فبعد كل ثورة أو تغيير جذري يدرك زعماؤه ان نظام حكمهم لا يمكن ان يثبت ويقوى وتتوطد دعائمه إلا عن طريق لون جديد من التربية يشكل عقول المواطنين بطريقة تدفعهم إلى تقبل النظام الجديد وتأييده والولاء له والحماس في الدفاع عنه، والمدرسة هي التي تقوم باوفر قسط في هذه العمليات الاجتماعية، فبفضلها يمكن فرز المبادئ الجديدة والقيم المستحدثة في نفوس المواطنين عن طريق تعديل مناهج الدراسة واستخدام وسائل الايضاح والاعلام التي تتناسب مع كل مستوى وطبع كتب جديدة وتصفية الهيئات القائمة بالتدريس من العناصر المعادية للنظام أو المتحمسة للنظام القديم[2].

وعلى هذا الاساس نرى ان الدور الذي تمارسه المدرسة لا يقتصر على العمل بتزويد الطلاب بزاد المعارف والعلوم فحسب وانما يتخطى ذلك ليشمل احاطة هذه المعارف والعلوم باطار كامل من المفاهيم والقيم الصحيحة والمعتقدات السلمية التي سيكون لها ابلغ الاثر في تأهيل الفرد وتعزيز دوره في المجتمع ليكون عنصرا فاعلا يسهم في نموه وتقدمه وبذلك تصبح العلمية التربوية والتعليمية ركنا اساسيا وعنصرا اساسيا في التنشئة الاجتماعية للافراد والجماعات ونظرا لدور المدرسة في المجتمع وتاثيرها البالغ في حياة ابنائه، فان الوظيفة الاولى لها في المجتمع

---

(1) الخشاب، مصطفى (الدكتور)، علم الاجتماع ومدارسه، الجزء الثاني، مكتبة الانجلو المصرية، القاهرة، 1975، ص322 .
(2) المصدر نفسه، الصفحة نفسها .

تتمثل بغرس التراث الثقافي بمعاييره وقيمه في نفوسهم وما يتضمنه من مهارات ومعلومات متراكمة ولكي تؤدي المدرسة وظيفتها الجوهرية في التهيئة الاجتماعية جنبا إلى جنب مع الاسرة عليها ان تقوم بدور هام في تعزيز التكامل المعياري للمجتمع، وواضح ان الدرجة التي تبلغها المدرسة في انجاز هذا الواجب بكفاءة، تعد عاملا ذا شأن في امتثال الافراد لقيم المجتمع ونظامه الثقافي العام[1]. وتشير معظم الدراسات المتعلقة باهمية المدرسة بوصفها اداة مهمة في تربية النشئ، حيث ان دورها يتمحور باعدادهم اعدادا صالحا للحياة بحيث يشمل هذا الاعداد العمل على تقوية اجسامهم وتنمية مهاراتهم وتهذيب اخلاقهم، في هذا المجال لا بد من الاشارة إلى دور المعلم في رعاية وتوجيه الطلاب والعمل على تقويم سلوكهم المعوج والذي سيكون له ابلغ الاثر في ترسيخ تنشئتهم الاجتماعية إذا ما ادى الاخير واجبه بشكل صحيح[2].

ومن بين الاهداف التي ترمي المدرسة إلى ترجمتها إلى واقع علمي ملموس والتي تصب في عملية التنشئة الاجتماعية للطلاب من اجل تهيئتهم بشكل صحيح وبالقدر الذي يؤهلهم لخوض معترك الحياة على نحو سليم، وهذه الاهداف تشمل ما يأتي:

1. نقل الثقافة، وتتضمن هذه العملية نقل القيم والمعايير والمعارف عن طريق التعليم المباشر.

2. تزويد الجيل الجديد بالمهارات والكفاءات والاختصاصات العلمية والتقنية التي يحتاجها المجتمع الحديث حاجة ماسة.

(1) جوسلين، المدرسة والمجتمع العصري، ترجمة الدكتور محمد قدوري لطفي ومحمد منير مرسي، عالم الكتب، القاهرة، 1977، ص100-101 .

(2) Broph , Geree , Child development and Socialization , 4 edition , London , 1977 , P . 453 .

3. تأهيل كوادر متخصصة (كالمدرسين والمعلمين والمرشدين) يمكن ان تمثل نماذج اضافية من الكبار يحتذي بها الطلاب كقدوة يحرصون على تقليدها.

4. استخدام الجزاءات السلبية والايجابية لتعزيز السلوك الاجتماعي المقبول لدى الطلاب[1].

ويمكن القول ان الوسيلة الكبرى التي تنتهجها المدرسة في تهيئة الاعضاء الجدد اجتماعيا تتم من خلال قيام الهيئة التدريسية بدور القدوة للطلاب بنفس الطريقة التي يؤدي الآباء دورهم بوصفهم نماذج يحاكيها ابنائهم، وبما ان معظم نماذج السلوك والكثير من انماط التعلم تتم في مجاميع فلا عجب، ان تتشكل نسبة كبيرة من مواقف الفرد ومعتقداته وطرقه المالوفة في عمل الاشياء من خلال تقليده للاشخاص من ذوي الاهمية في حيز حياته عن وعي أو عن غير وعي[2].

كذلك تكون المدرسة مسؤولة عن صياغة التماسك الاجتماعي بين ابناء المجتمع ودفع عجلة التقدم إلى امام، وان هذا التماسك لا يمكن تحقيقه الا على اساس التكامل الثقافي، والمدرسة مسؤولة عن تزويد الطلاب بحد ادنى من أساسيات الثقافة التي تمكنهم، رغم تنوع تخصصاتهم العلمية والدراسية، وتنوع اعمالهم ومهنهم في المستقبل، من العمل التعاوني البناء لخدمة وطنهم. ومسؤولية المدرسة لا تقتصر على تلقين التلاميذ العلم النظري بل تتعداها إلى المعاني والقيم التي ينشدها المجتمع، فالتحصيل النظري لا يكفي لتعديل السلوك والنظرة إلى الامور والحكم على الاشياء، ففي ميدان تعديل السلوك والاتجاه والقيم ينبغي أن

---

(1) جوسلين، المدرسة والمجتمع العصري، مصدر سابق، ص11 .

(2) المصدر نفسه، ص117 .

تتكامل المعرفة والممارسة لان الاقتصار على الجانب النظري يؤدي إلى الازدواج ما بينن القول والعمل[1].

وندرك من هذه الاعتبارات اهمية المدرسة في تكوين شخصية الفرد وترسيخ المفاهيم التي يفرضها التنظيم الاجتماعي القائم ، والقيام بعملية الترشيد التي تعد امتدادا لعملية الترويض التي تقوم بها الاسرة. لان الاسرة والمدرسة تكونان المصدر الاساسي للرقابة والضبط الاجتماعي مرتبطتان معا في وظائفهما ووأهدافهما. ولذلك ينبغي أن يكون هناك تدرج واتصال وثيق بينهما بحيث تعد كل مرحلة لاحقة منها امتدادا للسابقة عليها، بمعنى مراعاة أن يكون جو المدرسة امتدادا لروح البيت، وبفضل الاتصال والتواصل بين البيت والمدرسة يمكن احداث التعديلات السلوكية اللازمة، كما يجب أن يكون جو المدرسة جوا صالحا لمختلف نشاطات ومجالات المجتمع العام الذي سيتعامل معه الفرد بعد تخرجه من المدرسة[2].

وتشترك كذلك المدرسة مع البيت في تربية الطفل بعد أن يقضي سنواته الاولى، فهي البيئة الثانية التي تلي البيت في الاهمية، إذ انها تعمل على تقوية جسمه بالالعاب والتمرينات، وتظهر ما كمن في نفسه من ميول واستعدادات، وما جبله الله عليه من ذكاء ومواهب وقدرات، فتشبعها بما يعود عليه من الخير، وتعده اعدادا طيبا في المستقبل عندما ينفرد بامور نفسه، ويكسب عيشه، ويتصرف في شؤونه دون سند من والديه أو مدرسيه، وهي التي تكوّن اخلاقه على اساس ما غرسه الله تعالى فيه، وتربي فيه روح المثابرة والصدق والايثار والعدالة والتضحية، والالتزام بالوعود والوفاء بالعهود، وهي التي تغرس فيه العادات الجسمية

---

(1) ابراهيم، نجيب اسكندر (الدكتور)، قيمنا الاجتماعية وأثرها في تكوين الشخصية، مكتبة النهضة المصرية، القاهرة، 1962، ص 34-35.

(2) الخشاب، مصطفى (الدكتور)، علم الاجتماع ومدارسه، مصدر سابق، ص 324.

الصحيحة فتقوي عضلاته وتنمي بدنه، وبذلك تهيئه لكي يعيش في المجتمع عيشة سعيدة راضية[1].

ولا تعد المدرسة مؤدية لرسالتها على وجه كامل الا اذا تعهدت جميع قوى الطفل وعنيت بتربيته من جميع النواحي، عناية تهتم بتربية جسمه وادراكه ووجدانه وارادته وبتقويم اخلاقه وسلوكه وشخصيته، واعداده اعدادا سليما لحياته المستقبلية من الناحيتين الفردية والاجتماعية وتزوده بما يحتاج اليه من المعارف والعلوم. ولا تثريب عليها بعد ذلك في أن تخص بعض هذه النواحي بمزيد من عنايتها وفقا لما تقتضيه ضرورات الحياة الاجتماعية من جهة، وما تقتضيه مراعاة ميول الطفل وما زود به من استعداد فطري من جهة أخرى[2].

ولهذا يعد الهروب من المدرسة من اكثر العلامات الخطرة التي تنذر بالانحراف والجنوح، حيث ذكر كل من (سدرلاند وكريسي) أن الهروب من المدرسة يؤدي غالبا إلى انحرافات تشمل السرقة، وأن نسبة الهروب من المدرسة بين بعض الاحداث الجانحين بلغت 60 % من مجموع (2021) جانحا درست حالتهم، فتبين أن 40 % منهم سبق لهم الهروب من المدرسة ، كما وجد أن 23 % من مجموع (1480) جانحا عائدا بدأوا انحرافهم بالهروب من المدرسة[3].

وعلى هذا الاساس يتضح أن دور المدرسة لا يقتصر على مهمة التعليم بمعناه الدقيق وأنما يتعدى ذلك ليشمل تعزيز كيان المجتمع وسلامته، بما في ذلك تقليص الانحرافات السلوكية وحالات الجنوح، كما تؤكد ذلك الاحصاءات الجنائية التي تبين ضآلة نسبة المجرمين المتعلمين وزيادة نسبة المجرمين الاميين، حتى أن

(1) عبد المسيح، أملي واخرون، تربية الطفل ومبادئ علم النفس، مطبعة الاعتماد، القاهرة، سنة الطبع لا توجد، ص 35 .

(2) وافي، علي عبد الواحد، (الدكتور)، عوامل التربية، مصدر سابق، ص 15 .

(3) Sutherland and Donald Cressey , Criminology , 9 edition ,J.B.Lippincott company Newyork , 1960 , P. 56.

الاديب والمفكر الفرنسي (فكتور هيجو) ذهب إلى حد القول في بيان اهمية دور المدرسة في الحياة، (أن كل مدرسة تفتح يقابلها سجن يغلق)[1].

من خلال ما تقدم نلاحظ بأن المدرسة تلعب دورا بالغ الاهمية في غرس التربية و الخلقية والاجتماعية للطلاب قبل أن تهتم بحشو أذهانهم بالعلوم، وأن نجاحها في هذه المهمة الجليلة يتوقف على الجهات التي تتولاها والمسؤولة عنها.

رابعا. دور العبادة:

غني عن القول بأن للوازع الديني أبلغ الاثر في تهذيب النفوس واصلاحها وتنقيتها من ادران الرذيلة وحض الافراد على فعل الخير ومساعدة الاخرين، ولهذا لا عجب أن نرى الدين يقوم على دعامة اساسية تمثل جوهر وظيفته في الحياة وهي قاعدة (الامر بالمعروف والنهي عن المنكر)، ومن هذا المنطلق يلعب الدين دورا حيويا في حفظ الاستقرار والامن في المجتمع وتثبيت دعائمه كلما كان الافراد أكثر التزاما باوامره وطاعة لقواعده وتشبثا بمبادئه.

وعلى هذا الاساس تضطلع دور العبادة بدور مهم في التهذيب الخلقي لافراد المجتمع لاسيما النشء الجديد منهم وتنمية الرادع الذاتي لديهم بحيث يقيهم من الانزلاق في مهاوي الانحراف والجنوح، وتعد التربية الدينية التي تقوم بها هي تربية متواصلة تمتد عبر مراحل عمر الانسان حتى الممات. وقد أثبتت الدراسات الميدانية في عدد من أقطار العالم ان للدين والقيم الاجتماعية العليا أثرا مهما في الحد من الجريمة وان الشباب المتمسك بالدين هم أقل عرضة للجنوح والانحراف من غيرهم[2]. وتعمل دور العبادة على نشر التعاليم الدينية التي جاءت لتنقل البشر ـ خطوات فسيحة إلى حياة مشرقة بالفضائل والاداب وعدت المراحل المؤدية إلى هذا

---

(1) أبو عامر، محمد زكي (الدكتور)، دراسة في علم الاجرام والعقاب، مصدر سابق، ص 176.

(2) العاني، عبد اللطيف عبد الحميد (الدكتور)، القيم الاجتماعية في الاسلام وأثرها في التحصين ضد الجريمة، مجلة التربية الاسلامية، العدد السادس، السنة الخامسة والثلاثون، شركة الخنساء للطباعة المحدودة، بغداد، 2001، ص 357.

الهدف النبيل من صميم رسالتها، وان الاخلال بهذه الوسائل يعد خروجا عليها وابتعادا عنها فليست الاخلاق من مواد الترف التي يمكن الاستغناء عنها بل هي أصول الحياة التي يرتضيها الدين ويحترم ذويها ولهذا جاء في الحديث النبوي الشريف "إن المؤمن ليدرك بحسن الخلق درجات قائم الليل وصائم النهار"[1].

وتؤكد دور العبادة على دور الدين في الحياة الذي لا يقف عند حد الدعوة الى مكارم الاخلاق وتمجيدها بل انه هو الذي يرسي قواعدها ويحدد معالمها ويضبط مقاييسها الكلية ويضع الامثلة للكثير من جزئيات السلوك ثم يعزي بالاستقامة ويحذر من الانحراف ويضع الاجزية مثوبة وعقوبة على كلا السلوكين نصب العين[2]. وفي ضوء هذه الحقائق يمكن عد الدين عاملا مهما في منع وقوع الجرائم ومن مؤيدي هذا الراي كل من "دي كراف وهيمنس وايرزمة" ويذهب هؤلاء إلى ان هناك تلازما بين الدين والقيم الادبية[3].

وقد وضع كراوس رايه في العبارة القائلة (ان الابتعاد المتزايد عن الله الذي يجتاح اكثر فاكثر طبقات كثيرة من الناس وكذلك النظرة اللادبية إلى الحياة والعالم التي هي نتيجة للابتعاد عن الله، تكون الطبقة الحاجبة التي تزدهر فيها الجريمة والرذيلة وان الروح الادبية الصحيحة غير ممكنة بلا دين)[4]. ومن الاسباب التي تعطي دور العبادة قوتها في عملية ضبط سلوك الافراد وتصرفاتهم كونها مزودة بصفة القدسية، ومن جهة اخرى فالناس انما يلتزمون بالقواعد الدينية التي تدعو اليها دور العبادة ويطيعونها هو نتيجة ارتباطهم العاطفي بالدين لانهم يشعرون بعاطفة الحب والتعلق بالدين الامر الذي يجعله اداة ضبط في المجتمع، فضلا عن كونه يغذي روافد التظهر والعفة الذي يصون الحياة ويعلي من شانها.

(1) الغزالي، محمد، خلق المسلم، دار القلم، دمشق، 1988، ص 13.
(2) القرضاوي، يوسف (الدكتور)، الايمان والحياة، مؤسسة الرسالة، 1980، ص208-209 .
(3) عريم، عبد الجبار (الدكتور)، نظريات علم الاجرام، مصدر سابق، ص212 .
(4) عريم، عبد الجبار (الدكتور)، نظريات علم الاجرام، مصدر سابق، ص208 .

ولهذا جاء في القرآن الكريم في مواضع عدة ان الله سبحانه وتعالى بشر عباده الذين يقومون بفعل الخيرات وعمل الصالحات بالجنة كقوله تعالى: (إِنَّ الَّذِينَ آَمَنُوا وَعَمِلُوا الصَّالِحَاتِ كَانَتْ لَهُمْ جَنَّاتُ الْفِرْدَوْسِ نُزُلًا (107)) (1) ووعد بالعذاب الاليم لمن يقوم باقتراف المحرمات وارتكاب الموبقات والافساد في الارض ويتجسد ذلك في قوله تعالى: (إِنَّمَا جَزَاءُ الَّذِينَ يُحَارِبُونَ اللَّهَ وَرَسُولَهُ وَيَسْعَوْنَ فِي الْأَرْضِ فَسَادًا أَنْ يُقَتَّلُوا أَوْ يُصَلَّبُوا أَوْ تُقَطَّعَ أَيْدِيهِمْ وَأَرْجُلُهُمْ مِنْ خِلَافٍ أَوْ يُنْفَوْا مِنَ الْأَرْضِ ذَلِكَ لَهُمْ خِزْيٌ فِي الدُّنْيَا وَلَهُمْ فِي الْآَخِرَةِ عَذَابٌ عَظِيمٌ (33)) (2).وتعمل دور العبادة على نشر الاخلاق الفاضلة في المجتمع التي هي عماد الدين، فالاخلاق هي قوام المجتمع الفاضل الذي ينشد الرقي والتقدم والصلاح، بل لا حياة له بغيرها ولا عجب ان راينا من محققي علماء الاسلام رجلا مثل ابن القيم يقول (الدين هو الخلق، فمن زاد عليك في الخلق زاد عليك في الدين) (3).

والمجتمع الذي يتمسك باهداب الفضيلة يكون مجتمعا فاضلا نقيا من ادران الرذيلة وصاحب سيرة وضاءة مليئة بمحاسن الاخلاق ومحامد الافعال. والشطط واتباع الهوى في ارتكاب الفواحش والكبائر لا يكون الا في نطاق ضيق جدا، وان ما يصل اليه هذا المجتمع من رقي وازدهار وتقدم انما يكون بفعل تمسكه بقيم الدين ومبادئه السامية. لذا فالدين هو الذي يربط الانسان بمثل اعلى يرنو اليه ويشرئب نحوه ويعمل له فهو الذي يحد من انانية الفرد ويقف ضد طغيان غرائزه وسلطان شهواته ويخضعها لاهدافه ومثله ويربي فيه الضمير الحي الذي تستند عليه صروح الاخلاق في الحياة.

وتمارس دور العبادة دورا هاما وفاعلا في تحصين الفرد من عمل المنكرات واقتراف الخطايا وتعمل في ذات الوقت على ترسيخ ركائز الفضيلة في المجتمع.

---

(1) القرآن الكريم : سورة الكهف، الآية (106) .

(2) القرآن الكريم : سورة المائدة، الآية (32) .

(3) القرضاوي، يوسف (الدكتور)، الايمان والحياة، مصدر سابق، ص208 .

ويشيرعدد من الباحثين إلى الدور الذي كان بقوم به المسجد في حياة المسلمين الاوائل حيث اصبح المسجد بحق المدرسة التي يتعلم فيها المسلم من المهد إلى اللحد كل ما يعوزه من مبادئ الحياة، حياة البيت فلا يتهاون بحق اهله، ولا بحق الـلـه عليهم، وحياة السوق، فلا يخلط الحلال بالسحت الحرام، ولا يستبدل الخبيث بالطيب وحياة الحكم فلا يتخذ من عباد الـلـه خولا،ولا من ماله دولا. وانما ينظر إلى ما وهبه الـلـه من قوة أو ولاه من امر على انه وسيلة لاعلاء كلمة الـلـه، وتحقيق رسالته في عباده[1]، وهكذا يتضح ان دور العبادة تساعد الانسان على زيادة التدين والعلو فيه كلما كان معتادا على ارتيادها والاستفادة منها وممن فيها من العلم والعلماء.

ولهذا فلاع جب ان نرى اول عمل قام به الرسول الكريم (صلى الـلـه عليه وسلم) في هجرته المباركة من مكة إلى المدينة هو بناء المسجد نظرا للمكانة التي يحتلها في حياة الفرد والمجتمع حيث كان مكانا يتعلم فيه المسلمون مبادئ دينهم وقواعد اصوله وثوابته كالحلال والحرام والمر بالمعروف والنهي عن المنكر، كما كان المسجد مكانا للقضاء يتم فيه حسم الخلافات بين المتخاصمين فضلا عن انه كان مقرا يجتمع فيه المسلمون يتدارسون فيه شؤون حياتهم عندما يلم بهم خطب أو تحيط بهم شدة أو محنة. وقد مدح الـلـه اهل المساجد وبين صفاتهم وثوابهم في قوله تعالى: (فِي بُيُوتٍ أَذِنَ اللَّهُ أَنْ تُرْفَعَ وَيُذْكَرَ فِيهَا اسْمُهُ يُسَبِّحُ لَهُ فِيهَا بِالْغُدُوِّ وَالْآَصَالِ (36) رِجَالٌ لَا تُلْهِيهِمْ تِجَارَةٌ وَلَا بَيْعٌ عَنْ ذِكْرِ اللَّهِ وَإِقَامِ الصَّلَاةِ وَإِيتَاءِ الزَّكَاةِ يَخَافُونَ يَوْمًا يَخَافُونَ يَوْمًا تَتَقَلَّبُ فِيهِ الْقُلُوبُ وَالْأَبْصَارُ (37))[2].

وتقوم دور العبادة ايضا بتعليم الانسان المؤمن مجاهدة النفس وكبح شهوتها، لان النفس البشرية ميالة إلى الشر، فراراة من الخير امارة بالسوء تحب الدعة والخلود إلى الراحة وترغب في البطالة وتنجرف مع الهوى، تستهويها الشهوات

(1) عبد اللطيف، صالح ابراهيم (الدكتور)، التدين علاج الجريمة، الطبعة الثانية، مكتبة الرشد، الرياض، 1999، ص56 .
(2) القرآن الكريم : سورة النور، الآية (36-37) .

العاجلة وان كان فيها حتفها وشقاؤها، فاذا عرف الانسان هذا عبأ نفسه لمجاهدة نفسه فاعلن عليها الحرب وشهر ضدها السلاح وصمم على مكافحة رعونتها ومناجزة شهواتها، فاذا احبت الراحة اتعبها واذا رغبت في الشهوة حرمها واذا قصرت في طاعة امر خير عاقبها ولامها ثم الزمها بفعل ما قصرت فيه وبقضاء مافوتته أو تركته ياخذها بهذا التأديب حتى تطمئن وتطهر وتطيب وتلك غاية المجاهدة للنفس[1].

وتحرص دور العبادة كذلك على ترسيخ العقيدة الدينية في النفوس لكونها سند للروح تعتمد عليها في شدائد الحياة، وقسطاط للاداب والعادات ترجع اليها في قياس الاخلاق والاعمال، وهي بالنسبة للجماعات والامم التي تدين بها قوة فعالة يحسب لها حسابها في التاريخ، فهي التي منحت شعوبها هذه القوة التي صمدت بها امام اعدائها[2]. ومما يجعل دور العبادة تحتل موقعا رياديا في الحياة كونها تشكل المرجعية التي يتم اللجوء اليها في معالجة الادواء والاسقام النفسية فهي الذخيرة التي تزود الافراد والجماعات بكل ما تحتاجه من زاد يمكنها من مراجعة الذات وتأنيب الضمير والشعور بجسامة الاثم وتدشين علاقة جديدة مع الله ومع الناس، وبذلك يتحقق اصلاح النفوس التي تعد دعامة كل اصلاح اجتماعي.

وما يدعم وجهة النظر الاجتماعية نحو الدين ويقويها والتي تعمل دور العبادة على توسيع دائرة نفوذها في مفاصل الحياة المختلفة ان المجتمع كلما كان شديد التماسك كان الدين اقوى سلطانا على الافراد، اذ ينظر إلى الدين في هذا المجال على انه نظام اجتماعي شامل مشترك لا يسمح لاي فرد ان يكون له راي خاص فيه أو ان يسلك سلوكا خارجا عليه، ويظهر ذلك بوضوح في المجتمعات

---

(1) سهيل، علي تحسين، مفهوم التربية في الاسلام، مطبعة الخلود، بغداد، 1994، ص17 .

(2) العقاد، عباس محمود، ما يقال عن الاسلام، منشورات المكتبة العصرية، بيروت، لا توجد سنة الطبع، ص187 .

القديمة التي يرتبط فيها الفرد بالجماعة باقوى انواع الروابط واثقلها. اما في العالم الحديث الذي تسود فيه الفردية وينظر فيه إلى الانسان بصفته فردا يكون وحدة وجودية اساسية فان الدين يعد امرا شخصيا متعلقا بالفرد نفسه، ويرى (الفرد برثلت)، ان الفردية الدينية تظهر عادة في وقت تكون فيه قوة المجموعة قدتحطمت[1].

ولهذا نجد ان دور العبادة توفر المناخ الملائم في خلق السلوك الاجتماعي المتزن الذي يـؤدي بطبيعة الحال إلى اشاعة الامن والسكينة والطمأنينة والاستقرار في اركان المجتمع، الامر الـذي يفـتح الباب على مصراعيه لان تاخذ حفظ خطط التنمية الاجتماعية والحضارية طريقها إلى التنفيذ، فيعم بذلك الخير وتنتشر السعادة وبذلك تبقى خلايا المجتمع نظيفة من صور الانحرافات والجرائم وابرز دليل واكبر شاهد على مدى اهمية التمسك باهـداب الـدين في رقـي المجتمعـات وتقـدم الامـم مـا كانت عليه الحضارة العربية الاسلامية في عصورها الذهبية من تطور وتقدم حضاري شمل مختلـف جوانب الحياة المتعددة عندما كانت متمسكة بمبادئ الدين وروحه السمحة، فاستطاعت بـذلك ان تكون من القوى العظمى انذاك.

وتعمل دور العبادة ايضا على تنوير الرأي العـام بنظـام العقوبـات الاسلامي ودوره في نـأي الافراد عن اقتراف الخطايا والاثام وتحقيق الاستقرار والتنمية في المجتمع، اذ هـو قـائم عـلى اسـاس المعالجة الحاسمةالتي تقطع دابر الجرائم الخطيرة التي تـدمر المجتمـع ولا تسـلك مسـلك التراخـي والميوعة في معالجتها. وهذا الاتجاه طبيعي وينسجم تماما مع اتجاه النظام الاخلاقي الاسلامي الذي يريد ان يوجد مجتمعا نظيفا بعيدا عن الانحرافات والتحلل والاباحية ذلك ان كلا النظامين يشتركان في ايجاد المجتمع الصالح،النظام الاخلاقي عن طريق التربية الروحية والعقيدية والسـلوكية والنظـام العقابي عن طريق تصفية جيوب الانحراف أو في الاقل التقليل

(1) الساعاتي، حسن (الدكتور)، علم الاجتماع القانوني، الطبعة الثانية، دار المعرفة، القاهرة، 1960، ص117.

منها إلى حد لا يشكل معضلة اجتماعية، تستدعي صرف جود بشرية ضخمة في معالجتها من اجل القضاء عليها. والاساس الذي ينطلق منه النظام الاسلامي "الوقاية خير من العلاج" أي انه يحارب الجريمة في النفس قبل ان يحاربها في الحس وبذلك ينزل الخط البياني للجريمة إلى اوطأ مستوى ممكن وفي هذا كسب كبير للمجتمع الانساني[1].

وتأخذ دور العبادة على عاتقها القيام بمهمة تنمية الاحساس برقابة الله في الانسان وهذا الاحساس هو عماد الاخلاق، وهو اساس الحياة الاجتماعية الفاضلة التي كتب عنها الكاتبون وحلم بها الفلاسفة في الخيال، وقد اوجدها الاسلام واقعا عمليا في الناس. فالانسان المسلم يمتنع عن الشر لا خوفا من القانون، وانما ادراكا منه ان عين الله تبصره، ولا يمتنع عن السرقة والقتل خوفا من العقاب ولكن لانه يعلم ان الله رقيب عليه، ينظر إلى ما يقوم به من عمل،واذا حدث في حالة ضعفه البشري أن ارتكب محظورا، يظل ضميره يؤنبه إلى ان يتوب ويندم على ما فعل، أو ينال عقابه الذي قد يصل إلى الموت[2].

ولا يزال الناس يتجهون إلى الدين من خلال دور العبادة في وقت المحن والشدائد لينشتل المجتمع مما يهدد كيانه، وقد ظهر ذلك بشكل واضح ابان الحرب العالمية الثانية في كل البلاد المتحاربة، حتى في روسيا التي عرف عنها تقييدها الحرية الدينية، ويرى رجال الدين ان فساد المجتمع وانحلاله ينجمان عن انصراف الناس عن الدين، وانه لا نجاة من الانهيار الاجتماعي الا بالعودة إلى حضيرة الدين[3].

وبذلك يتبين بشكل لا غبار عليه ما لدور العبادة من اثر عظيم في تعزيز التماسك الاجتماعي للافراد والجماعات من حيث الترغيب والحث على التشبث

---

(1) عبد الحميد، محسن (الدكتور)، الاسلام والتنمية الاجتماعية، الطبعة الاولى، دار الانبار للطباعة والنشر، بغداد، 1989، ص123-124 .

(2) النعمة، ابراهيم، اخلاقنا أو الدمار،الطبعة الثالثة، مطبعة الزهراء، الموصل، 1986، ص22 .

(3) الساعاتي، حسن (الدكتور)، علم الاجتماع القانوني، مصدر سابق، ص118-119 .

بالفضيلة والاخلاق الرفيعة والعمل على تدعيم ركائزها في المجتمع، وبذلك ينحسر المد الاجرامي في المجتمع وتقل فيه السلوكيات المنحرفة التي تلوث حياة الافراد والجماعات.ومن هذا المنطلق نجد ان دور العبادة تدعو إلى ترجمة التعاليم السماوية إلى ممارسة عملية باعتبار ان هذه التعاليم هي مصدر العفة التي تضبط شهوات النفس غير المهذبة من القيام بافعال محرمة تأباها الفطرة السليمة النقية الطاهرة فتحافظ بذلك على نقاء سرائر النفوس وطهرها وتحمي المجتمع من براثن المعاصي والخطايا التي تحاول ان تنال من حصونه وقلاعه التي يحتمي من ورائها محاولة ان تجد ثغرة تنفذ من خلالها اليه وهذه الحصون والقلاع هي الاخلاق الفاضلة التي تشكل جوهر الدين واساس وجوده الحياة.

خامسا. وسائل لأعلام:

مما لا يختلف عليه اثنان ان لوسائل لاعلام دورا هاما ومؤثرا في عملية التنشئة الاجتماعية والنمو الاجتماعي للفرد، حيث لها تاثير كبير على سلوك الافراد والجماعات وعاداتهم وقيمهم قلما توازيه قوة أو تجاربه اية وسيلة، فوسائل الاعلام وخاصة المرئية منها اصبحت تفرض نفسها على كل بيت وتحل على كل اسرة، فالتقدم العلمي والتكنلوجي الذي حصل في مجال الاتصالات مكن وسائل الاعلام هذه بمختلف انواعها المسموعة والمقروءة والمرئية ان تجعل من عالمنا المترامي الاطراف الواسع الارجاء عبارة عن قرية صغيرة، فاصبح تاثيرها واسع النطاق اكثر من أي وقت مضى، واصبحت تروج للكثير من الثقافات المتباينة في قيمها ومفاهيمها والتي يتناقض البعض منها عن موروثنا الحضاري وتراثنا الثقافي الامر الذي ينعكس سلبا على سلوك افراد المجتمع واخلاقهم.

والثورة المعلوماتية التي شهدها قطاع الاعلام شكلت اثرا سلبيا خاصة على الاحداث والشباب في مجتمعنا فكلما تعرضت هذه الفئة العمرية لتاثيرات وسائل الاعلام لا سيما الغث منها تاثرت بها وتغيرت قيمها واضطرب سلوكها، من خلال المثل والصور الاجتماعية التي تقتدي بها ولا يمكن فهم اسباب الكثير من

الانحرافات السلوكية والجرائم المستجدة على المجتمع الا في هذا السياق. ولمواجهة ذلك لا بد من اجراء الابحاث والدراسات العلمية حول مشاكل الشباب واتجاهاتهم والتغير القيمي لديهم وتكثيف البرامج الخاصة والموجهة للشباب في محطات التلفزيون العربية، وبناء النوادي الثقافية والترفيهية لهذه الفئة وغيرها[1]. وسنتناول فيما يلي وسائل الاعلام المختلفة كل على حدة ودورها في عملية التنشئة الاجتماعية لافراد المجتمع وتحصينهم من الوقوع في الجريمة والانحراف اذا ما وظفت توظيفا صحيحا من اجل تحقيق هذا الهدف المنشود مع الاشارة إلى تبيان مساوئها اذا ما سخرت على النقيض من ذلك.

1. التلفزيون

يعد التلفزيون من الوسائل الاعلامية العصرية المهمة التي تفوق في اهميتها وتاثيرها وسائل الاعلام الاخرى، ومما جعل التلفزيون يحتل هذه المكانة الحيوية كونه يجمع بين الصورة المرئية والكلمة المسموعة في وقت واحد. ونظرا للمزايا التي تتمتع بها بها هذه الوسيلة الاعلامية فانه استطاع ان يكون بلا منازع القناة الثقافية الاولى التي تغذي الناس بالكثير من المعلومات والحقائق والخبرات والمعارف المتنوعة والاخبار المختلفة.

لذا ينبغي التعامل مع هذا الجهاز بحكمة بالغة وعلى نحو يكرس وجوه الخير ويرسخ اقدام الفضيلة في المجتمع ويخلق روح الاستنكار ضد السلوكيات المنحرفة. فمن الجوانب الايجابية للتلفزيون انه ينمي لدى الطفل القدرة على التخيل ويستثير الخيال كما يعمل على توعيته باهمية دور كل من الولد والبنت في الحياة، وهو كذلك يمكن ان يكون له اثاره الطيبة والايجابية على سلوكهم الاجتماعية، فكثيرا من البرامج التلفزيونية تحث على بر الوالدين وفعل الخير وعمل الاحسان عن طريق ما تقدمه من مشاهد مأساوية عن الفقراء والمصابين أو المنكوبين في حوادث

---

(1) الحيالي، رعد كامل، العولمة وخيارات المواجهة، شركة الخنساء للطباعة، بغداد، 2000، ص26.

مما يجعل الناس يتاثرون بها ويسارعون إلى فعل الخيرات في مثل هذه الحالات لتقديم العون إلى اخوانهم المنكوبين، كذلك فان بعض البرامج الدينية تبصر المشاهدين بامور دينهم الاسلامي الحنيف وتقدم لهم بعض الايات القرآنية مع تفسيرها وشرحها لهم، كما تجيب عن استفساراتهم واسئلتهم، وتدير الحوار والمناقشة مع بعض العلماء حول بعض الامور والقضايا التي تهمهم أو تتعلق بشؤون حياتهم ومجتمعهم وتسويتها بما يتماشى مع تعاليم دينهم، كذلك ثبت ان البرامج التلفزيونية الهادفة والمخطط لها بدقة يمكن ان تنمي الوعي لدى المشاهدين الراشدين للعادات الصحية وقواعد السلامة المروية ومعاقبة الخارجين عن القانون وتعليم الاطفال الصغار كيفية معاملة الاخرين ومخاطبة الكبار وتنمية القيم الاجتماعية الايجابية[1].

ومما يجعل التلفزيون واحدا من اهم مصادر الاعلام ان لم يكن اخطرها لكونه يحقق شروطا ثلاثة تستلزمها المعرفة الفعالة اولها ان المتلقي يستمتع كثيرا به ولذلك ينشئ لديه استعداد سابق بتقبل ما يعرض وثانيها ان المشاهد ينفق كثيرا من الوقت في المشاهدة. واذا كانت الاراء والقيم التي يقدمها التلفزيون متماسكة دائما فان المشاهد يتلقى الكثير من المعاني التي تسير في نفس الاتجاه مدعمة احداها الاخرى وثالثها ان التلفزيون يؤثر في حاستين معا في وقت واحد، وبذلك قد يقدم المشاهد اكثر مما تقدمه نفس المادة حين يسمعها في الراديو أو يقرؤها في كتاب[2]. ونظرا لهذه المزايا المتوفرة في هذه الوسيلة الاعلامية المهمة وما تلعبه من اسهام فاعل في تعزيز احترام القوانين وقواعد الضبط الاجتماعي والتبصير بخطورة الممارسات التقليدية الضارة والتصدي لها، فان لها ايضا تاثيرا سلبيا على المشاهدين اذا ما وظفت

---

(1) كمال، عبد العزيز عبد الرحمن (الدكتور) واخرون، اثر البرامج التلفزيونية على النشئ والشباب، مركز البحوث التربوية، قطر، 1994، ص36 .

(2) هيميلويت، هيلد .ت، التلفزيون والطفل، ترجمة احمد سعيد ومحمود شكري، مؤوسة سجل العرب، القاهرة، 1967، ص414-415 .

توظيفا سيئا ولاسيما عندما تعرض من على شاشتها في بعض الاحيان من برامج وافلام تشجع على العنف والعدوان والجريمة، مما يجعلها ظاهرة مالوفة في حياة المجتمع الامر الذي يؤدي إلى استساغة المشاهدين لها.

ومما يؤكد على ان مشاهدة العدوان والعنف على الشاشة يؤدي إلى تعليم الفرد طريق العنف بوصفه اسلوبا لحل النزاع، السلوك العنيف لبطل الفلم حسب هذا المنظور يهيأ انموذجا عمليا للمشاهد المتحمس للتقليد والحبكة السينمائية تجعل عنف هذا البطل مبرر. كما ان التركيز على البرامج ذات المضامين العنيفة وتعويد المشاهد على ان العدوان والقتل عمل طبيعي يؤديان إلى تقويض الشعور الاجتماعي ضد السلوك العدواني وبالتالي الغاء الكوابح التي تحمي حياة الاخرين، فعندما يصبح المشاهدون اكثر تعودا على رؤية الخسائر وتقبل وقوعها فانها ستضعف من حساسيتهم نحو العنف في الحياة اليومية ويقل النفور منه فضلا عن تبخيس قيمة الانسان وجعله شكلا متدنيا للوجود يسهل التجاوز عليه وارتكاب الجرم ضده. وثمة وجهة نظر ثانية ترى بان التاثير الاساسي للتلفزيون لا يتأتى من تعريض الجمهور لنماذج عنيفة يمكن محاكاتها وانما في العواطف التي تستتبع مشاهدة العنف مثل الخوف والقلق. اما وجهة النظر الثالثة فترى ان الآثار التي يتسببها التلفزيون في دفع الافراد إلى الجريمة والسلوك العداوني ترتبط بما تعرضه وسائل الاعلام من صور متنوعة وبكثافة عالية للانفاق والبذخ وللمظاهر الاستهلاكية التي تعجز الطبقة العريضة من المجتمع ان تجاريها مما يثير نقمة وسخط العديد من الناس[1].

وبهذا يتضح بشكل لا يقبل الشك ان وسائل الاعلام المرئية لا سيما التلفزيون منها لها من القدرة والامكانية ما تستطيع ان تعبئ الفرد نفسيا للاستعداد

(1) رشيد، اسماء الجميل، اثر التلفزيون في التعبئة النفسية للعنف والجريمة، مجلة الشرطة، العدد الخامس، السنة الرابعة والسبعين، مركز البحوث والدراسات في مديرية الشرطة العامة، شركة الوفاق للطباعة المحدودة، 2001، ص32 .

في تقبل ما يعرضه من برامج تتضمن الكثير من الافكار والاتجاهات والدوافع سواء ما يتعلق منها بتحقيق متطلباته النفسية أو الاجتماعية بشكل يحفظ توازنه في السلوك، أو دوره في استثارة العنف والعدوان لديه بسبب مشاهداته لقصص المغامرات والجريمة وغيرها من الاثار السلبية. وبما ان هذا الجهاز الحيوي سلاح ذو حدين فانه من الضروري ان يتم توظيفه من قبل القائمين والمشرفين على اداراته على نحو ينمي الاذواق ويوسع الخبرات ويغرس المعلومات المفيدة ويشجع على فعل الاعمال ذات النفع العام ويحذر من السلوكيات المستهجنة والضارة ويكسب وعيا جديدا لدى الناس في مختلف وجوه الحياة باعتباره النافذة التي يطل من خلالها على العالم.

2. السينما

تأتي السينما في مقدمة وسائل الترفيه والتسلية التي تترك بصمات واضحة في نفوس المشاهدين لها من مختلف الفئات العمرية في نفوس الصغار والشباب لكونها تثير الحواس والانفعالات لدرجة كبيرة تؤثر في اتجاهات روادها وافكارهم وقيمهم.

ومن هذا المنطلق تعد الافلام السينمائية في الوقت الحاضر من اكبر وسائل العرض المصور في الناس، والفلم هو الوسيلة الوحيدة التي تسمح بعرض سلسلة كاملة من الحقائق والانعكاسات المصورة التي تثير اكبر الاهتمام وذلك امام مجموعات من الناس تجتمع لغرض الترفيه أو التعلم أو كليهما، ومن مزايا الافلام السينمائية ان كل فرد متفرج يتمكن من الحصول على نفس التاثير في الوقت الذي يكونون فيه على اتم الاستعداد لاستقبالها ويسهل من عملية جذب انتباه الجمهور،

الظلام الدامس الذي يسود صالة العرض وبالتالي تتاكد من انه لا توجد اية وسيلة اخرى من شانها ان تعمل على تحويل انتباه الجمهور الى ناحية اخرى[1].

وللافلام السينمائية تاثير كبير على نفوس روادها لاسيما الاحداث منهم، واذا كانت السينما شانها شان غيرها من وسائل الثقافة والاعلام تعد احدى وسائل التثقيف العام بما ينبغي عليها ان تعمل على غرسه من قيم واتجاهات في نفوس الناس فضلا عن الدور الذي يمكن لها ان تلعبه في تنمية وجدان افراد الامة وترقية احساسهم بالخير والفن والجمال، فان هناك عددا ياخذ الان في التزايد من افلام العنف والرعب والجنس وهذه النوعية من الافلام قادرة على جرح اعصاب المشاهد واهتزاز بنائه العصبي بما تشكله من ضغط مؤثر على اعصابه لاسيما اذا كان حدثا والى تنمية ميول العدوان التي قد تكون كامنة فيه اصلا[2].

والسؤال الذي يطرح نفسه كيف تؤثر السينما في خلق الانحراف أو المساعدة عليه والجواب هو ان السينما تجر الصغير إلى الانحراف عن طرق ثلاث هي:

- **الطريق الاول:** هي انها من وسائل التسلية الشيقة المغرية للصغير، هذا الاغراء الشديد للسينما قد يدفعه إلى الحصول على نفقات ارتيادها من اية وسيلة، فاذا لم تتيسر له هذه النفقات من الطريق الشريف المشروع فانه قد يلجأ تحت تاثير إغراءها واعلاناتها إلى طرق اخرى غير مشروعة وذلك مثل السرقة أو النصب أو الاحتيال، وهنا تبدأ الحلقة الاولى من سلسلة الانحراف وتظهر السينما سببا في هذا الانحراف، وان كانت سببا غير مباشر. وقد يرضخ بعض الصغار لآوامر المجرمين الكبار فيسرقون أو يستسلمون للاستغلال الجنسي أو يوزعون المخدرات وذلك كله في نظير قليل من المال يسمح لهم بارتياد السينما. والسينما في هذه الحالة لا تكون

(1) فهمي، محمد سيد، الاعلام من المنظور الاجتماعي، المكتب الجامعي الحديث، الاسكندرية، 1984، ص65 .
(2) ابو عامر، محمد زكي (الدكتور)، دراسة في علم الاجرام والعقاب، مصدر سابق، ص183 .

عاملا مباشرا في خلق الانحراف وانما تهيئ له، عند بعض مـن سـاءت ظـروف نشـاتهم واحوالهم المعاشـية ولاجتماعيـة، بحيـث يسـهل عـلى نفوسـهم الضـعيفة ان تنـزلـق في الانحراف أو الاجرام من اجل متعة السينما ومثيراتها[1].

الطريق الثاني: يظهر حين نعلم ان الصغير شديد التاثر بما يثير حواسه وهو كذلك شديد التقليد والمحاكاة للكبار والمواقف والشخصيات البطولية لما في ذلك مـن اثبـات لذاتـه وتاكيد لها، وكثيرا ما قرانا عن جرائم ارتكبها المراهقون متاثرين بما سبق ان شـاهدوه في بعض الافلام وقلدوه بعد ذلك في تمثيل الجريمة. وهنا نستطيع ان نقـول ان السـينما في مثل هذه الحالات تعلم المهيئين للانحراف والاجرام بعض الاسـاليب الاجراميـة التـي تحقق لهم ما يريدون وتهيأ لهم وسائل الفرار من العقاب على نحو ما تبينه الافلام[2].

الطريق الثالث: ويتمثل في اخطار السينما على الافراد لاسيما الناشئين وهو اكثرها ضررا من ذلك الخطر الناشئ عـن الكيفيـة والطريقـة التـي تعـرض بهـا بعـض الافلام، وعـن المضمون الاجتماعي والاخلاقي لها. فهي بصفة عامة تهبط بالمستوى الاخلاقـي وتنحـدر بكثير مـن القيم الانسـانية، وفي هـذا الانحـدار تهيئـة لنفـوس الصغار والشـباب نحـو الانحراف اذا ما توافرت المواقف والمجالات المثيرة للقلق[3].

(1) المغربي، سعد (الدكتور)، والسيد احمد الليثي، الفئات الخاصة واساليب رعايتها - المجرمون -، مصدر سابق، ص233 .

(2) المصدر نفسه، ص 234 .

(3) المغربي، سعد (الدكتور)، والسيد احمد الليثي، الفئات الخاصة واساليب رعايتها - المجرمون -، ص234 .

ومن جهة ثانية، وبصرف النظر عن الافلام الجادة التي تتناول سير الاحداث التاريخية الملهمة والبطولات الحقيقية للامم والافراد والتي تنتصرـ فيها قوى الخير والحق، فغالبا ما يقع التناول السينمائي للمواقف والمشاكل الانسانية في منزلق السطحية أو التعقيد، فالتناول السطحي للمشاكل الانسانية وتكرارها يؤثر على الفرد في تناوله لتلك المشاكل في حياته العادية بما يكسبه من انطباع سطحي عن تلك المشاكل، كما ان تعظيم المشاكل الانسانية وتعقيدها يورث عند المواجهة حالة من التردد والجبن في التصرف، كما يترتب من جهة اخرى على شيوع افلام الجريمة ومشاهدتها، ان تكون في نهاية الامر سببا من اسباب تسامح الرأي العام على مشاهدتها اخذا بالقاعدة النفسية التي تقول (ان التعود على المشاهدة هو نوع من المشاركة) وهـذا مـن شـانه ان يضعف الموقـف المبدئي للراي العام فيشيع التسامح نحو المجرم ويقل اثر الصدمة من الجريمة[1].

بيد انه لا نستطيع ان ننفي بالمرة الآثار الايجابية التي تتركها مشاهدة الافلام التي تعرضها دور السينما والتي تتمثل في ترسيخ مبادئ الاخلاق ونوازع الخير وتنمية الشعور بالحب والانصاف، فالافلام التي تعرض الصراع بين قوى الخير وقوى الشر والتي غالبا ما تنتهي فيه احداث مثل هـذه الافلام إلى انتصار ارادة الخير على ارادة الشر، فمثل هذه العروض السينمائية مـن شـانها ان تعـزز القيم الاجتماعية والاخلاقية لدى الراي العام وتظهر في نفس الوقت الاشرار والمجرمين بانهم يمثلون خطرا محدقا ينبغي على المجتمع الوقوف بـوجههم ومحـاربتهم بشتى السبل المتاحـة مـن اجل الحيلولة دون تنفيذ مخططاتهم الشريرة.

ولكن قيام دور العرض السينمائي بعرض اوضاع خليعة وافعال فاضحة أو استعراض اساليب الاجرام والمجرمين بمظهر بطولي، فانها بلا شك تكون وسيلة مفسدة للاخلاق ومشجعة على الاجرام، فالاوضاع الخليعة والافعال الفاضحة تثير

---

(1) ابو عامر، محمد زكي (الدكتور)، دراسة في علم الاجرام والعقاب، مصدر سابق، ص185 .

الغريزة الجنسية، فتوقظ الرغبة في اشباعها، مما يدفع البعض ممن ليست لديهم وسيلة للاشباع إلى اللجوء لوسائل غير مشروعة تقترن غالبا بالخداع أو الاكراه، وكلها جرائم في جميع الاحوال، كما ان عرض ارتكاب الجرائم واخفاء معالمها وتضليل الشرطة تعد دروسا مجانية يسارع ذوو الميول الاجرامية إلى تطبيقها، كما ان ابراز المجرمين بمظهر بطولي ينعمون بحياة مترفة يشجع الكثيرين على ارتكاب الجرائم ليصبحوا ابطالا وينعموا بحياة مترفة[1].

لـذا يقتضيـ ان تخضـع جميـع الرقائـق السـينمائية إلى فحـص دقيـق وشـامل لموضـوعاتها ومشاهدها وحواراتها من قبل اهل الاختصاص ممـن يشهد لهـم بالكفـاءة والخلـق القـويم وعـدم السماح بعرض الافلام التي تخدش الحياء العام وتشجع على الجريمة والانحراف.

الفيديو[2]:

يعد الفيديو احدى وسائل الاتصال العصرية التي راجت على نطاق واسع في الاونـة الاخيرة. بحيث اصبح المنافس الرئيس لوسائل الاعلام المرئية الأخرى لاسيما التلفزيون والسينما، واصبحت المكاتب المتخصصة والمروجة لهذا الجهاز والاقراص الليزرية المستخدمة فيه والتـي تحـوي طائفـة واسعة وكبيرة من الافلام بشتى انواعها تنتشرـ بشكل لافت للنظر، الامـر الـذي جعـل مـن هـذه المكاتب قبلة للشباب يتقاطرون عليها بصورة تثير الدهشة.

ومما يجعل الفيديو من اكثر وسائل الاتصال اغراء اذا ما قورن بوسائل الاتصال الأخرى كونه يتمتع بطبيعة فريدة ومتميزة تمنح الشاب امكانية التحكم

(1) ابراهيم،اكرم نشات (الدكتور)، علم الاجتماع الجنائي، مصدر سابق، ص79 .
(2) الفيديو : كلمة مشتقة من الاصل اللاتيني لكلمة (Video) ومعناها بالعربية (يرى) أو (انا ارى) انظر، عمر، نوال محمـد (الدكتورة) الفيديو والناس، كتاب الهلال : العدد (471)، دار الهلال للطباعة والنشر، القاهرة، آذار، 1990، ص16 .

بنوعية وكمية ووقت مكان وطريقة المشاهدة، هذه الطبيعة تجعله متميزا عن التلفزيون في النواحي الاتية:

1. ليس هناك وقت محدد لمشاهدة اشرطة الفيديو على العكس من التلفزيون الذي يكون له اوقات محددة في بث البرامج.
2. يشاهد الشاب على التفلزيون برامج مختلفة تتراوح من اخبار إلى برامج علمية إلى برامج دينية ومسلسلات اجتماعية في حين ان الذي يستأجر افلام الفيديو يكون قد حدد نوعية من الافلام دون غيرها.
3. تتم مشاهدة التلفزيون عادة في جو اسري يكون اغلب الاحيان مكتظا بالاصوات ومشتتات الانتباه المختلفة مما يجعل التركيز الكلي على البرامج التلفزيونية صعباً، أما بالنسبة لافلام الفيديو فالوضع يختلف تماما حيث يهيئ المستخدم لهذه الافلام الجو المناسب لمشاهدتها حيث الهدوء والتركيز مما يجعلها ذات تأثير كبير[1].

ويعتقد بعض الباحثين بان مشاهدة برامج وافلام الفيديو تؤدي إلى حالة من اللامبالاة عند مستخدميه وتعمل على تشويه القيم المعتمدة في التربية الاجتماعية، حيث تلعب افلام الفيديو الهدامة دورا تخريبيا من خلال تكريس افكار ومبادئ وقيم سلبية تكون سببا رئيسيا في اشتطاط الكثيرين عن جادة الصواب، والغالب على افلام الفيديو هذه انها تتناول موضوعات تخص العنف والرعب وقصص الاجرام والجنس، مما يجعلها ذات اثر سلبي على سلوك مشاهديها مما يدفع البعض

(1) عبد العزيز، احمد عبد العزيز، رسالة ماجستير في علم الاجتماع عير منشورة، كلية الاداب جامعة الموصل، الموصل، 2001، ص74 .

منهم إلى تقليدها ومحاكاتها، الامر الذي يمهد السبيل في تمردهم على سلطة الاسرة وغلبة طابع العنف والعدوان على سلوكهم [1].

وبحكم ما يتصف به الفيديو من سمات فانه بالامكان ان يقدم الكثير من المنافع الايجابية التي تعمل على زيادة الوعي الثقافي لمستخدميه فضلا عن كونه يعد اداة للترفيه والتسلية والمتعة المفيدة. إلا ان ذلك لا يجعلنا ننسى أو نتناسى المضار المترتبة على استعماله اذا ما اسيئ استخدامه على سلوك واخلاق مقتنيه وبالذات على شريحة الشباب باعتباره يكون في هذه الحالة مثيرا قويا للانحراف والتفسخ الاخلاقي اضافة إلى ذلك فانه يصرفهم اذا ما تم الادمان على مشاهدته إلى اهمال واجباتهم والتزاماتهم المختلفة الامر الذي يؤدي إلى ضحالة تفكيرهم وتدني مستواهم الثقافي والعلمي، حيث تزداد ميولهم إلى استهوائه لانهم يجدون فيه ضالتهم التي تشبع حاجاتهم النفسية.

4. الصحافة والكتب والمجلات:

تمثل الصحافة احدى القنوات الرئيسية التي تنهل منها شرائح واسعة من فئات المجتمع المعلومات المتنوعة من سياسية واجتماعية واقتصادية وعسكرية ودينية ورياضية وثقافية، فهي تشكل الزاد المعرفي اليومي الذي يتغذى عليه الرأي العام بكل فئاته وطبقاته وتزوده باخبار الحوادث والوقائع التي تحدث في بقاع مختلفة من عالمنا الفسيح.

وتزداد اهمية الدور الاجتماعي الذي يقوم به هذا الضرب من وسائل الاعلام يوما بعد يوم، فانتشار الصحافة في العالم اصبح حقيقة واسعة. فهي تعد من اقوى وسائل التثقيف والتربية الشعبية، وان الدور الذي تقوم به بالنسبة لعدد

---

(1) الرفاعي، محمد خليل، الفيديو تمدن الوسيلة واشكالية العرض (تأثير الفيديو في المراهقين دراسة حالة- سوريا) مجلة المستقبل العربي، العدد 194، مركز دراسات الوحدة العربية، بيروت، 1995، ص71-83 .

كبير من البالغين لا يقل عن الدور الذي تتركه الصحف في الحياة الحديثة وهي لا تزال، على الرغم من انتشار وسائل الاعلام الأخرى اقوى وسيلة في التأثير على الرأي العام الذي يحتل اليوم مكان الصدارة[1].

غير ان نسبة غير قليلة من هذه الصحف غالبا ما تعالج الموضوعات المثيرة وخاصة الموضوعات الجنسية والبوليسية والعلاقات العاطفية، وقصص الاجرام وغير ذلك، مثيرة بذلك دوافع الانسان وحاجاته المختلفة في صورتها البدائية ومحفزة خيال المراهق وانفعالاته وحبسه كثيرا في عالم من احلام اليقظة. مما قد يغريه إلى تجربة وممارسة ما يقرأ، أو قد يشوه افكاره عن تلك الموضوعات، أو يمكن انها تزوده بمعلومات وافكار مضللة خاطئة عنها وعما تنطوي عليه من علاقات انسانية مختلفة، بحيث اذا وجد في أي موقف من تلك المواقف قفزت إلى ذاكرته تلك الافكار والمعلومات التي يقرأها والتي قد تعرضه للاضطراب والقلق النفسي ـ والزلل والخطأ والانحراف[2].

لذا تماثل مطالعة الكتب والصحف والمجلات المحتوية على معلومات مشوهة في اثرها السيئ ما تعرضه وتتناوله وسائل الاعلام الأخرى والتي تستهدف تحطيم القيم المعنوية السامية أو المنطوية على بيانات مضللة مزيفة للحقائق، أو المتضمنة قصصا تمهد أو تسهل أو تغري على الاجرام، أو قصصا أو صورا فاضحا مثيرة للغريزة الجنسية. وفي هذا الصدد يقول (تافت) ان بعض الصحف تنشر اخبارا تضفي اهمية على المجرم وتجعل جريمة ما جذابة ومريحة، مما يغري بارتكاب مثلها،

(1) صايات، خليل (الدكتور)، الصحافة رسالة واستعداد وفن وعلم، دار المعارف بمصر القاهرة، 1967، ص17 .
(2) المغربي، سعد (الدكتور) والسيد احمد الليثي، الفئات الخاصة واساليب رعايتها – المجرمون – مصدر سابق، ص238 .

كما تبرز اخبار اخرى مهارة المجرم في طريقة ارتكاب جريمته، فتتيح بذلك لآخرين ارتكاب جريمة مماثلة بذات المهارة[1].

لذا تدعو الحاجة الضرورية والملحة إلى تقييد ما ينشر في وسائل الاعلام المكتوبة من اخبار مضللة وافكار مسمومة وقصص مثيرة تدعو إلى التحلل الخلقي وتثير في النفوس كوامن شهواتها غير المهذبة وذلك من اجل خلق جيل يتحلى بالخلق القويم ويشرئب إلى مناهل الخير والعفة، لاسيما ونحن في مرحلة اصبحت نسبة المتعلمين والمثقفين تمثل قطاعات عريضة من شرائح المجتمع المختلفة، من اجل ان تسهم وسائل الاعلام المقروءة في محاربة الظواهر والممارسات السلوكية المنحرفة وابراز اهمية القيم الانسانية والفاضلة في الحياة.

سادسا. جماعة الأقران:

تعد جماعة الاقران من الجماعات المرجعية التي تترك بصمات واضحة المعالم على سلوك الفرد سواء كبيرا ام صغيرا، فهي خير مرآة عاكسة لاخلاقه وفي مدى التزامه بالفضائل الكريمة والعادات الحميدة والقيم النبيلة من عدمها. ومن هذه الجماعات ما تكون متسقة مع السياق العام للمجتمع ومنها ما تكون منحرفة وقد تعني هذه الجماعات في فترات معينة من حياة الفرد كثيرا في نفسه اكثر مما تعني الاسرة[2].

وقد حاز موضوع جماعة الاقران اهتمام الكثير من العلماء والمختصين الذين كانت محور دراساتهم وابحاثهم تدور حول الاثار المترتبة على معاشرة الاصحاب وفي تباين صور السلوك الاجتماعي وانماطه المختلفة، فالمرء غالبا ما يكون شديد التاثر باقرانه سريع الانقياد لهم فيلجأ إلى اقتفاء اثارهم وتتبع خطواتهم يشاركهم في افعالهم وتصرفاتهم وهم وبذلك يوجهونه الوجهة التي يولونها. ومن هذا المنطلق

(1) ابراهيم، اكرم نشأت (الدكتور) علم الاجتماع الجنائي، مصدر سابق، ص80 .

(2) الشرقاوي، انور، انحراف الاحداث، مصدر سابق، ص116 .

تعد هذه الجماعة من اشد الجماعات الاولية تاثيرا على شخصية الفرد، فمن المعروف عادة ان اول بيئة يخرج اليها الطفل من عائلته هي المدرسة لاسيما في المجتمعات الحضرية، وبذهاب الطفل إلى المدرسة يتعرض لفرص كثيرة للتقليد والاندماج والايحاء عن طريق اختلاطه باترابه، ولذلك تعد جماعة الرفاق أشد الجماعات تاثيرا على تكوين انماط السلوك الاساسية لدى الفرد والتي في ضوئها تتشكل شخصيته، ويؤثر الاصحاب في بعضهم بعضا باساليب عديدة فاختيار الصديق يمكن ان يخلق الشخص أو يقضي عليه، فقد يكون لرفقاء اللعب تاثير نافع على الاطفال ويكونون مصدرا لكثير من المتاعب، فاذا كان هؤلاء الرفقاء من النمط الذي يبدي آثارا نافعة فان الاحتكاك بهم قد يكون نافعا وان كانت الصلات من النمط المضاد فانه من المحتمل ان تكون نتائج ذلك مطابقة لهذا النمط[1]. ومن هذا المنطلق نرى بانه اذا اراد الآباء ان تكون اخلاق ابنائهم قوية متينة، فعليهم الا يسمحوا لاولادهم الا بصحبة ومعاشرة اصحاب الاخلاق الرفيعة ذلك ان الولد صاحب حس مرهف وهو مولع بالتقليد، وقد قال احد الحكماء مقولته الشهيرة بخصوص مدى تاثير جماعة الرفاق على المرء (أنبئني من تصاحب، انبئك من انت). وهناك الكثير ممن اخطأ الطريق فزلت قدمه واتجه اتجاها منحرفا عن الطريق الصحيح، انما كان انحرافه

هذا بسبب مصاحبته اناسا لا تجوز صحبتهم، والرسول الكريم عليه افضل الصلاة واتم التسليم يدعو إلى ضرورة توخي الدقة في اختيار الصديق وذلك في الحديث الذي يرويه الترمذي "المرء على دين خليله فلينظر احدكم من يخالل" ويحذر في نفس الوقت من اقامة علاقات أو مد جسور التواصل مع رفاق السوء قوله (صلى الله عليه وسلم) "اياك وقرين السوء فانك به تعرف"[2].

---

(1) المصدر نفسه، الصفحة نفسها .

(2) النعمة، ابراهيم، اخلافنا أو الدمار، مصدر سابق، ص23-24 .

وقد وردت في التنزيل المجيد آيات عدة تشير إلى مدى التاثير الكبير والبالغ الذي يتركه الاصحاب على سلوك المرء وما يؤول اليه مصيره نتيجة لصحبته لهم سواء إلى الخير ام إلى الشر، إلى حسن المآل ام إلى سوء العاقبة والمصير، حيث يقول الباري عز وجل في القرآن الكريم: (وَيَوْمَ يَعَضُّ الظَّالِمُ عَلَى يَدَيْهِ يَقُولُ يَا لَيْتَنِي اتَّخَذْتُ مَعَ الرَّسُولِ سَبِيلًا (27) يَا وَيْلَتَى لَيْتَنِي لَمْ أَتَّخِذْ فُلَانًا خَلِيلًا (28) لَقَدْ أَضَلَّنِي عَنِ الذِّكْرِ بَعْدَ إِذْ جَاءَنِي وَكَانَ الشَّيْطَانُ لِلْإِنْسَانِ خَذُولًا (29)) [1]. ويقول سبحانه وتعالى في آية (الْأَخِلَّاءُ يَوْمَئِذٍ بَعْضُهُمْ لِبَعْضٍ عَدُوٌّ إِلَّا الْمُتَّقِينَ (67)) [2]. في اشارة واضحة إلى مدى ضرورة واهمية اختيار الاصدقاء الذين يشهد لهم بمحاسن الاداب ودماثة الاخلاق.

وغالبا ما يكون اختيار المرء لاقرانه من الذين يتماثل معهم في السن والمنزلة الاجتماعية، ومن الذين ينسجم معهم في الاهداف والميول والرغبات، فضلا عن ذلك فانه يشعر بالالفة والانسجام والتوافق معهم. ولذلك يمكن القول بان جماعة الاقران إما تكون سببا من اسباب صلاح المرء وحسن سلوكه والتزامه بقيم المجتمع ومعاييره، أو على النقيض من ذلك قد تكون سببا من اسباب انحلال خلقه واضطراب سلوكه ووقوعه في هاوية الانحراف والجريمة، وان كل ذلك يتوقف على مدى التواصل والتفاعل ما بينه وبين هذه الجماعات ومدى انقياده لها وخضوعه لتوجهاتها.

ونظرا للاهمية التي تتمتع بها جماعة الاقران في حياة الفرد فقد استخدمت حديثا في مجال العلاج النفسي، فيما اصبح ما يسمى باعادة التنشئة الاجتماعية، وتعتمد هذه الوظيفة الجديدة على الافتراض الذي يرى ان الاختلال الوظيفي في المهارات الاجتماعية ينشأ من انحراف مسار التنشئة الاجتماعية عن مسلكها السوي نتيجة للظروف الشاذة التي عانى منها الفرد في نشأته في اسرته ويعاني منها الان، في

(1) القرآن الكريم، سورة الفرقان : الآيات (27-29) .

(2) القرآن الكريم، سورة الزخرف : الآية (67) .

مواجهته لمشكلات المجتمع الذي ينتمي اليه. وتتطلب عملية تصحيح مسار نموه الاجتماعي وجوده لبعض الوقت في بيئته تحميه من صراعات المجتمع الخارجي التي لم تعد يحتملها ويقوى على مواجهتها[1].

وتأثير جماعة الاقران لا يقتصر على الصغار دون الكبار أو على الكبار دون الصغار وانما هذا التاثير يسري على الجميع دون استثناء وان كان هذا التاثير كبيرا على الصغار وذلك لضعف ملكة النقد لديهم، مما يجعلهم يكتسبون الكثير من العادات من اترابهم عن طريق العدوى والتقليد والاغواء والتاثير المباشر، ولا سيما اذا كان البعض منهم سريع الاستهواء والانقياد لغيره، وان استجابة الفرد لمثل هذه الجماعة يتوقف إلى حد كبير بمدى تأثره بها، اضافة إلى مقدار الرقابة الاسرية على سلوكه وافعاله ومدى نصيبه من جرعات التنشئة الاجتماعية.

ولا يقصد بالصحبة حالة الزمالة أو الرفقة فحسب بل تعني مطلق الاختلاط أي وجود الاشخاص معا في ممارستهم نشاطا ما سواء كانوا في المدرسة أو المصنع أو الحقل أو المقهى أو النادي أو على ناصية الطريق. اننا لا نقصد بالصحبة بيئة واحدة بذاتها بل ان هذا التعبير يطلق على كل البيئات التي تقع خارج دائرة الاسرة وداخل نطاق الاختلاط المباشر فبيئته المدرسة صحبة وبيئة الحي صحبة، وكل ما يعنينا في هذه البيئات انها تتمثل في مجموعة من الناس في حالة صحبه[2].

وبهذا يتضح بشكل لا يدع مجالا للشك، ان اختيار المرء لرفقة الاخبار يعد مؤشرا وايذانا باستقامة سلوكه وحسن التزامه بالاخلاق الحميدة والقيم النبيلة فيكون بذلك عنصرا نافعا في المجتمع لا يرتجى الا الخير منه، اما اذا اختار صحبته الاشرار كان ذلك بداية لانحرافه عن سواء السبيل فينحدر بذلك إلى مزالق الجريمة ودورب الانحلال والرذيلة. ومن هنا اصبح لجماعة الاقران دور رئيس في عملية التنشئة لاجتماعية لجميع الافراد وخاصة النشئ منهم على وجه التخصيص وذلك

---

(1) ابو جادو، صالح محمد علي، سيكلوجية التنشئة الاجتماعية، مصدر سابق، ص269 .

(2) خليفة، احمد محمد (الدكتور)، مقدمة في دراسة السلوك الاجرامي، مصدر سابق، ص137 .

لما تمارسه ن تاثير لا يقل عن ذلك التاثير الذي تمارسه مؤسسات التنشئة لاجتماعية الاخرى نتيجة انخراطهم مع جماعة الاقران حيث يتقبلون معاييرها ويتشربون بافكارها فيندفعون مع اهدافها وتوجهاتها دون رويّة أو تمحيص.

سابعا. المنظمات الجماهيرية:

تعد المنظمات الجماهيرية بمختلف اتحاداتها وجميعاتها وهيئاتها من ابرز قطاعات المجتمع اهمية لكونها تضم شرائح واسعة ومختلفة من الجماهير على اختلاف مهنهم وتباين حرفهم وتعدد فئاتهم العمرية، والتي تستطيع ان تؤثر على المنضوين منهم تحت لوائها من خلال قيامها بالكثير من الانشطة والفعاليات لتي تعمل على توجيه اهتمامهم ورغباتهم نحو الممارسات التي من شانها ان تعزز تربيتهم وترسيخها فضلا عن دورها الحيوي في التقليل من انماط السلوك المنحرف ووقاية المجتمع من شرورها وآثارها السلبية لكونها تشكل واجهة جماهيرية عريضة يمكن التعويل عليها في تحقيق هذا الهدف النبيل والسامي.

ان هذه المنظمات الجماهيرية جميعا تشترك في مكافحة الجريمة والوقاية من اسبابها واثارها بطريقة مباشرة أو غير مباشرة، فالاتحادات والنقابات والاحزاب السياسية لها انشطتها الثقافية والتوجيهية والتهذيبية وهذه الانشطة تهدف إلى تلقين الاعضاء بالافكار والقيم والمثل التي تحارب نوازع الجريمة ومظاهرها وفي نفس الوقت تحاول تكريس الممارسات السلوكية العقلانية والمهذبة عندهم بحيث يبتعدوا عن مواطن الجريمة وملابساتها ويلتزموا بالسلوك السوي والمهذب الذي يعتمده المجتمع وتقره الاعراف والقواعد الاجتماعية والاخلاقية، فالاتحاد العام للشباب مثلا يتولى صقل السمات الخلقية عند الشباب ويفجر طاقاتهم الانتاجية والابداعية ويحثهم على الاستفادة منها إلى ابعد الحدود، والاتحاد الوطني للطلبة يحث الطلبة على الالتزام بالسلوك الاخلاقي والعلمي القويم [1].

---

(1) الحسن، احسان محمد (الدكتور)، علم الاجرام، مطبعة الحضارة، بغداد، 2001، ص285 .

وقيام هذه المنظمات بهذه الفعاليات المفيدة والنافعة من خلال التنظيم والاشراف المباشر عليها سوف يعزز بالتاكيد من فرص الاستغلال الصحيح لاوقات الفراغ بالانشطة الترويحية المفيدة وتشمل هذه الفعاليات عقد اللقاءات والندوات والنشاطات الجماهيرية وتضمين برامجها النشاطات التوجيهية والترفيهية والثقافية النامية التي من شانها ان تنمي عقول واذهان اعضائها وتوعيتهم المستمرة بتجنب الانحراف والطريق المؤدية اليه والتحصين ضد الجريمة وتذكيرهم بالاثار الجسيمة التي تتركها الجرائم على المجتمع ومؤسساته البنيوية ومناقشة المشاكل والمعوقات التي تصادف طريقهم في الحياة العامة والعمل على ايجاد حلول لها من خلال تنسيق التعاون والتفاعل المشترك مع اجهزة ودوائر الدولة المختلفة.

لذا فان التصور الصحيح والصائب لهذه المنظمات يقوم على المزج بين القيم الفردية والقيم الاجتماعية وخاصة في عملية استغلال اوقات الفارغ فلكي تتحقق الحياة السليمة لكل م الفرد والمجتمع يجب ان ياخذ في الاعتبار ان يكون وقت الفراغ الذي يعاني منه البعض موجها لنواحي النشاط الاجتماعي التي تكسب الفرد قوة وتجربة والمجتمع رقيا[1].

كما ان المنظمات المهنية والشعبية كالاتحادات والنقابات تدافع عن حقوق واماني افرادها ومنتسبيها وتزودهم بالاطر العريضة والمهارات التقليدية لنظمها الجماهيرية والديمقراطية، فالاتحاد العام لنقابات العمال مثلا يرمي إلى رفاهية العمال وتحسين ظروفهم المهنية والمعيشية والدفاع عن حقوقهم الاجتماعية والسياسية، وفي نفس الوقت يرشدهم إلى سبل العلاقات الديمقراطية وصيغ الممارسات الجماهيرية، وجميع هذه المكاسب التي يحققها الاتحاد للعمال تجعلهم في

---

(1) بدوي، السيد محمد (الدكتور)، المجتمع والمشكلات الاجتماعية، دار المعرفة الاجتماعية، الاسكندرية، 1988، ص217 .

ظروف اقتصادية واجتماعية مرفهة تساعد على ابتعادهم عن ارتكاب الجرائم في المجتمع والتحلي بالسلوك السوي الذي يتفق مع الاخلاق والقيم الفاضلة[1].

وان هذه المنظمات الجماهيرية وبالذات منظمات الشباب لها دور ايجابي كبير في توجيه شريحة الشباب إلى استثمار اوقات فراغهم وصرفها فيما يعود عليهم وعلى المجتمع بفائدة بدلا من قتلها وتبديدها كيفما اتفق دون هدف أو تنظيم مما يضر ـ الشباب والمجتمع معا. وفي ضروب النشاط التي يمارسها الشباب ما يباعد بينهم وبين الملل أو ما يسمى بـ (كابوس اليقظة) كما انها تقيهم من الانطواء على انفسهم والحد من سلوكهم الاناني وتواكلهم اذ تحملهم على العمل مناجل الاخرين[2].

وتقدم المنظمات فوائد جمة ومنافع عديدة حيث انها تزود الشباب بخبرات ومهارات جديدة قد لا يستطيع ان يظفر بها في الجماعات المرجعية الاخرى كما انها تشبع الكثير من حاجاتهم كالحاجة إلى اشغال دور معين يترتب على ادائه تقدير اجتماعي فضلا عن الانتماء إلى الانتساب إلى عضوية الجماعة التي يجدون من خلالها اشباعا لحاجاتهم وميولهم وارضاء لرغباتهم.

ومما يجعل المنظمات الجماهيرية تتبوأ مكانا مهما ما بين مؤسسات المجتمع الاخرى كونها تعمل على ترسيخ المفاهيم التربوية الحديثة بين مختلف شرائح المجتمع وفئاته العمرية المتباينة لاسيما الشبيبة منها ضمن اهداف اجتماعية محددة تترسخ من خلال القوى الاجتماعية التي تتولى عملية التغيير عن طريق مؤسسات الدولة والاعلام والتربية والمعاهد والجامعات ومنظمات الشباب[3].

فضلا عن ذلك فان هذه المنظمات تشارك بفعالية متميزة في بناء المجتمع وتعميق مساره والعمل على تحقيق الحرية والديمقراطية والعدالة فيه لذا فان

---

(1) الحسن، احسان محمد (الدكتور)، علم الاجرام، مصدر سابق، ص286 .

(2) راجح، احمد عزت (الدكتور)، اصول علم النفس، مصدر سابق، ص529 .

(3) عبد القادر، شامل، الشباب بناة المستقبل، دار القادسية للطباعة، بغداد، 1982، ص16 .

الاهتمام بهذه المنظمات وايلاءها العناية التي تستحقها من قبل الحكومات والدول لم يات من فراغ وانما جاء اهتماما ينطلق من معطيات الوقائع الاجتماعي الذي استطاعت من خلاله هذه المنظمات ان تفرض نفسها على الساحة، فضلا عن تاثيرها المباشر على توجهات اعضائها وتنمية قابلياتهم الفردية بما يؤدي إلى تعبئتهم في عملية البناء الحضاري الجديد للمجتمع.

ومما يجعل دور هذه المنظمات ذات تاثير بالغ في سلوك اعضائها هو ان هؤلاء الاعضاء يتفاعلون اجتماعيا وبشكل متكافئ لانهم يعيشون تحت ظروف واحدة أو متشابهة، فلا تتضمن التدرج السلطوي في بنائها، ولا يؤدي العمر أو السلطة دورا حيويا في تشكيل بناءها ولكن هذا لا يعني غياب قائد فيها يقوم بقيادتها وارشادها. فالعمال في المعمل والشباب في اتحاد الشباب يمثلون جماعة اولية في علاقاتها، فالتعاون يسود علاقاتها من اجل تقديم الخدمات لاعضائها وتوجد فيها قواعد سلوكية وادبية خاصة بها تنظم سلوكها، الا ان هذا السلوك لا يخضع لقواعد التنظيم الرسمي، لذا فان وجودها يؤثر على الجماعات التي تعمل فيها[1].

يتبين من خلال ذلك ما لهذه المنظمات من اثر بالغ في تهذيب سلوك اعضائها وتقويم خلقهم وملئ اوقات فراغهم بما يعود بالنفع عليهم بطريقة تضمن لهم الابتعاد عن اسباب الزيغ والفساد وعوامل الشذوذ والانحراف لاسيما لمن شارفوا سن البلوغ ودخلوا مرحلة الشباب حتى يستطيعوا النهوض باعباءهم وتحمل التزاماتهم على اكمل وجه وافضل صورة من اجل اعدادهم لخوض غمار الحياة وتحمل اشق المسؤوليات بعقول ناضجة متزنة وبنفوس نقية طاهرة من ادران الرذيلة لكونهم اللبنة الصلبة المتينة في بناء المجتمع الفاضل القائم على اسس وقواعد رصينة، لذا فان قيام هذه المنظمات لاسيما التي تعنى برعاية هذه الفئة العمرية الندية بشكل يوفق بين مطالب الروح وحاجات الجسم ابلغ الاثر في الحفاظ على سلوكهم السوي وتوازنهم النفسي ونضوجهم الاجتماعي.

(1) العاني، عبد اللطيف عبد الحميد (الدكتور) وآخرون، المدخل إلى علم الاجتماع، مصدر سابق، ص75 .

الفصل الرابع

العوامل المؤدية إلى السلوك الإجرامي

تمهيد:

نقصد بالعوامل المؤدية إلى السلوك الاجرامي، اسباب هذا السلوك التي تساهم في اخراجه إلى حيز الوجود على نحو يهيأ لوقوعه. وان هذا النمط من السلوك لا يمكن ارجاعه إلى سبب محدد، وانما هناك الكثير من الاسباب التي تؤدي إلى ولادته، وهذه الاسباب تكون متشعبة ومتداخلة بعضها مع البعض الاخر، عليه فان اعطاء عامل معين أو عدة عوامل محددة دور السبب في حدوثه يعد عملا خاطئا، لان مسألة الجزم في ذلك لايمكن ان يؤدي إلا على الحصول على نتائج تتسم بالقصور وعدم الموضوعية، باعتبار ان الجريمة مثل أي ظاهرة اجتماعية معقدة التركيب ومتشعبة الجوانب.

ومن هذا المنطلق فان الاتجاه الحديث الذي يسلم به معظم علم الاجرام في دراستهم لهذه الظاهرة الاجتماعية هو الاخذ بمذهب تعدد العوامل التي تقف وراء حدوثها أو ما يعرف بتكامل العوامل الفردية والاجتماعية. وفي هذا الفصل نحاول ان نسلط الاضواء على أهم وابرز هذه العوامل سواء كانت الذاتية منها والموضوعية والتي تقف وراء ظهور السلوك الاجرامي.

المبحث الأول

العوامل الذاتية

يعد التكوين الاجرامي من اهم الاسباب الذاتية للجريمة وهذا يرجع أما إلى وراثة تحكم افراد اسرة بعينها أو إلى وراثة تحكم افراد سلالة باسرها، غير ان هناك عوامل داخلية مهيئة للجريمة، لا تسبب الجريمة بطريق مباشر كالتكوين الاجرامي رغم انها داخلية مثله، وانما يقتصر دورها على ايقاظ وتنبيه مفعول هذا التكوين والدليل على ان هذه العوامل لا تعد اسبابا للجريمة بقدر ما هي ظروف مهيئة لها، انها لا تؤدي بمفردها إلى الجريمة عرضا في احوال نادرة، ومن ثم لا توقع الفرد في الجريمة إلا اذا كان لديه من الاصل ميل اجرامي[1].

أولاً. العوامل البايولوجية:

سنتناول فيما يأتي اهم هذه العوامل كلا على انفراد وهي كالاتي:

أ. الوراثة:

تعد الوراثة قوة توجه الفرد بما تولده فيه من ميول تنتقل اليه من اصوله، وان هذه الميول الموروثة التي تنبعث من طبيعة خلق الانسان توجهه إلى الجريمة متى تهيأت البيئة الملائمة لها وليست وراثة الميل الاجرامي وراثة حتمية للجريمة. ويرى (مارجوجليو) ان عامل الوراثة هو الذي يؤثر على الميل الاجرامي ولو كان الانسان قد تربى في بيئة صالحة ويؤكد كل من (لينز) و (ستونف) الالمانيين و (لومبروزو) و (فيرجليو) و (توليو) الايطاليين ان المجرمين في الاغلب ينتمون إلى اسر ارتكب اعضاؤها الجريمة في الماضي والحاضر. وملخص ابحاث هؤلاء المفكرين

(1) بهنام، رمسيس (الدكتور)، محاضرات في علم الاجرام، الجزء الاول، منشأة المعارف، الاسكندرية، 1961، ص74 .

ان الميل الاجرامي الموروث هو الخلل في الغرائز الانسانية الاساسية وتحديدها بالغرائز الطبيعية والثانوية المكتسبة من التطبع والثقافة، ويتحمل دور الوراثة في هذه الغرائز الخلل الموروث في الجهاز العصبي الذي ينظم الانفعالات والعواطف الانسانية[1].

وتعد نظرية (المجرم بالولادة) للعالم الايطالي (لومبروزو) من ابرز النظريات التي تناولت هذا الجانب وفحواها ان نمط المجرمين بالولادة يتميز بالتشويه أو الشذوذ مثل عدم تناسق الجمجمة وعرض الفك الاسفل والذقن الضيق ونتوء عظام الخدين وكثافة شعر الرأس والجسم، وكان لومبروزو في بدء عرض نظريته يعتقد ان المجرمين بالولادة يشكلون جميع المجرمين بنسبة 100% تقريبا ولكنه فيما بعد خفف نسبتهم إلى 40% واعتبرهم صنفا بين خمس اصناف من المجرمين[2].

ويغالي انصار المدرسة الوضعية في تأثير الوراثة ويرتأون ان المجرم مقدر عليه ان يسلك السلوك الاجرامي بما ورثه من مميزات وانه غير مسؤول ومن الخطأ معاقبته بل يجب حماية المجتمع من سلوكه ويؤكدون على ان الجريمة فرضت جبرا على اولئك الذين صاروا مجرمين بسبب خلة في الوراثة[3].

ولكن البحث الذي قام به العالم البريطاني (تشارلس كورنك) على حوالي ثلاثة الاف من كبار المجرمين في بلاده انكرت نتائجه وجود صلة بين التكوين العضوي والسلوك المضاد للمجتمع حيث فحص ملامحهم الخارجية وتكوين اعضائهم وقارنها بغيرهم من غير المجرمين في بيئات اجتماعية متنوعة من الطلبة والجنود والمرضى وحاول ان يعطي تفسيرا احصائيا للنتائج التي توصل اليها، لكنه لم يتوصل إلى وجود معالم تشريحية معينة كتلك التي سجلها لمبروزو لدى بعض كبار المجرمين وان كان كورنك يقرر في نفس الوقت انه تبين له توافر نوع من الدونية

---

(1) العاني، شاكر، الجريمة، مطبعة الارشاد، بغداد، 1962، ص60 .

(2) ابراهيم، اكرم نشأت (الدكتور)، علم الاجتماع الجنائي، مصدر سابق، ص9-10 .

(3) العاني، شاكر، الجريمة، مصدر سابق، ص60-61 .

الجسدية والعقلية لدى بعض كبار الجناة تجعلهم على حساسية خاصة في الصراع الاجتماعي واكثر قابلية للاثارات المحركة من السلوك الاجرامي التي تجيئهم من ناحية الخارج بالمقارنة مع غيرهم ممن يتمتعون بابدان

وبعقول سليمة، وقد ضمن كل ذلك في مؤلفه المعروف بـ "السجين الانكليزي - دراسة احصائية" عام 1913[1].

2. العمر والجنس:

تناول عدد من الابحاث والدراسات عاملي العمر والجنس ومدى تأثيرهما، على ارتكاب الشخص للسلوك الاجرامي. حيث يرى بعض الباحثين ان الخصائص الفيزيولوجية التي يتسم بها الذكور والاناث عامة، أو تلك الصفات التي تميز فئات العمر المختلفة ذات اثر على حدوث السلوك الاجرامي وصورة بين هاتين الفئتين. ويقرر هؤلاء ان الجنس ذكورا واناثا يحدد قدر السلوك الاجرامي بين فئتي الذكور والاناث، كما يحدد كذلك طبيعة هذا السلوك نظرا للخصائص البيولوجية التي يتسم بها كل من هذين النوعين، كالقوة البدنية لدى الذكور، والضعف البدني لدى الاناث مثلاً. وبمقتضى ذلك يفسر هؤلاء ارتفاع معدل الجناح عند الذكور عنه بين الاناث وعلى ضوء هذه الصفات يعللون غلبة جرائم السرقة على السلوك الاجرامي لدى الذكور، وغلبة الجرائم ذات الطابع الجنسي وجرائم الجموح على السلوك الجانح لدى الاناث[2].

كذلك يقرر البعض ان السن عامل هام في طبيعة السلوك الجانح وتكراره لان هذا السلوك يبدأ في الطفولة ويتسع مداه في المراهقة وفي الرجولة الباكرة ويتضاءل اواخر العمر. كما ان بعض أنواع السلوك الجانح يتطلب قدرة جسمية معينة مثال ذلك جرائم السرقة والنشل وهتك العرض وهي جرائم تكثر بين

(1) عبيد، رؤوف (الدكتور)، اصول علمي الاجرام والعقاب، دار الفكر العربي، القاهرة 1981، ص90-91 .

(2) عارف، محمد، الجريمة في المجتمع، مكتبة الانجلو المصرية، القاهرة، 1975، ص236 .

المراهقين الشباب. ويحاول هؤلاء كذلك ان يربطوا بين السلوك الجانح والتغيرات الفيزيولوجية التي تحدث خلال مراحل العمر المختلفة كمرحلة المراهقة مثلاً[1].

وان ازدياد معدلات الجريمة في سن المراهقة والشباب وانخفاضها في سن النضج والكهولة، لان مرحلتي المراهقة والشباب عند الفرد، هما اكثر المراحل قوة وحيوية وانفعالاً. والمراهقة بصورة خاصة، تتميز باضطرابات نفسية، وعدم استقرار غريزي وعاطفي، وتقلبات في المزاج وقلة مبالاة واندفاع نحو الجنس الاخر واستجابة للاغراء، وضعف في القدرة على ضبط النفس، وعلى التحكم في الاهواء والميول والرغبات[2].

ومما يدعم هذا الرأي نتائج الاحصاءات التي تشير إلى ان معظم الجرائم تقع من مجرمين يتراوح سنهم بين (18-30) سنة وتغلب في هذه المرحلة الجرائم العاطفية وجرائم العنف والتهور. ففي سن الحداثة حيث تكون الانانية لدى الفرد. بحالة بدائية لم يصقلها التهذيب، ويكون الذكاء ومعيار تقدير الامور اوليين وتكون السيطرة على النفس ضعيفة حيث تكثر على الاخص جرائم السرقات وجرائم العنف، وكذلك الافعال الفاضحة المخلة بالحياء، وتبلغ جرائم السرقة حدها الاقصى بين سن (16-20) سنة ثم يبدأ عددها في النزول من سن (20-30) سنة. وفي سن النضج تغلب جرائم القتل الفظيعة وبصفة عامة جرائم تنمو وتختمر فكرتها في حالة من الحقد والاعداد المتقن، وكذلك جرائم السرقات الكبيرة والخطيرة وتبلغ الجرائم العاطفية حدها الاقصى ـ من سن (35-40) سنة، وفي الشيخوخة تعود إلى الظهور الافعال الفاضحة المخلة بالآداب[3].

لذلك يمكن القول بان عاملي الجنس والعمر ليسا إلا من العوامل الموقظة لميل اجرامي كامن اصلا في تكوين الفرد ويقتصر دورهما هي على تنبيهه واحداث

(1) المصدر نفسه، الصفحة نفسها .
(2) السراج، عبود (الدكتور)، علم الاجرام وعلم العقاب، مصدر سابق، ص225 .
(3) بهنام، رمسيس (الدكتور)، محاضرات في علم الاجرام، مصدر سابق، ص78 .

مفعوله على نمو يختلف بين جنس وسن آخريْن اختلافا في نوع الجرائم التي ترتكب.

3. العاهات والأمراض:

يربط بعض الباحثين الإصابات التي تمس وظائـف اعضـاء الحـس لـدى الانسـان كالعاهـات البصرية والسمعية بالسلوك الاجرامي. ويستند هؤلاء إلى ان العجز في الحواس لـه اثـر مباشـر علـى السلوك نظرا لانه يمنع مؤثرات البيئـة مـن الوصـول إلى الفـرد، كـما يخلـق هـذا العجـز في الفـرد الاحساس بالنقص والدونية مما يترتب عليه كثير من المشكلات النفسية التي تعمل علـى اضـطراب الشخصية. ويقرر (سلاوسون) في هذا المجال ان الجانحين يعانون اكثر من غير الجانحين من العيـوب السمعية والبصرية كما يذكر البعض ان هناك فروقا بين الجانحين وغيرهم من تلاميذ المـدارس فيـما يتصل بالعيوب التي تصيب البصر. كذلك يقرر (رالف باني) ان التشوهات والعيوب الجسـمية تعـد عاملا هاما في سلوك الجانح تؤدي إلى تعقيد نفسيته واحساسه بـان العـالم الخـارجي لا ينظر اليـه بعين القبول[1]

لذا يبدو ان نجاح تفاعل الفرد مع بيئته يتوقف إلى حد ما على مدى سلامته مـن العاهـات والتشوهات الخلقية. على النقيض من المصاب بها فمثلا المصاب كالاعمى والاصم والابكم والكسـيح ومقطوع اليدين تحول عاهاتهم بينهم وبين التكيف السـليم، مـا دامـت هـذه العاهـات تحـد مـن ادراكهم لمجال حياتهم ادراكا يساعد على تمييز ما يجب عمله وما لا يجب، فضلا عن ان العاهة قـد تكون حائلا دون تحقيق اهداف كثيرة. فالاعمى مـثلا لا يـدرك الانفعـالات المختلفـة للنـاس مـن ملامحهم، فيعجز عن ان يكيف سلوكه تبعا لهذه الانفعالات[2].

---

(1) عارف، محمد، الجريمة في المجتمع، مصدر سابق، ص234.
(2) جلال، سعد (الدكتور) اسس علم النفس الجنائي، مصدر سابق، ص114.

كما ان اصابة البعض بالامراض المختلفة كالسل الرئوي والزهري والتيفوئيد وغيرها تؤدي إلى احداث اختلال في التوازن الجسمي والنفسي لديهم الامر الذي يمهد السبيل امامهم في الاشتطاط وركوب مركب الانحراف والاجرام.

فقد دلت ابحاث العالم (فيرفيك) على ان السل من المثيرات غير الطبيعية للغريزة الجنسية وما يقال عن السل من حيث تيسير الجريمة يصدق كذلك على الزهري والتيفوئيد والملاريا والانفلونزا أي على الامراض التي تسري بسببها في الجسم سموم تخل به وبالتالي تسيء إلى الحالة النفسية كذلك[1]

أما بخصوص الامراض العقلية ومدى تأثيرها على الفرد نظرا لما تحدثه من خلل أو ضعف عقلي فهي متنوعة. ومهما كان سببها سواء كانت وراثية ام عرضية فانها تضعف قدرة الفرد على التفكير، لذا يسهل انقياد من اصيب بها للمؤثرات الغريزية أو الخارجية. ومن هنا جاء التأكيد على ضرورة التثبت من الصحة العقلية كخطوة اولى في التحقيق في الجرائم التي توحي بوجود علة دماغية أو عصبية وراء الفعل الاجرامي[2].

وعلى الرغم من ذلك كله فانه لا يمكن ان نجزم في القول بان هذه العوامل البيولوجية تعد السبب الرئيسي في دفع الافراد في القيام بسلوكيات منحرفة وانما قد يكون وجودها يشكل عاملا مساعدا في ارتكاب الجريمة ممن لديهم الاستعداد في الاشتطاط عن الطريق القويم.

(1) بهنام، رمسيس (الدكتور)، المجرم تكويناً وتقويماً، منشأة المعارف، الاسكندرية، مصر، 1978، ص132-133 .

(2) العوجي، مصطفى (الدكتور) دروس في العلم الجنائي - الجرير والمجرم، مؤسسة نوفل، بيروت، 1980، ص296 .

ثانياً: العوامل النفسية

تمهيد:

ان فهم العوامل النفسية التي دفعت المجرم إلى ارتكاب الجريمة من خلال البحث في ملكات العقل ومظاهر التفكير والظواهر النفسية المختلفة الشعوري منها وغير الشعوري فضلا عن محاولة التعرف على الاختلالات الغريزية وكشف الامراض النفسية وحـالات التخلـف النفسي ـ إلى جانـب دراسة مراحل تطور الشخصية ومظاهرها السلوكية.

في ضوء ما تقدم يمكن الشروع في التصرف على اسس علمية وموضوعية مـن اجـل اعادة التوافق بين الجاني ومجتمعه، وفي نفـس الوقـت يمكـن تحقيـق الغرض مـن التشريـعات القضـائية الحديثة التي تستهدف علاج المذنب واصلاحه وليس انزال العقاب به للانتقام منه، ولا تخـرج تلـك العوامل عن كونها اسبابا مرضية نفسية ينجم عنها سلوك مضاد للمجتمع ولدته ظـروف اجتماعيـة قاسية تعرض لها المصاب بهذه الامراض، لذلك يعد تكامل شخصية الانسـان شرطـا ضروريا للصحة النفسية واستمرار توافقه الاجتماعي لان التعرض لهذه العوامل النفسية كفيل بـان ينـال مـن هـذا التكامل مما يسب اعتلالا في صحته النفسية وبذلك يسوء توافقه الاجتماعـي الـذي قـد يترجمـه إلى افعال منحرفة تثير سخط الهيئة الاجتماعية وتذمرها. وان سبـب هـذا الاعتلال هـو الفجـوة التـي تفصل بين طموح الانسان وتطلعه إلى ما يدور في خلده من اهـداف يـروم تحقيقها في الحيـاة مـن جهة وبين الظروف التي تقف حائلا دون تحقيق رغبته في النجاح من جهة اخرى.

أثر الإختلالات النفسية في ارتكاب العمل الإجرامي:

تتفاوت الاختلالات النفسية المختلفة في درجة تأثيرها على الادراك والارادة وبالتـالي تـؤثر في ارتكاب الجريمة، الامر الذي يقتضي بحث كل اختلال منها على حدة لغرض تحديد درجة هذا التأثير وسنتناول اهم هذه الاختلالات.

1. الاختلالات الغريزية:

ان اختلال الغريزة الاصلي أو العارض منه سواء اكان من الصنف الجامح أو الخامد لا يمكن عده سببا لرفع المسؤولية الجنائية عن الشخص في حالة اقترافه الجرم. ويعد الاختلال الجموحي أو الانحرافي في حالاته الحادة سببا لتخفيف المسؤولية الجنائية. مع ملاحظة الغاية الوقائية بصفة خاصة عند ترتيب العقوبة المناسبة، والافضل فرض تدبير احترازي ملائم في هذه الحالة، ذلك لان تضخم الانفعالية في حالة الجموح تسبب سرعة وشدة هياج المصاب، وتضعف من قدرة سيطرته على اعماله مع بقاء ادراكه سليماً، فيندفع اندفاعا اهوج مع تيارات انفعالاته الثائرة بلا ترو أو تبصر. أما الخمود الغريزي الناشئ عن ضمور الطاقة الانفعالية فانه يؤدي إلى تبلد المصاب وعدم مبالاته دون ان يمس ارادته وادراكه مساسا يعتد به، مما يجعل مسؤوليته الجنائية كاملة عند اجرامه[1].

لذا تكون حالات الجموح الشديدة سببا رئيسيا في نزوع الانفعالات في اتجاهات غير سوية. بحيث يصعب على الذي يعاني منها تقويمها، وذلك بسبب ضعف غريزته ووهن ارادته لان تيار الضغط الذي تمارسه هذه الاختلالات الغريزية اقوى من محاولات المقاومة التي يبديها الشخص المصاب بها.

2. العواطف المنحرفة:

قد يحدث السلوك الاجرامي نتيجة انحراف في العواطف بسبب خلل في تكوينها او نتيجة سوء في توجيهها بشكل صحيح مما يؤدي بالفرد الى مسايرتها والانجرار خلفها فقد يكتسب الفرد عواطف صالحة مفيدة تسمو به الى مرتبة رفيعة في المجتمع كعواطف حب الوطن وحب الخير وحب الفضيلة وحب العلم فانه ايضا قد يكتسب بعض العواطف التي قد تؤدي بصورة غير مباشرة الى الاجرام كعاطفة حب السينما التي تدفع الخاضعين لها من المعوزين لاسيما الاحداث الى

---

(1) ابراهيم، اكرم نشأت (الدكتور) علم النفس الجنائي، مطبعة المعارف، بغداد، 1970، ص191 .

السرقة للحصول على نقود يدفعونها ثمنا لتذاكر الدخول الى دور السينما والتردد باستمرار الى تلك الدور ومشاهدتهم المغامرات الطائشة والاعمال الاجرامية والاوضاع الخليعة المثيرة التي تزخر بها الرقائق السينمائية التي تفسد اخلاقهم وتولد في نفوسهم عواطف رديئة كعاطفة حب الجريمة وحب المغامرات العابثة وغير ذلك من العواطف المنحرفة التي تسوقهم الى الاجرام العنيف[1]

كذلك تؤدي بعض الانحرافات في العواطف ومنها انحراف عاطفة اعتبار الذات بسبب فكرة الشخص عن نفسه الى انطلاق نزعاته الضارة على سجيتها دون رقيب بعد ان ارتضى لذاته مستوى منحطاً، فيعكر صفو المجتمع بتصرفاته المنافية لمقتضيات الخلق السليم والضارة بالاخرين في معظم الاحوال، ومن جهة اخرى قد يكون الغلو في عاطفة اعتبار الذات الى الحد الذي يتسلط فيه الغرور والكبرياء على نفس صاحبها سببا في عدم اهتمامه بمراعاة نظم المجتمع[2].

نستخلص من ذلك بان المؤثرات والمواقف الاجتماعية المختلفة التي يخضع لها الفرد في بيته منذ بواكير حياته لها ابلغ الاثر في بلورة وتكوين العواطف لديه سواء كانت عواطف سوية او غير سوية والتي ستصبح جزءا من شخصيته بمرور الزمن.

من هنا يتضح بجلاء ان العواطف المنحرفة تكون مسؤولة في حدوث بعض حالات الانحراف الاجتماعي التي تاخذ صورا متعددة ونماذج مختلفة تستهدف زعزعة الاستقرار في المجتمع.

3. الأمراض النفسية والعصبية:

هناك عدد من الامراض النفسية التي تحدث اضطرابا في شخصية المصاب بها تمس الجانب الانفعالي بصورة خاصة، حيث تبدو على شخصية المبتلى بها اعراض

---

(1) ابراهيم، اكرم نشأت (الدكتور)، جنوح الاحداث في العراق، مطبعة دار السلام، بغداد، 1960، ص9-10.

(2) ابراهيم، اكرم نشأت (الدكتور)، علم النفس الجنائي، مصدر سابق، ص67 .

جسمية ونفسية مختلفة. ويرجع حدوث مثل هذه الامراض الى احداث اليمة او صدمات انفعالية يتعرض لها الفرد في حياته لاسيما في طفولته المبكرة او ترجع الى خطأ في التنشئة الاجتماعية او الى الصراعات الدائمة بين رغبات الفرد والعوائق التي يضعها المجتمع امامه[1].

ومن بين هذه الامراض التي تؤدي إلى خلق حالة من عدم التوازن في سلوك المصاب بها وبالتالي تؤدي به إلى الجنوح عن سواء السبيل هي ما ياتي:

أ. الهستيريا:

وينشأ هذا المرض عن كبت الرغبات والافكار والمشاعر وينتج عنه اعراض بدينة حيث يفقد المريض النطق او الاحساس او البصر او يصاب بالشلل او بتقلصات عضلية غير ارادية تحول بعض الطاقات المكبوتة في اعماق النفس الى ظواهر مرضية عضوية، اي ان هذه الحالة ليست سوى وسيلة للتخلص من صراع نفسي بين افكار ومشاعر مكبوتة وبين قوى الكبت والمنع في شخصية الفرد، وقد تقع الجريمة نتيجة هذا الصراع النفسي فيندفع المريض اليها تلقائيا تحت ضغط ظروف لا يمكنه مواجهتها[2].

كما ان المصاب بالهستيريا يحاول ايذاء نفسه من خلال جذبه لشعر رأسه او لطمه على وجهه او ضغطه بيديه على عنقه، ولكنه لا يحتمل ان يسبب اي اذى جدي لذاته[3].

ب. القلق:

يعد القلق من الامراض النفسية الاوسع انتشارا والاكثر شيوعا ومنشأ هذا المرض لا يقتصر على سبب واحد وانما هناك اسباب عدة تؤدي الى ظهورة

(1) السراج، عبود (الدكتور)، علم الاجرام وعلم العقاب، مصدر سابق، ص253 .
(2) ابو عامر، محمد زكي (الدكتور)، دراسة في علم الاجرام والعقاب، مصدر سابق، ص132 .
(3) ابراهيم، اكرم نشأت (الدكتور)، علم النفس الجنائي، مصدر سابق، ص96 .

واستفحال امره حيث ينشأ هذا المرض كبت الغريزة الجنسية، كما انه يتأتى من حرص الانسان المفرط على رغباته وغرائزه التي يخاف عليها الا تتحقق او انها تتحقق بصورة يخاف من عواقبها في صراع مع نفسه الى درجة تتأثر بها اعصابه[1].

كما يؤدي القلق الى ان يشتد خوف المريض من مخاطر المستقبل الى درجة يعجز عن احتمالة فيقدم على الانتحار وذلك في حالات نادرة قرارا من اوهامه المفزعة التي تطارده في هيئة شبح مخيف يهدده بالبطالة والفقر او بمرض خطير لا يرجى شفاؤه[2].

ويظهر القلق عادة في كل حالات الامراض العصابية النفسية. وتشبه اعراض القلق اعراض الخوف، من زيادة في نبضات القلب، وسرعة التنفس وجفاف الحلق وما شابه ذلك، وبعض المخاوف العنيفة التي تثير قلقا حادا قد تحدث في مواقف تافهة لا تستدعي استثارة اي خوف او قلق. ولكن يبدو ان هذه المواقف قد حلت محل مواقف اخرى تتميز المواقف الجديدة عنها في انها تعفي الفرد من المسؤولية. فقد تستثير رؤية رجال البوليس خوفا حادا او قلقا زائداً، كما ان المصاب بهذا المرض تعتريه حالة من الخوف والبكاء المستمر وعجز عن القيام بمطالب الحياة اليومية وقد يخشى عليه من الضياع، كما يصاب بحالة من الانقباض تختلف عن حالات الانقباض في بعض الامراض العقلية اذ ان هذا الانقباض له سبب حقيقي في حياة الفرد، الا ان استجابة الفرد للموقف كانت استجابة مبالغا فيها. ولولا استعداد الفرد للانقباض وللعصاب النفسي لتغلب على الموقف ولجابه المشكلة بحل عملي[3].

(1) حومد، عبد الوهاب (الدكتور)، مجلة الحقوق، العدد الرابع، السنة الثالثة والعشرون، الكويت، 1999، ص71 .

(2) ابراهيم، اكرم نشأت (الدكتور)، علم النفس الجنائي، مصدر سابق، ص109 .

(3) جلال، سعد (الدكتور)، اسس علم النفس الجنائي، مصدر سابق، ص164 .

ج. العقد النفسية:

تعد العقد النفسية من العلامات البارزة والواضحة التي تعبر عن الاختلالات التي يصاب بها الانسان في جهازه النفسي وهي بذلك تشكل اضطرابا يشكل عقبة كأداء في طريق الانسان من ان يسلك سلوكا ملتزما بقواعد المجتمع وبما ينسجم مع مقتضيات الحياة الاجتماعية.

ولا يستطيع المصاب بهذه العقد لاسيما عقد النقص التخفيف مما يعانيه من شعور خفى بالذنب إلا اذا ورط نفسه في متاعب ومشاكل وصعوبات مالية أو مهنية أو عائلية أو صحية لا ينال منها إلا التعب والمشقة والعذاب بل قد يستقر عدوان الغير عليه، فإذا حل به العقاب هدأت نفسه وزال عنه ما يغشاه من توتر[1].

والمصابون بهذه العقد يحاولون تبرير تصرفاتهم الاجرامية بالظلم الذي لاقوه سواء من عائلاتهم أو من المجتمع، ولا شك ان توافر مثل هذا الشعور لدى المجرم يخلق لديه خللا في الجانب العاطفي يجعله يقدم على افعال اجرامية بسهولة كرد فعل للشعور بالظلم[2].

ومن العقد النفسية الشائعة التي تلازم المرء منذ طفولته مثل عقدة الذنب وعقدة الغيرة وعقدة اوديب وعقدة الكترا التي هي عبارة عن صراعات لا شعورية مستمرة لا يقوى الفرد على مواجهتها أو وضع الحلول الناجحة لها فتحدث عملية الكبت لديه يعبر عنها بسلوكيات منحرفة وافعال شاذة.

والسبب الرئيس في نشوء العقد النفسية وحالات الكبت التي يكابدها الانسان والتي تمهد السبيل لاقتراف الفعل الاجرامي كما تراه مدرسة التحليل النفسي، ان الجريمة تكون تعبيرا مباشرا عن الدوافع الغريزية ومتطلبات (الهو) أو

---

(1) راجح، احمد عزت (الدكتور)، الامراض النفسية والعقلية، عالم الكتب، القاهرة، 1965، ص49.

(2) نجم، محمد صبحي، المدخل إلى علم الاجرام وعلم العقاب، ديوان المطبوعات الحكومية، الجزائر، 1979، ص26 .

تعبيرا رمزيا عن الدوافع الغريزية المكبوتة في اللاشعور وفي كلتا الحالتين يوجد (انا) ضعيف غير قادر على التوفيق بين القوى المتصارعة والمتمثلة بـ (الهو) و (الانا)[1].

4. السايكوباثية:

وهو مرض يصيب الانسان باضطراب في الشخصية بخاصة في الجوانب العاطفية إذ يجعله انسانا فاسدا أو منحرفا مما يشكل عقبة امامه في تحقيق الانسجام الاجتماعي مع المحيط الذي يعيش فيه. ويرى علماء النفس السلوكيون ان السلوك السايكوباتي الاجتماعي سلوك مكتسب حيث يعاني المصابون به من اضطراب التضاد الاجتماعي وتظهر عليهم مشكلات سلوكية في سن مبكرة ويفشلون في التعلم ويكثرون من التشاجر[2].

ومن صفات المريض السايكوباثية الأخرى فقده للارادة فهو فاقد لارادة عمل الخير والبعد عن الشر أو مقاومته، لا يثنيه عن جريمته تمثل العقاب غير مبال بالاخلاقيات فيرتكب جرائم التسول والتشرد والبغاء، قلق ميال إلى التغيير وهذا ما يفسر ـ انتشار البطالة بين مجموعته وهو يعاني كذلك من اضطراب جنسي فهو منحرف بوجه عام في اشباع غرائزه[3].

ويختلف العلماء في علاقة الشخصية السايكوباتية بالجريمة اختلافا شديدا فبعض اطباء النفس توصلوا إلى نتائج من دراساتهم إلى ان نسبة السايكوباث بين المجرمين تبلغ 99% وبعضهم الاخر لم تزد لديهم هذه النسبة عن 5% وسبب هذا الاختلاف الشديد هو ان كل واحد من اطباء النفس الذين قاموا بدراساتهم على الشخصية السايكوباتية يحمل مفهوما مختلفا عنه[4].

(1) السراج، عبود (الدكتور)، علم الاجرام وعلم العقاب، مصدر سابق، ص269 .

(2) دافيدوف، ليندا، السلوك الشاذ وسبل علاجه، ترجمة سيد الطوب، الدار الدولية للاستثمار، القاهرة، 2000، ص61 .

(3) أبو عامر، محمد زكي (الدكتور)، علم الاجرام والعقاب، مصدر سابق، ص133 .

(4) السراج، عبود (الدكتور)، علم الاجرام وعلم العقاب، مصدر سابق، ص257 .

ومن ابرز السمات التي تتصف بها شخصية المصاب بهذا المرض هو الاندفاع خلف رغبات اللحظة الراهنة، وتبرز في سعيه نحو اشباع ذاته الممارسات اللاخلقية التي لا ترعى لقواعد الآداب وزنا أو اعتباراً، وتظهر سمة الانانية في ارضاء ميوله ورغباته دون اكتراث بالآخرين فضلا عن صعوبة تكيفه مع المحيط الاجتماعي بسبب عدم توافقه مع قيم المجتمع ومثله واعرافه[1].

نخلص مما تقدم إلى القول بان السلوك الاجرامي ما هو إلا تعبير عن عقد نفسية مكبوتة في اللاشعور كما يذهب علماء النفس في تفسيرهم له، حيث لهذه العقد القدرة على توجيه سلوك الفرد نحو القيام باقتراف الجريمة دون وعي وتبصر كما هو الحال عند الانسان السوي الذي يدرك عواقب فعله ونتائج سلوكه. فتعرض شخصية المصاب إلى الصدمات أو العلل النفسية تكون من الاسباب المحركة في ارتكابه للجريمة.

_____

(1) ابراهيم، اكرم نشأت (الدكتور)، علم النفس الجنائي، مصدر سابق، ص146-147 .

المبحث الثاني

العوامل الموضوعية

يقصد بالعوامل الموضوعية جميع العوامل الخارجية التي تحيط بالبيئة الطبيعية والاجتماعية للانسان والتي لها دورها الذي تلعبه في اعداده للتكيف مع الحياة الاجتماعية أو عدم التكيف معها، وهذه العوامل وثيقة الصلة بالظروف الاجتماعية والسياسية والاقتصادية السائدة، كما ان هذه العوامل تتفاوت بطبيعة الحال في دورها في احداث الجريمة وتوجيهها في اتجاهات معينة دون اخرى.

وبما ان هذه العوامل متعددة بحيث يتعذر حصرها فاننا سوف نتناول اهم هذه العوامل ونقسمها على النحو الاتي:

أولاً: العوامل الاجتماعية وتشمل: (التفكك الاسري، البيئة السكنية، التعليم، العادات والتقاليد، وسائل الترويج الضارة، الصحبة السيئة).

ثانياً: العوامل الاقتصادية وتشمل: (الفقر، البطالة، التقلبات الاقتصادية).

أولاً: العوامل الاجتماعية:

1. التفكك الأسري:

تشير معظم نتائج الدراسات التي قام بها العديد من الباحثين والمختصين إلى ان التصدع الذي يصيب جدار البيت الاسري له النصيب الاوفر في ولادة السلوك المضاد للمجتمع بما فيه الفعل الاجرامي الذي يشكل عقبة كأداء في تحقيق الامن والاستقرار والطمأنينة في المجتمع.

وان مثل هذا التفكك يحدث نتيجة وهن أو سوء تكيف وتوافق وانحلال يصيب الروابط التي تربط الجماعة الاسرية بعضها مع البعض الاخر، ولا يقتصر

وهن هذه الروابط على ما قد يشوب العلاقة بين الرجل والمرأة من توتر وتأزم بل قد يشمل علاقات الوالدين بابنائهما[1].

وقد اتضح بشكل جلي ان الاسر المنفصلة سواء كانت هذه الاسر منفصلة انفصالا اراديا أو عارضا كاملا أو كامنا تظهر فيها مظاهر الجريمة والانحراف، وتتفق في ذلك كل الاحصاءات التي اظهرت ان نسبة سبعين بالمئة من الاحداث الجانحين قد نشأوا في اسر منفصلة[2].

لذا فان من الطبيعي ان مثل هذه الاسر التي يعتريها التوتر والشقاق وسوء الوفاق لا يكون نصيب ابنائها من جرعات التنشئة الاجتماعية الضرورية إلا النزر اليسير وبالتالي تكون الدعائم التي ترتكز عليها تربيتهم ركائز ضعيفة ليس لها القدرة والامكانية على مواجهة تيار الانحراف الجارف.

وقد تبين من الدراسة التي قام بها كل من (شلدون جلوك واليانور) الموسومة (الكشف عن جنوح الاحداث) ان هناك اعدادا من الجانحين كان آباؤهم مجرمين وامهاتهم منحرفات، أو ان هناك فقدان في العاطفة أو ترد في العلاقة الزوجية وغير ذلك من الاسباب التي تتمثل في البيوت المنهارة[3].

ويأخذ التفكك الاسري اشكالا متعددة وصورا مختلفة، ويمكن ان يقسم هذا التفكك على نوعين هما:

أ. **التفكك الجزئي:** ويتم في حالات الانفصال والهجر المتقطع، حيث يعاود الزوج والزوجة حياتهم وعلاقاتهم، ولكنها تكون مهددة من وقت لآخر بالانفصال والهجر.

---

(1) غيث، محمد عاطف (الدكتور)، المشاكل الاجتماعية والسلوك المنحرف، مصدر سابق، ص148 .

(2) الشرقاوي، انور، انحراف الاحداث، مصدر سابق، ص106 .

(3) الجابري، خالد (الدكتور)، دور مؤسسات الضبط في الامن الاجتماعي، مصدر سابق، ص618 .

ب. **التفكك الكلي:** ويتم بانتهاء العلاقات الزوجية بالطلاق أو تحطيم حياة الاسرة بقتل أو انتحار أحد الزوجين أو كليهما معاً[1].

ومن جهة اخرى يقسم التفكك أيضا على صنفين رئيسيين هما:

أ. **التفكك من الناحية القانونية:** ويحدث نتيجة انفصام الروابط الاسرية عن طريق الطلاق أو الهجر.

ب. **التفكك من الناحية الاجتماعية:** ويشتمل على معنى اوسع من الاول حيث يضم إلى جانب الانفصام الشقاق في الاسرة والصراع فيها حتى لو لم يؤد هذا الشقاق والصراع إلى انفصام روابط الاسرة[2].

وقد اثبتت الدراسات العلمية ان الولد في ظل ابويه ينشأ ذكيا وتنخفض نسبة ذكائه كلما ابتعد عن امه وابيه، ففي دور الايتام والحضانة تقوم المربية بالاشراف على كل عشرة اطفال فتنخفض نسبة ذكائهم اربعين بالمئة عن الطفل الذي ينشأ مع امه أو احدى مربياته[3].

ومن هذا المنطلق يمكن القول ان الطفل الذي ينشأ في بيئة اسرية مضطربة ويترعرع في ظل اجواء تسودها روح الكراهية والبغضاء وسوء المعاملة فان ذلك بالتأكيد سينعكس سلبا على نشأته واستقامة خلقه، وبذلك تكون مثل هذه الأوضاع الشاذة التي يمر بها الطفل سببا في انحراف سلوكه واعوجاج خلقه فلا يرتجى منه الا الخير القليل ولا يؤمل منه إلا النفع اليسير وعليه تكون مسألة انحرافه امرا مفروغا منه.

(1) الياسين، جعفر عبد الامير، اثر التفكك العائلي في جنوح الاحداث، رسالة ماجستير في علم الاجتماع منشورة، بغداد، 1975، ص25 .

(2) المصدر نفسه، الصفحة نفسها .

(3) الصابوني، عبد الرحمن (الدكتور)، نظام الاسرة وحل مشكلاتها في ضوء الاسلام، دار الفكر، الخرطوم، 1981، ص265 .

وعلى هذا الاساس فان هناك علاقة قوية ووثيقة بين التفكك الاسري وبين الجنوح حيث تبين ان الكثرة الكاثرة من الجانحين انحدروا من بيئات اسرية يكتنفها الشقاق ويعتريها ضعف التضامن الاسري. لذا فانه من الواجب ان نقول في اعقاب كل مشكلة اجتماعية وكل انحراف خلقي فتش عن البيت والمشكلات التي تنشأ عن اضطراب الحياة الزوجية والتي ادت إلى حدوث جرائم كثيرة[1].

وعليه يمكن القول ان الاسرة بما انها تعد البيئة الاولى التي يجد فيها الطفل الحنان والعطف ولكونها المصدر الرئيسي في عملية التطبيع الاجتماعي والتوجيه القيمي والارشاد الديني، فعندما يضطرب اداؤها وتختل مهمتها فان لذلك انعكاسات خطيرة على حياة ابنائها وسلوكهم، لانها تصبح في هذه الحالة عبارة عن واقع مجوف يفتقد إلى التضامن والشعور بالتواصل الاجتماعي والاحساس بالوحدة العاطفية، وعندما يتعرض الابناء لهذه الظروف السيئة التي تغلف الجو الاسري بالتوتر والكراهية والحقد فانه لاشك يترك في نفوسهم آثارا سلبية تبقى ملازمة لهم فترة طويلة من حياتهم.

فضلا عما تقدم فان البيوت المنهارة الناتجة عن بيئتها البائسة والمشحونة بالشقاق والتوتر والتعاسة وعدم المسؤولية وفقدان الدفء العاطفي وعدم توفر ما يحتاجه الطفل من مستلزمات ضرورية كالغذاء والكساء والملبس والمسكن الذي تتوفر فيه اسباب الراحة من دفء في الشتاء وجو بارد في الصيف واثاث كبقية البيوت التي يعيش فيها اقرانه فان ذلك يكون بمثابة عامل طرد يطرد الطفل خارج منزله بحثا عن الراحة والعطف والطعام، وهنا يلتقي باقران السوء فيتعلم السرقة والاعتداء ويكون جانحا وقد تتلقفه شراذم الجريمة وتدربه لكي يكون مجرما خطيراً[2].

---

(1) Conklin, John, Criminology, 3edition, New York, 1964, .139.

(2) الجابري، خالد (الدكتور)، دور مؤسسات الضبط في الامن الاجتماعي، مصدر سابق، ص60 .

وما دمنا نتحدث عن البيوت المنهارة وحالة التصدع التي تصيبها والتي تلقي بآثار عكسية على سلوك ابنائها، لذا فان لهذا التصدع اسبابا عدة ترجع في مجملها إلى سببين هما:

1. **الاسباب النفسية:** وهي ناتجة عما يمكن ان يكون بين الزوجين من اختلاف الطبائع والامزجة التي توسع الجفاء بينهما في العواطف وتدابر الخطى في السلوك وتقيم بينهما الحجب النفسية التي تقلل الرغبة، وتوهن العلاقة وتقضي على الحب.
2. **الاسباب المادية:** من اسباب فشل الاسرة ما يكون ماديا مرتكزا على حالة ملموسة لا علاقة لها بالعواطف، وقائما على حاجة ملحة لا صلة لها بالشعور، وانما هي وقائع مادية قد تعصف بالاسرة مع بقاء المودة وتقوض اركانها مع استمرار الرغبة في المعاشرة والخلطة[1].

ومن ذلك يتضح اثر التصدع الاسري والتفكك الذي يصيب كيان الاسرة وما يخلفه من نتائج وخيمة يذهب ضحية ذلك ابنائها مما يجعلهم يدفعون ثمنا باهضا يتمثل في انحرافهم نحو مواطن السوء، فضلا عما تجلبه لهم من مشاكل سوء التكيف والتوافق الاجتماعي الذي يعكر صفو حياتهم، وبالذات في السنوات الاولى من حياتهم التي تعد فترة حاسمة وخطيرة في تكوين شخصيتهم، وتتلخص خطورتها في ان ما يغرس في اثنائها من اتجاهات وعواطف ومعتقدات يصعب تغييره أو استئصاله في القادم من سنوات حياتهم.

2. البيئة السكنية

تقف البيئة السكنية في مقدمة العوامل التي تلعب دورا لا يستهان به في زيادة أو نقصان معدلات الجريمة. فالمرء الذي يشب في بيئته ويترعرع فيها منذ نعومة اظافره حتى يبلغ مبلغ الرجال، فانه بطبيعة الحال ينهل من ثقافة هذه البيئة التي نشا

---

(1) الكبيسي، احمد (الدكتور)، فلسفة نظام الاسرة في الاسلام، مصدر سابق، ص172 .

فيها فيتشرب عاداتها وتقاليدها وينصاع لقيمها واعرافها حتى تصبح جزءا لا يتجزأ من شخصيته لا يستطيع ان يتخلى عنها بسهولة لانها اصبحت تسري منه مسرى الدم.

وتأسيسا على ذلك فالمرء الذي يعيش في كنف بيئة اجتماعية مترعة بالانحراف ومشبعة بالاجرام لا يقيم للاخلاق وزنا ولا للقيم اعتبارا من الطبيعي ان يكون ذا سلوك منحرف وصاحب خلق سيئ ، وبما ان الشخصية الانسانية هي مركب من سمات مزاجية انفعالية، واخرى اجتماعية وخلقية فان ما يصدر عنها من سلوك أو تصرف هو انعكاس لثقافة البيئة التي نشأ فيها.

والسلوك المنحرف يتحدد بواسطة نسق فرعي للمعرفة والمعتقدات والاتجاهات التي تجعل اشكالا معينة من الانحراف في مواقف معينة ممكنة أو مسموح بها أو مقررة، وهذه جميعا تكون قائمة في المحيط الثقافي، ثم تتسلط على الشخصية وتصبح مستدمجة داخلها مثلها في ذلك مثل اية عناصر متصلة بالثقافة المحيطة[1].

وبما ان المدن تزخر ببيئات تتباين في مستوياتها الاقتصادية وطبقاتها الاجتماعية، فمثلما هناك مناطق مرفهة يسكنها ذوو الدخول العالية التي هجرت مراكز المدن واستقرت بعيدا عن زحمة الاسواق، ترى في المقابل ببيئات فقيرة يقطنها ذوو الدخول الواطئة التي تنتشر فيها البيوت المتهالكة المائلة للانهدام، حيث تفتقد إلى ابسط الشروط الصحية، حيث الازقة الضيقة والمياه الآسنة التي تنبعث منها الروائح الكريهة، كما ترتفع فيها معدلات الامية ونسبة الامراض. ففي مثل هذه الاحياء يلعب الاحداث في الأزقة ويتعلمون فيها بعض النماذج السلوكية الشاذة، اما في الاحياء الراقية فمن النادر ان نجد من اطفالها من يلعب في الازقة، فالاطفال في تلك الاحياء يقضون اوقاتهم في البيت حيث تجهزهم اسرهم بالالاعيب المسلية

---

(1) جابر، سامية، الانحراف والمجتمع، دار المعرفة، الاسكندرية، 1988، ص149 .

والمجلات المصورة أو في دور الحضانة ورياض الاطفال والمدارس وبذا ينشأون تحت اشراف اوليائهم ومعلميهم فلا يتعلمون العادات السيئة التي تسيطر على حياة الازقة[1].

ولهذا تكون المناطق المتخلفة مكانا للرذيلة والانحراف والجريمة وليس معنى ذلك ان كل المناطق المتخلفة تخرج الاحداث المنحرفين أو المجرمين، ولكن هذا ينطبق على اكثر تلك المناطق التي وصلت إلى درجة سيئة من التنظيم الاجتماعي[2].

ومما يجعل الاحياء والبيئات السكنية المتخلفة موئلا للجانحين والمنحرفين والمشردين كونها تمتاز بسوء التنظيم الاجتماعي حيث الكثافة السكانية التي تعج بها بيوتات هذه المناطق التي توفر الاجواء المناسبة في قيام الاحتكاك والشجار الدائم بين ساكنيها، الامر الذي يساعد على توهين الوشائج الاسرية، كما ان الجهات المختصة في كثير من الاحيان تهتم بالمناطق الحديثة وتهمل المناطق القديمة مما يزيد اوضاعها الاقتصادية والاجتماعية سوءا.

هذا ولقد لفتت افكار كل من (كليفورد شو وهنري ماكاي) انظار علماء الاجرام إلى ما اطلق عليه اسم (مناطق الجناح) والتي اصبحت محور الدراسات الايكلوجية في جامعة شيكاغو حيث وجد هذان الباحثان ان المناطق التي توجد فيها معدلات منخفضة للاجرام تتسم بالتناسق والعمومية في القيم المتفق عليها والاهتمام برعاية الطفولة والتطابق مع القانون، في حين ان المناطق التي تسجل فيها معدلات عالية في الجريمة تزداد فيها نظم المنافسة والصراع الخلقي، على الرغم من ان التقاليد والتنظيمات هي السائدة في هذه المناطق[3].

(1) المطبعي، حميد، علي الوردي يدافع عن نفسه، الطبعة الاولى، المكتبة العالمية، بغداد، 1987، ص 162 .

(2) غيث، محمد عاطف (الدكتور)، المشاكل الاجتماعية والسلوك المنحرف، مصدر سابق، ص 111 .

(3) زيد، محمد ابراهيم (الدكتور)، مقدمة في علم الاجرام والسلوك اللاجتماعي، مطبعة دار نشر ـ الثقافة، الخرطوم، 1978، ص 149 .

لكن لا يعني ذلك باي حال من الاحوال ان سكان هذه المناطق بطبيعتهم مجرمون، فهناك القيم والعادات والتقاليد التي تؤدي إلى قوة الترابط الاجتماعية والذي تفتقده المناطق المرتفعة الدخل حيث تكون الفردية عالية، ولكن زيادة نسبة السكان والفقر يؤديان إلى ظهور وزيادة المشكلات الاجتماعية فيها.

ومن الجدير بالذكر ان هناك من الظواهر الاجتماعية السلبية التي تظهر في المناطق المتخلفة والتي قلما نجدها في المناطق الاخرى، كتدني في مستويات المعيشة وشيوع الافكار التي تدعو إلى التكتل العشائري وتفشي النماذج السلوكية التي تتسم بالعنف والقسوة، كل هذه العوامل وغيرها يمكن ان تهيئ الارضية الخصبة لنمو النزعات الاجرامية. وبهذا يتضح ان الظروف البيئية السيئة لها دور لا يمكن تجاهله في نمو النزعات الشاذة لدى الانسان لانها تمارس عليه ضغطا كبيرا فيضيق ذرعا فيزداد حنقه فيلجأ إلى القيام بالسلوك المنحرف.

3. التعليم:

يعد التعليم من اهم العوامل التي تكون البيئة الثقافية للمجتمع وقد حاول الباحثون فحص العلاقة بين التعليم وظاهرة الاجرام في المجتمع، فانقسموا في تفسير هذه العلاقة على طوائف ثلاث:

1. فريق يرى أن التعليم والإجرام لا يجتمعان وبالتالي فالقضاء على ظاهرة الاجرام لا يتم الا بزيادة التعليم.
2. فريق يعتقد انه لا توجد أية رابطة بين التعليم وظاهرة اللاجرام ولا تأثير للاولى على الثانية.
3. فريق يذهب إلى ان التعليم لا يؤثر على ظاهرة الاجرام بالزيادة أو النقصان دائما فيحصر كل اثره في بلورة الميل الاجرامي والاستعداد له وصقل هذا الاستعداد[1].

(1) نجم، محمد صحي، المدخل إلى وعلم الاجرام وعلم العقاب، مصدر سابق، ص43 .

ويذهب العالم (بونجر) إلى القول بان انتشار الامية ينبغي ان يعد من العوامل المحركة للجريمة، في حين يرى (جاروفالو) ان التعليم لا ينبغي ان يعد من عوامل مقاومة الاجرام، لان من المشكوك فيه ان الغريزة الخلقية اذا انتفت يمكن ان تخلق عن طريق التعليم خلال فترة الطفولة المبكر وان كلمة التعليم ينبغي الا تقبل في معناه التربوي فحسب، بل انها تعني مجموعة تأثيرات خارجية وسلسلة من المشاهد الدائمة التي يراها الطفل جارية امامه والتي تطبعه بعادات خلقية وتعلمه عن طريق التجربة وربما بطريقة غير واعية[1].

بيد ان اثر التعليم على ظاهرة الاجرام يتمحور بانه يلعب دور التبصير لقيمة الافعال التي يرتكبها الفرد وآثارها على الفرد ذاته وعلى المجتمع، وهذا الشعور بالقيمة المعنوية للفعل مع ما يسيطر على المرء من مثل وقيم معنوية يلعب دور المانع لتصرفات كثيرة قد ينساق لها المرء متبعا نزواته وغرائزه المختلفة[2].

وبما ان التعليم يخفف من حدة الجرائم المرتكبة ويحولها من جرائم يستعمل فيها العنف والقسوة التي توصف بها دائما جرائم الا مبين إلى جرائم لا تستخدم فيها القوة مثل جرائم النصب والاحتيال والتزوير والتزييف، ولكن لا يمكن اعتباره أي التعليم على انه الطلسم السحري الذي يشفي من الادواء المستعصية أو انه بمثابة العلاج الناجح الذي يمكن ان يعول عليه في شفاء العلل الاجتماعية.

والتعليم بمعناه الدقيق وان كان لايتعدى تقديم عناصر المعرفة المقررة في مناهج الدراسة الا انه بمعناه الواسع يشمل احاطة هذه المعرفة باطار متكامل من القيم والمثل والمعتقدات السليمة التي تحقق اهداف الجماعة في تأهيل الفرد لخدمة المجتمع وتعزيزه وبذلك يسهم التعليم في التنشئة الاجتماعية للأفراد[3].

(1) عبيد، رؤوف (الدكتور)، مبادئ علم الاجرام، مصدر سابق، ص105-106 .

(2) نجم، محمد صبحي، المدخل إلى علم الاجرام وعلم العقاب، مصدر سابق، ص43 .

(3) ابراهيم، اكرم نشأت (الدكتور)، علم الاجتماع الجنائي، مصدر سابق، ص51 .

وقد تبين من الاحصاءات التي جرت في فرنسا ان معظم الذين حصلوا على مستوى عال من التعليم كانت نسبتهم منخفضة من مجموع المحكوم عليهم والبالغ عددهم (2005)محكوم عليه بعقوبات طويلة الاجل، فجرائم القتل تقع (10.2%) منها من الاميين و(50.3%) من قتلة على جانب منحط و(33.1%) ممن اتموا تعليمهم الاولي و(5.4%) ممن حصلوا على شهادة الابتدائية و(0.5%) ممن حصلوا على شهادة الثانوية و(0.5%) منهم حصلوا على مؤهلات عليا[1].

وبذلك يكون المستوى التعليمي من شأنه ان يؤثر على نوعية الاجرام فيميل به من العنف إلى اللاعنف فكلما زادت نسبة المتعلمين من ابناء المجتمع كلما أثّر ذلك على نوعية الجرائم المرتكبة حيث تتجه هذه الجرائم من جرائم يغلب عليها طابع العنف إلى الجرائم الدهنية[2].

وإذا كان التعليم يوسع العقل فان الافراط فيه حين يتهيأ لشخص عديم الخلق فانه يولد لديه الشعور بمزيد من حاجات جديدة غير مقضية، كما يفتح في الوقت ذاته الطريق امامه لقضاء هذه الحاجات بأخطر الاساليب، وهذا ما يجعلنا نقر بحقيقة مفادها أن التهذيب الخلقي يحد من دائرة النشاط الاجرامي، إلا أن التعليم يوسع هذه الدائرة كلما ظفر به عديموا الاخلاق[3]. ومع ذلك فثمة نقطة ليست محل جدال وهي أن التعليم يصقل الشخصية ومعها الميول الاجرامية أن وجدت. وهو يؤدي إلى تخفيف حدة بعض الجرائم المرتبطة بالامية مثل الاعتداء على الأشخاص والسرقة، ويحولها نحو أنواع أخرى من الاجرام المقنع مثل النصب والتزوير والرشوة واختلاس الاموال، ونحو وسائل اكثر إحكاما مثل القتل بالسموم وبأسلحة متطورة لا تحدث صوتا أو لا تترك اثرا، وكذلك يمكن القول أن

(1) ابو عامر، محمد زكي (الدكتور)، دراسة في علم الاجرام والعقاب، مصدر سابق، ص176 .

(2) Hanson, Mark, Educational Administration and Organization Behavior, Oxford University Press, London, P. 78

(3) بهنام، رمسيس (الدكتور) الوجيز في علم الاجرام، دار المعارف، الاسكندرية، 1975، ص14 .

التعليم يمثل ردعا في وجه الجريمة من بعض النواحي الأخرى بما يفتحه من سبل جديدة للارتزاق كانت مغلقة في وجه الفرد، وبما قد يعطيه من مكانه اجتماعية ربما يحاول المتعلم الحرص عليها، كما ان اهمية التعليم تكمن في ان المتعلم يبذل من الوقت والجهد في الدرس والتحصيل ربما كانا سيضيعان في المفاسد والشرور. وعلى أية حال فالتعليم ليس كل شيء في مكافحة الجريمة ما لم يكن مصحوبا بارتفاع مقابل في مستوى الأخلاق، والبيئة الصالحة والتربية السليمة، وفي هذا الشأن يقول جان جاك روسو:(الناس فاسدون ولو شاء لهم سوء الحظ أن يولدوا متعلمين لكانوا اكثر فساداً)[1].

وبذلك يتضح بشكل جلي أن التعليم لا يمثل مفتاحا سحريا في مكافحة الجريمة أو القضاء عليها، فليس كل متعلمين على درجة كافية من الاخلاق والتربية السليمة بحيث تحول دون ارتكابهم للعمل الاجرامي، بيد انه لا بد من الاعتراف أن أهمية التعليم في هذا المجال انه يلطف من الجرائم المرتكبة والتي يقترفها الذين نالوا حظا وافرا من التعليم، أي انه يحولها من جرائم تتسم بالعنف واستخدام القوة فيها إلى جرائم اقل حدة تستخدم فيها اساليب الخدع والاحتيال في تنفيذها.

4. العادات والتقاليد:

تعد العادات والتقاليد والمعتقدات السائدة في المجتمع بمثابة المرجعية التي يمكن الاستناد عليها والاخذ بها في مجمل الأفعال والتصرفات التي يقوم بها ابناء ذلك المجتمع، لذا فهي يمكن أن تكون كالبوصلة التي توجه سلوك الأفراد والجماعات إلى القيام بالافعال مهما كانت طبيعة ونوعية هذه الأفعال سواء كانت افعالا يغلب عليها جانب الخير أو افعالا تتسم بطابع الشر على حد سواء.

والسلوك الاجتماعي بما فيه السلوك الاجرامي لا يعدو أن يكون مظهرا لهذه القيم التي تأثر بها الفرد في مرحلة نموه وتطوره، فجريمة القتل في موقف معين تعد

---

(1) عبيد، رؤوف (الدكتور) مبادئ علم الاجرام، دار الفكر العربي، القاهرة، 1974، ص108 .

مظهرا من مظاهر الرجولة اوردا لكرامه إذ ما كان الدافع رد إهانة أو غسل عار أو حفظا لشرف، مثل هذا السلوك الاجرامي ما هو في حقيقته إلا تعبير عن قيم اجتماعية لها تأثير كبير في إقدام الشخص على اقتراف مثل هذا النمط من السلوك، ففي مثل هذا الموقف يكون سلوك الفرد وتصرفه مظهرا من مظاهر الواقع الاجتماعي الذي يشعر به أو بعبارة أخرى هو مجموعة قيم اجتماعية يعبر عنها سلوك الفرد وهو سلوك اجرامي في نطاق قواعد القانون[1].

فسلوك الفرد ما هو الانتاج تفاعله مع النظام الاجتماعي السائد في مجتمعه الذي ينشأ ويترعرع فيه حيث يلعب مثل هذا النظام دورا هاما في تحديد طريقة تفكيره واسلوب تفاعله في الحياة ونمط تفاعله مع البيئة الاجتماعية التي يعيش فيها. فالتزام الفرد بقيم المجتمع ومعتقداته تشكل أساس النظام الاجتماعي لاسما في المجتمعات القبلية التي تقوم على التضامن الاجتماعي بين أفرادها فمن شروطها وفاء المرء لابناء العشيرة والنصرة لاخيه ظالما كان أو مظلوما وليس له الحق أن يتساءل اهو ظالم أم مظلوماً[2].

ومن التقاليد الراسخة في مجتمعاتنا التي تسهم في ظهور السلوك الاجرامي هي ظاهرة الاخذ بالثأر التي تمتد في جذورها إلى عهود موغلة في القدم والتي تعتبر صورة من الصور الموروثة من السلوك الاجتماعي المحاطة بهالة من الاحترام والتقديس والتي استعصت عن الحل بالرغم من الجهود التي بذلتها الحكومات والهيئات التشريعية في سبيل القضاء على هذه المشكلة القديمة الجديدة.

وعلى هذا الأساس فان عدم الاخذ بالثأر يؤول على انه ضعف وجبن وعليه فلا يقر لاسرة المجني عليه قرار حتى تنتقم له من الجاني أو من اسرته وقد

(1) عمر، معن خليل (الدكتور)، رواد علم الاجتماع في العراق، دار الشؤون الثقافية العامة، بغداد، 1990، ص182-183 .

(2) عارف، مجيد حميد (الدكتور)، الاثنوغرافيا والاقاليم الحضارية، مطابع جامعة الموصل، الموصل 1984، ص106

تتولى افعال الانتقام بين الاسرتين إلى حد يفنى كلا منهما وقد يتربص طالب الثأر بخصمه دون أن يظفر به للنيل منه إلا وهو ماثل أمام السلطة العامة فلا يثنيه الخوف من هذه السلطة عن صرع الخصم أمامها ولو كان ثمن ذلك هو عقوبة الاعدام ما دام الاخذ بالثار في ذاته عمل فخار وكرامة[1].

ولم يكن شخص الجاني بالذات محلا للثأر فقد كان لولي الدم أن يقتل من هو اعز فقدا عند قبيلة المتهم ولو كان لاذنب له وكثيرا ما كان يبالغ في الانتقام إذا كان القتل بين قبيلتين احداهما ارفع نسبا من من الأخرى، فالاشراف كانوا يقولون لنقتلن بالعبد منا الحر منهم وبالمرأة منا الرجل منهم وبالرجل منا الرجلين منهم وكانوا يجعلون جراحاتهم ضعف جراحات خصومهم وقد يزيدون على ذلك. لذلك لم يكن الثار يتصف بالشخصية فلم يكن يلزم أن يقوم بالثار من وقع عليه الضرر من الجريمة بل كان متسلطا على الأفكار، فكرة التضامن بين أفراد القبيلة الواحدة وكانت حماية القبيلة تتسع لمن يدخلون في حمايتها، وكان ذلك هو المبدأ العام، فأي فرد من أفراد القبيلة هو الذي يمكن أن يأخذ بالثأر[2].

ومما يجعل تقليد الاخذ بالثأر من اقوى التقاليد سلطانا واكثرها رسوخا أن المجتمع ينظر اليه على انه جزء من الدفاع عن النفس وهو أمر مشروع من اجل إعادة الحق إلى نصابه ولهذا لاعجب أن ترى أن صاحب الثأر يمكث الاعوام الطوال حاسر الرأس، رث الثياب، حافي القدمين، قذر الجسم، طليق اللحية، لايقبل في قتيله عزاء ولا يقيم مأتما ولا يسمح لنسائه باللطم أو الندب أو العويل صابرا مثابرا متحينا الفرصة إلى أن يأخذ بثأره كما كان يفعل العرب الاقدمون[3].

(1) بهنام، رمسيس (الدكتور)، الوجيز في علم الاجرام، مصدر سابق، ص137 .
(2) بهنسي، احمد فتحي (الدكتور)، العقوبة في الفقه الاسلامي، دار الرائد العربي، بيروت، 1984، ص63 .
(3) عبيد، رؤوف (الدكتور)، اصول علم الاجرام والعقاب، مصدر سابق، ص154-155 .

وتشيه عقيدة الاخذ بالثأر في تهيئة الجريمة عقيدة أخرى في الشرق هـي ضرورة صـون العرض والانتقام له. فالرجل الشرقي ينظر إلى المراة بانها رمز للشرف ووعاء للنسـب، ولـذا يعـد أي تصرف منها في جسدها للغير عارا خطيرا ما دام هذا الغير ليس زوجا شرعياً. وكثيـرا مـا تـؤدي هـذه العقيدة إلى قتل المرأة محوا لذلك العار سواء من اخ أو من قريب لها[1].

ومن العادات التي تكون سببا في نشوء السلوك الإجرامي عادات حب الظهور التي تكثر في المدن والتي تكبد اصحابها من النفقات ما هو فوق طاقتهم، فتـدفعهم دفعا إلى محاولـة الحصـول على المال عن أي سبيل ولو كان سبيل النصب أو السرقة[2].

ومن العادات الدخلية التي تسـللت بالتـدريج مـن المجتمعـات الاوربيـة إلى المجتمعـات العربية في اعقاب الحرب العالمية الثانية بعض العادات المبرقعة بقشور المدنية الزائفة التـي نشـأت عنها اتجاهات سـلوكية شـائنه كـالاختلاط المتفتح بـين الجنسـين واتسـاع نطـاق تنـاول المسـكرات وتعاطي المخدرات والتبرج الفاضح وضعف النوازع الأخلاقيـة وتضاؤل القيم المعنويـة، وإذا كـان انتشار هذه الاتجاهـات السـلوكية المنحرفة محـدودا نسـبيا في الوقت الحـاضر، إلا أنهـا اخذة في الانتشار مما يقتضي اتخاذ اجراءات حازمة لمنع تسلل العادات الغريبة المفسدة وتطهير المجتمع من تلك الاتجاهات السلوكية الفاسدة من جهة أخرى[3].

لذا يمكن القول أن التقاليد والعادات والمعتقدات لايمكن أن تبقى على حالها بل أنها يمكن أن تتغير بتغير الزمان والمكان، فهي من اشد الامـور تلونـاً، فالجيـل اللاحـق لا يكـون التزامـه بهـذه التقاليد والعادات كالتزام الجيل السابق، كما أن

---

(1) بهنام، رمسيس (الدكتور)، محاضرات في علم الاجرام، مصدر سابق، ص97 .

(2) عبيد، رؤوف (الدكتور)، مبادئ علم الاجرام، مصدر سابق، ص117 .

(3) ابراهيم، اكرم نشأت (الدكتور)، علم الاجتماع الجنائي، مصدر سابق، ص85-86 .

الانتقال من مكان لآخر يكون هو الآخر عامل ومساعد في التخلي عن عادات وتقاليد البيئة القديمـة وتبنى قيم ومعتقدات البيئة الجديدة.

وبذلك يتبين مدى الخطورة التي تشكلها العـادات والتقاليـد الباليـة والمعتقـدات الفاسـدة كظروف ممهدة للعمل الإجرامي ينبغي على الجهات ذات العلاقة أن توجه ثقافة المجتمـع وقيمـه الوجهة التي تجنبه المفاسد والشرور.

5. وسائل الترويج الضارة.

تعد وسائل الترويج الضارة من العوامل الممهدة للسلوك المنحـرف اذ تشـكل ارضـية خصبة لنمو النزعات الانحرافية التي تفسد الاخلاق وتتلف القـيم وتعمـل علـى نشـرـ الرذيلـة في المجتمـع والكثير من مظاهر المفاسد والشرور التي من شانها أن تقوض أركان الفضيلة فيه.

وسنتناول أهم هذه الوسائل واكثرها ضررا لما تشكله من خطر جسيم نظرا لنتائجها السلبية على الفرد والمجتمع على حد سواء.

أ. المقامرة:

تعد المقامر من العادات المرذولة والممارسات الشائتة التي تخرب القيم وتهدم كيـان الأسرة وتشرد أفرادها نظرا لعجز المقامر إذا كان ربا للأسرة من الأنفاق على احتياجاتها والقيام بمسؤولياته تجاهها بصورة صحيحة نتيجة لفقده المال في المقامرة وبالتالي يعرض اسرته لظروف اقتصادية صعبة ويعرض مصيرها إلى التفكك والانحلال مما يقود أبناءها إلى ارتكاب السلوك الإجرامي.

فالمقامر يهون عليه اللجوء إلى مختلف الوسائل غير المشرـوعة كالسرقة والاخـتلاس وخيانة الامانة للحصول على المال الذي يحتاجه لاشباع نهمـه للمقامرة طمعـا في الكسـب وهو مطمـح لا يتحقق إلا نادرا وإذا تحقق لفترة قصيرة تبعتها

خسائر متلاحقة وما قد ينجم عنها من مشاحنات قد تتطور إلى مشاجرات ترتكب خلالها العديد من الجرائم كالسب والقذف والايذاء والقتل أحيانا[1].

ونظرا للنتائج الوخيمة التي تسببها المقامرة وما تتركه من آثار سلبية على المرء نفسه وعلى اسرته وعلى المجتمع برمته فقد دأبت معظم الحكومات على سن القوانين والتشريعات التي تمنع ممارستها. فالاماكن المعدة لها والمحلات العامة التي تمارس فيها يعدها الكثير من التشريعات جريمة معاقبا عليها كما تفرض هذه التشريعات عقوبات شديدة على اصحاب تلك الاماكن والمحلات كقانون العقوبات العراقي في المادة (389) وقانون العقوبات السوري في المادتين (619) و(620)، كما وردت ايضا في قانون العقوبات اللبناني في المادتين (633) و(634) في حين يقتصر قانون العقوبات المصري على معاقبة من يعد مكانا للمقامرة كما جاءت في المادة (352)[2].

اما من الناحية الدينية فقد حرم الدين الاسلامي الحنيف المقامرة اضافة إلى الخمر وعدهما عملا فاحشا ورجسا ينبغي عدم فعله كما ورد ذلك في القران الكريم في قوله تعالى: (يَا أَيُّهَا الَّذِينَ آمَنُوا إِنَّمَا الْخَمْرُ وَالْمَيْسِرُ وَالْأَنْصَابُ وَالْأَزْلَامُ رِجْسٌ مِنْ عَمَلِ الشَّيْطَانِ فَاجْتَنِبُوهُ لَعَلَّكُمْ تُفْلِحُونَ (90))[3].

وبهذا يمكن الاستنتاج بان المقامرة تعد من الاعمال المنكرة التي تمهد السبيل امام الذي يمارسها من القيام بافعال شاذة وسلوكيا منحرفة من اجل توفير المال اللازم في ممارستها كالنصب والاحتيال وغيرها من الافعال الدنيئة التي يندى لها الجبين خجلا، كل ذلك من اجل البحث عن السحت الحرام الموصل إلى الغنى الفاحش الذي سرعان ما يتبخر نتيجة االاستغراق في اقتراف هذا السلوك الشائن للحصول على المزيد من المال الحرام.

(1) ابراهيم، اكرم نشأت (الدكتور)، علم الاجتماع الجنائي، مصدر سابق، ص78 .
(2) المصدر نفسه، الصفحة نفسها .
(3) القرآن الكريم، سورة المائدة، الاية (90) .

ب. المسكرات والمخدرات :

الادمـان عـلى المسكرات والمخدرات هـي مـن اخطـر المشـاكل التـي تواجهها الكثير مـن المجتمعات في العالم نظرا لما تسببها من مآس فردية وعائلية واجتماعية فبالنسبة للفرد تتدهور صحته ويرتبك سلوكه ويتعرض للصعوبات المادية الشديدة بالاضافة إلى عـدم قدرته عـلى اداء واجبه تجاه عمله وتجاه اسرته بصورة سليمة. فالادمان على هذه السموم كفيل بـان يخلق الكثير من المشاكل ليس فقط للمدمن عليها بل يتعدى اضراره ليشمل افراد اسرته مـما يـؤدي إلى انعدام السعادة فيها. اما بالنسبة للمجتمع فانه يفقد اعضاء كانوا صالحين نـافعين ثـم اصبحوا مشلولين اجتماعيا بسبب استمرارهم عـلى تنـاول الخمـور أو المخدرات ولا يستطيعون القيـام بـاعمالهم أو تقديم مساهمة جيدة للمجتمع كما انهم قد يكونون مصدر اذى للمجتمع بسبب سلوكهم الـذي قد يكون عدوانيا أو بذيئا أو قد يرتكبون جرائم السرقة والقتل بسبب الحاجة المادية[1].

ومن أهم الدراسات التي تناولت مدى الاضرار التي تلحقها عملية الادمان عـلى المسكرات وعلاقتها بالسلوك الاجرامي هي الدراسـة التـي اجراهـا (جـونس) في انكلـترا حيـث اظهـرت نتـائج الدراسة ان 82% من جرائم الايذاء و 60% من جرائم القتل و 50% من جرائم الاغتصاب ارتكبهـا اشخاص في حالة سكر[2].

وبـذلك يتضح ان تناول المسكرات تعد من الحالات التـي تمهـد للقيـام بالسـلوك المنحـرف الذي قد ياخذ طابعا اجراميا فضلا عـن اضعافه للجوانـب الخلفيـة والاجتماعيـة للشـخص الـذي يتناولها أو يدمن عليها مما تكون سببا رئيسيا في اهمال اسرته لضعف نشاطه وحيويتـه وانحطـاط مستواه الاجتماعي.

وفيما يخص تناول المخدرات فان اضرارهـا لا تقل خطـورة عـن تنـاول المسكرات بـل قـد تتعداها، حيث يصاب المدمن بها بالكثير من الامراض الجسيمة

---

(1) الالوسي، حسام الدين وآخرون، المدخل إلى الفلسفة وعلم الاجتماع، مصدر سابق، ص187 .

(2) ابراهيم، اكرم نشأت (الدكتور)، علم الاجتماع الجنائي، مصدر سابق، ص78 .

والنفسية والعقلية ، فهي وباء العصر وطاعونه الاول وتكون السبب الرئيسي في الوقوع في حمأة الشقاء والبؤس، فتفقد الانسان انسانيته ويكون مستجيبا لمثيرات الجريمة، ومن هذا المنطلق نرى اغلب دول العالم نصت في لوائحها القانونية على منع المخدرات بجميع اصنافها وقررت عقوبات صارمة بحق مروجيها والمدمنين عليها وصلت إلى درجة الاعدام والسجن المؤبد وفرض غرامات كبيرة، وفي دراسة اجريت في فرنسا دلت الاحصائيات على ان نسبة المدمنين على المخدرات في عام 1971 بلغت 39% من مجموع المجرمين[1] .

والادمان على المخدرات غالبا ما يترافق معه مصاعب مادية لعدم الاستطاعة والقدرة على العمل بشكل منتظم وللعوز المادي المستمر من اجل شراء هذه المواد السامة مما يدفع المدمن عليها إلى اقتراف جرائم مختلفة كالسرقة من اجل الحصول على المال اللازم في توفيرها فضلا عن ذلك ما تفرزه حالة الادمان عليها من مظاهر سيئة كالتشرد والجرائم المخلة بالاداب العامة[2] .

وخلاصة القول ان المدمن على المخدرات يهون عليه ارتكاب اخطر الجرائم من اجل الاستحواذ على المال لاشباعن همه من هذه المواد السامة وبذلك يصبح عاجزا عن ضبط نفسه وعن التمييز بين الخير والشر، وفي ضوء ذلك يظهر ان للمدمن علاقة مباشرة أو غير مباشرة في اتجاهه نحو الجريمة مما يحتم على المجتمع ممثلا في هيئاته المختلفة ان يتخذ الاجراءات الفاعلة التي تحول دون تسرب هذه السموم الفتاكة إلى جسد المجتمع .

---

(1) حومد، عبد الوهاب (الدكتور) : مجلة الحقوق، مصدر سابق، ص77 .

(2) ناجي، ياسين محمد (الدكتور) دور المؤسسات العقابية في علاج واصلاح وتأهيل المجرمين الجانحين الجزء الاول، دار الحكمة للطباعة والنشر، الموصل، العراق، 1990، ص39 .

ج. الاطلاع والمشاهدة:

ان متابعة الافلام والبرامج والتمثيليات التي تعرضها وسائل الاعلام المرئية لاسيما التلفزيون والسينما والفيديو هي من الوسائل المفيدة اذا تناولت على نحو سليم موضوعات اجتماعية وتاريخية هادفة ومفيدة، إما اذا كان الغرض من هذه الافلام والتمثيليات عرض اوضاع فاضحة أو استعراض طرق واساليب الجريمة واظهار المجرمين بمظهر المنتصرين والابطال، فانها بلا شك تكون مفسدة للاخلاق ومحرضة على العنف ومشجعة على الاجرام وبالتالي تؤدي إلى نشر الثقافة الاجرامية.

فالتعرض للمحفزات العدوانية من خلال الافلام التي تعرضها وسائل الاعلام المرئية وخاصة التلفزيون، فانها تزيد من مستوى الاثار السلبية النفسية والعاطفية، وهذا بدوره يزيد من احتمالات السلوك العدواني، فمشاهدة نزال عنيف بالملاكمة من خلال شاشة التلفزيون على سبيل المثال يخفي الاثارة العاطفية ويؤدي إلى سلوك عدواني لدى مشاهدي التلفزيون، وكذلك مشاهدة المواجهات العنيفة والاسلحة لا يثير المتلقين نفسيا وعاطفيا فحسب وانما تقودهم إلى استجابات عدوانية. وهو ما تشير اليه نظرية التعلم بالمشاهدة احدى نظريات التاثير لوسائل الاتصال الجماهيري[1].

ومن الدراسات التي جرت حول تأثير الافلام والبرامج التي تتناول الجريمة والعنف على سلوك المشاهدين، الدراسة التي جرت في الولايات المتحدة الامريكية لمجموعة من نزلاء مدارس اصلاحية متعددة شملت (368) حدثا جانحا من الذكور والاناث وتبين ان 28% منهم تعلموا من السينما اساليب السرقة و 20% منهم تعلموا كيفية الافلات من الشرطة و 26% منهم تعلموا القسوة والعنف

(1) سلمان، مؤيد خليل، أثر التلفزيون في السلوك العدواني، مجلة الشرطة، العدد الخامس، السنة 174، مركز البحوث والدراسات في مديرية الشرطة العامة، شركة الوفاق للطباعة المحدودة، بغداد، 2001، ص33 .

و45% منهم وجدوا ان الجريمة هي الطريق السريع للثراء كما تصوره السينما لهم[1] ويؤكد الكثير من المفكرين بأن ادلة البحوث التي اجريت على الكثير من الافلام الخاصة بالجريمة والعنف تشير إلى ان رؤية الجريمة والعنف والصراع كوسيلة للتسلية لها اثار عظيمة ضارة على الشيء كما يمكن ان تؤدي إلى اثارة وتحريك السلوك المنحرف[2].

اما بخصوص الصحافة فان لها من التأثير السلبي لا يقل شأنا عن وسائل الاطلاع والمشاهدة الاخرى، فقد اثبتت الاحصائيات انه في الوقت الذي تضاعف فيه كم الاجرام بنسبة بلغت (33%) ضاعفت الصحافة المساحة التي تخصصها للحديث عن الجريمة والمجرمون بنسبة (2000%) هذا فضلا عن الأسلوب الرامي الذي تتبعه الصحافة في نشر الحوادث والجرائم والأسلوب الشيق الذي تعرضها به[3].

ولو تأملنا الواقع المحيط بنا لوجدنا ما يؤيد هذا الرأي في كل مكان فالقضية البوليسية الرخيصة تنشر بين اعداد تزيد اضعافا مضاعفة عن اولئك الذين يقرأون الادب الرفيع والصحف "الصفراء" أي صحف الاثارة والفضائح والصور العارية توزع اضعاف ما توزعه الصحف الجادة والمغني الذي يردد اسخف الالحان واتفه الكلمات يكسب في الاغنية الواحدة اضعاف ما كسبه "بيتهوفن" طوال حياته. والفيلم السينمائي الهابط الذي يعرّي اكبر مساحة تسمح بها الرقابة من جسد بطلاته قد يدوم عرضه سنوات، بينما لا يستطيع الفلم الذي ينطوي على فكرة عميقة ان يكمل اسبوعه الاول والاخير[4].

---

(1) ابراهيم، اكرم نشأت (الدكتور)، علم الاجتماع الجنائي، مصدر سابق، ص79 .

(2) عبيد، رؤوف (الدكتور)، اصول علمي الاجرام والعقاب، مصدر سابق، ص148 .

(3) أبو عامر، محمد زكي (الدكتور)، دراسة في علم الاجرام والعقاب، مصدر سابق، ص178.

(4) زكريا، فؤاد (الدكتور)، التفكير العلمي، الطبعة الثالثة، عالم المعرفة، الكويت، 1988، ص88 .

ومن خلال ما تقدم فان اغلب الباحثين والمختصين يتفقون على ان عملية الاطلاع والمشاهدة فيما تنشره الصحافة وما تعرضه وسائل الاعلام المرئية من افلام وبرامج لها ابلغ الاثر في تدعيم السلوك المنحرف، من خلال ترويجها للقيم الهدامة والافكار المسمومة والمشاهد الفاضحة التي تنشر التفسخ والانحلال ومظاهر العنف والجريمة وفنون ارتكابها، كل ذلك من شأنه ان يهيئ المناخ الملائم في ان يوقد جذوة الانحراف والجريمة في نفوس الذين لهم الاستعداد للقيام باقتراف السلوك الشائن والمنحرف بكل اشكاله وصوره وتوهين الرادع الخلقي لديهم.

6. الصحبة السيئة:

تعد جماعة الرفاق أو الاصحاب من الجماعات المرجعية التي لها ابلغ الاثر على سلوك الفرد سلبا وايجابا سواء كان هذا الفرد صغيرا أو كبيرا ذكرا ام انثى، فالركون إلى الاختلاط بالآخرين ضرورة تستوجبها طبيعة الحياة الانسانية، فالانسان بما انه كائن اجتماعي فانه يرتبط في مختلف مراحل عمره بمجموعة من العلاقات الاجتماعية مع رفاق له سواء كانوا معه في البيئة السكنية التي يعيش فيها أو في ميدان العمل الذي يعمل فيه أو في المدرسة التي يدرس فيها.

ولقد تناول علماء الاجرام تأثير الجماعات المنحرفة على سلوك الافراد وخاصة الناشئة منهم على وجه التحديد الذين يتصلون بها أو يرافقونها. ومن اشهر العلماء الذين عنوا بدراسة اثر الصحبة السيئة في انحراف الفرد وارتكابه السلوك الاجرامي العالم (أدوين سذرلاند) صاحب نظرية الاختلاط التفاضلي والتي تقوم نظريته على فرض مؤداه ان السلوك الاجرامي بوصفه نمطا من انماط السلوك يتم تعلمه من خلال المخالطة مع رفاق السوء، والشخص يشارك في السلوك الاجرامي ويمارسه اذا رجحت كفة التقبل عن كفة الرفض لهذا السلوك[1].

---

(1) شتا، علي (الدكتور)، علم الاجتماع الجنائي، مصدر سابق، ص 89 .

والجدير بالذكر ان الصحبة السيئة تعمل على تحطيم واضعاف الروادع الخلفية لدى الشخص المرتبط بها، فالمثل الرائجة التي تسود رفاق السوء تتنقل عن طريق الايحاء وعدوى التقليد إلى جميع الاعضاء المنضوين تحت لوائها مما تفسد اخلاقهم وتشجعهم على ارتكاب سلوكيات منحرفة كالادمان على المسكرات وتعاطي المخدارت وممارسة المقامرة والنشاط الجنسي المبكر[1].

ويحدث الانحراف عادة اذا كان الفرد لديه الاستعداد الذي يجعله سريع الانقياد والاستهواء لهذا النموذج من ثلة الرفاق أو ان تمسكه بالقيم الادبية والمعايير الخلقية ضعيف بسبب تنشئته الاجتماعية الخاطئة التي تلقاها في مراحل عمره المبكرة وبذلك يكون ليس لديه من القدرة ما تكفي لمقاومة التأثير السئ للرفقة السيئة مما يجعله ينساق إلى ارتكاب السلوك الاجرامي[2].

ومما يجعل اصدقاء السوء لهم تأثير كبير على الفرد هو انه يشارك اعضاء هذه الجماعة الدوافع والميول والاتجاهات ويستدخل قيمهم ويمتثل معاييرهم ويتوحد معهم، وهكذا يجعل الفرد هذه الجماعة جزءا لا يتجزأ منه ومعاييرها ومعاييره[3]. وان انتماء الافراد إلى عصبة الرفاق هو لتأكيد الذات، كما انهم يشعرون بان كلا منهم مرتبط بالآخرين وبانهم عناصر في كل واحد، ولذلك نجدهم يتهورون في سلوكهم بدافع تحريض الافراد وشعورهم بالانتماء إلى العصابة أو الثلة وفي هذه المغامرات يتحين الفرد منهم الفرصة للشعور بقوة الأنا والذي يسانده الأنا الجماعي للعصابة[4].

---

(1) خليفة، احمد محمد (الدكتور)، مقدمة في دراسة السلوك الاجرامي، مصدر سابق، ص 142 .

(2) المغربي، سعد (الدكتور) والسيد احمد الليثي، الفئات الخاصة واساليب رعايتها – المجرمون -، مصدر سابق، ص 231 .

(3) زهران، حامد عبد السلام، علم النفس الاجتماعي، مصدر سابق، ص 70 .

(4) الشرقاوي، انور، انحراف الاحداث، مصدر سابق، ص117 .

لذا يعد رفاق السوء سببا من الاسباب التي تؤدي إلى اقتراف الجرائم لا سيما جرائم الشباب الذين لا يستطيعون الانسجام عائليا ويتغيبون من المدرسة ولا يتكيفون لوسطهم الاجتماعي، يتعاضدون فيما بينهم ضمن جماعات أو زمر تجمعهم فيها المعاناة المتشابهة التي تعرضوا لها وعليه فهم يساندون بعضهم بعضا، فترضي الزمرة حاجة كل شاب إلى الطمأنينة والارتواء العاطفي الذي فقده ضمن عائلته أو مدرسته أو وسطه الاجتماعي، غير ان ذلك الارتواء سلبي، فالمغامرة التي يقدمون عليها تمنح كلا منهم فرصة الشعور بالذات والتي تساندها الذات الجماعية للزمرة، غير انه تاكيد سلبي هدفه زعزعة الطمأنينة في المجتمع، تلك الطمأنينة التي افتقدوها في حياتهم العائلية والاجتماعية[1].

وبذلك يظهر لنا بشكل واضح ان اختلاط الفرد مع الجماعات المنحرفة والشلل الاجرامية تكون سببا رئيسيا في اضطراب سلوكه وتفسخ خلقه فيكون اندفاعه إلى الجريمة امرا متوقعا منه.

العوامل الاقتصادية:

1. الفقر:

لقد تناولت الكثير من الدراسات الاجتماعية العلاقة بين الفقر والجريمة وكانت نتائج هذه الدراسات متفاوتة بخصوص هذه العلاقة، فبعض هذه الدراسات ايدت وجود علاقة وثيقة بين السلوك الاجرامي وبين حالة الفقر الذي تعاني منها بعض شرائح المجتمع، فيما ذهبت نتائج البعض الاخر من هذه الدراسات إلى ان حالة الفقر والفاقة لا يمكن ان تعد العامل الرئيس في اقتراف الجريمة.

---

(1) محمد، هادي صالح (الدكتور)، وقاية الشباب من الانحراف والجريمة، مجلة اداب الرافدين، العدد الخامس والعشرون، كلية الاداب، جامعة الموصل، 1993، ص 471-472 .

فمن الدراسات التي توصلت نتائجها إلى وجود علاقة بين الجريمة والفقر هي دراسة العالم الايطالي (فورنساي دي فيرس) التي تعد من أهم واشهر الدراسات التي عرفها القرن التاسع عشر والتي شملت عددا من الدول كايطاليا وانكلترا وايرلندا وجنوب ويلز واستراليا والتي ضمت عددا كبيرا ومتنوعا من الجرائم كجرائم السرقة وخيانة الامانة والحريق والابتزاز والزنا وقتل الاطفال والضرب والعصيان واستعمال العنف ضد السلطات العامة وحالات الاعتداء والجرائم الجنسية وقد انتهت هذه الدراسة إلى القول بان الفقر هو البيئة التي تتهيأ فيها كل الفرص لارتكاب الجريمة[1].

كما ان الفقر يعد عاملا رئيسيا في تعيين مكانة اجتماعية واطئة للفرد لاتتناسب مع يبذله من جهد وتتعارض بما لديه من امكانيات الامر الذي يجعله يشعر بالظلم والحرمان والاجحاف لعدم توفر الفرصة الكافية امامه لأخذ دوره في المجتمع كما يجب وبهذا تتولد في نسفه مشاعر العداء والكراهية والنقمة فيقوم بارتكاب افعال مشينة تتعارض مع قيم المجتمع وقوانينه[2].

ويؤدي الفقر ايضا إلى قيام البعض بانحرافات خلقية وخاصة لدى الشباب، حيث ان معاناة البعض من هذه الفئة العمرية من الفاقة وتدني المستوى الاقتصادي لها يشكل عقبة كاداء في طريقها إلى الزواج المبكر مما يدفعها إلى تصريف غرائزها بشكل غير مشروع وبذلك تكثر جرائم الانحراف الخلقي وجرائم هتك العرض وجرائم الدعارة[3].

وقد قام (سبيريل برت) في انكلترا بدراسة اثر الفاقة في جناح الاحداث وانتهى إلى نتيجة مفادها إلى ان الاحياء التي تعاني من الفقر هي الاحياء التي يسود

---

(1) السراج، عبود (الدكتور)، علم الاجرام وعلم العقاب، مصدر سابق، ص 287 .

(2)Dressler, David, Reading in Criminology, Colombia University Press, New York, 1967, p. 324.

(3) نجم، صبحي محمد، المدخل إلى علم الاجرام وعلم العقاب، مصدر سابق، ص 37 .

فيها الجناح اكثر من غيرها. ولكنه يعترف إلى ان الفاقة ليست هي العامل الرئيسي في حدوث الجناح في اكثر من 1% من الحالات، وانها عامل ثانوي إلى جانب العوامل الرئيسية في حوالي 15% من هذه الحالات[1].

اما الدراسات التي لاتعد الفقر السبب الرئيسي في حدوث العمل الاجرامي ما ذهب اليه العالم الايطالي (ديتوليو) في هذا الشأن إلى ان الفقر لا يصلح ان يكون دافعا إلى الجريمة الا بصورة عرضية، وبعبارة اخرى انه قلما يكون هو العامل الاساسي، بل هو مجرد عامل مساعد في ولادة السلوك الاجرامي، اما الفقير الصالح فلا يقبل على الجريمة مهما اشتدت به اسباب الفقر[2].

ويمثل هذا الرأي اكثر الاراء صوابا واقربها إلى الواقعية قرب فقير يفترش الارض ويلتحف السماء لكنه قد يكون بعيدا عن مواطن السوء وشرور الجريمة، لكونه يتمتع بحصانة اخلاقية تحول دون قيامه بارتكاب الجريمة وعليه فليس من الحتمي ان يكون الفقر على الدوام وفي جميع الاحوال يفضي إلى اقتراف السلوك المنحرف.

وتشير الاحصائيات الجنائية إلى ان الجريمة لها تصيبها الذي لا ينكر بين الاغنياء كما هو الحال عند الفقراء سواء بسواء، صحيح ان الفقر قد يكون عند البعض دافعا من دوافع الجريمة، لكن الفقر قد يكون كذلك دافعا للتفوق والنبوغ ويشهد التاريخ بان الفقراء على مداه قد قدموا اليه عمالقته على مستوى العلم والادب والفن في عطاء لم يتوقف، بل ان المتأمل في الدراسات الدينية يلاحظ ان عمالقة الاديان وابطال الشهادة كانوا فقراء[3]. وتشير نظرية العالم (تارد) المسماة

(1) عبيد، رؤوف (الدكتور)، مبادئ علم الاجرام، مصدر سابق، ص 177 .
(2) عبيد، رؤوف (الدكتور)، اصول علمي الاجرام والعقاب، مصدر سابق، ص 176 .
(3) ابو عامر، محمد زكي (الدكتور)، دراسة في علم الاجرام والعقاب، مصدر سابق، ص 168-169 .

بنظرية الوتيرة الاقتصادية إلى ان الاجرام لا يرجع إلى البؤس أو إلى الثراء بقدر ما يرجع إلى الهبوط المفاجئ نحو البؤس أو الصعود المفاجئ نحو الثراء[1].

ولكن لا بد من القول ان الفقر مثلما يكون عاملا مساعدا في تكوين الاجرام فان الثراء هو الآخر يكون عاملا مساعدا ومهيئا للاجرام، فما لم يكن صاحب هذا الثراء عفيفا فاضل النفس ملتزما باهداب الفضيلة تصبح هذه الثروة التي بيديه مصدرا للسوء لا للخير، إذ يستعين بها على اشباع شهواته المحرمة كالادمان على المسكرات ولعب القمار والتردد على دور البغاء وغيرها من الافعال الدنيئة.

واذا كانت معظم الدراسات انتهت إلى وصف الجريمة على انها ظاهرة لصيقة بالطبقات الفقيرة، ولكن يجب الاشارة إلى حقيقة مفادها ان المجرمين الذي ينتمون إلى الطبقات الغنية هم اقدر من غيرهم من الفقراء على الافلات من الاجراءات الرسمية، ومن ثم لاتظهر نسبتهم الحقيقية في الاحصاءات الرسمية، أو في المقبوض عليهم من المجرمين[2].

وبذلك يمكن القول على ضوء ما تقدم ان الجريمة لا ترتبط بالفقر على الدوام والا لأجرم كل الفقراء، وانما ترتبط الجريمة بالفقر اذا صاحبته طموحات واسعة والتي لا تجد امام اصحابها الفرصة الكافية لتحقيقها بالوسائل المشروعة.

2. البطالة[*]:

تعد البطالة من الاسباب المهيئة للجريمة والدافعة اليها وتكمن خطورة البطالة في كونها تكّون ظرفا مناسبا في حدوث الانحراف والجريمة لكون ان الانسان

---

(1) عارف، محمد، الجريمة في المجتمع، مصدر سابق، ص 566 .

(2) عارف، محمد، الجريمة في المجتمع، مصدر سابق، ص 566 .

(*) تشير البطالة إلى عدم توافر العمل لشخص راغب فيه مع قدرته عليه في مهنة تتفق مع استمراره وتقسم البطالة إلى عدة انواع منها : 1) البطالة الكلية، 2) البطالة الموسمية، 3) البطالة الجزئية، 4) البطالة الناجمة عن الازمات الاقتصادية، 5) البطالة الخفية (المقنعة) . لمزيد من المعلومات راجع، علي حمادي، يونس (الدكتور)، مبادئ علم الديمغرافية، مطابع جامعة الموصل، 1985، ص330 331.

العاطل عن العمل لا يستطيع الحصول على ضروريات الحياة، فاذا ما طالت معاناته هذه فسوف تؤدي به إلى ارتكاب الجريمة بدافع الحاجة والعوز والحرمان.

واذا كان الاجماع منعقدا بين المختصين والباحثين على وجود صلة بين الجريمة من جهة وبين الاختلال الذي يصيب البيئة الاقتصادية والمتمثلة بالبطالة من جهة اخرى فان الخلاف بينهم يدور حول مدى اهمية هذه الصلة، إذ يغالي بعضهم في تقدير هذه الاهمية، وهم انصار الماركسية الذين يكاد ينسبون إلى العوامل الاقتصادية وحدها سبب الاجرام، تبعا لالتزامهم بمنهج التفسير المادي للظواهر الاجتماعية، القائم على رد هذه الظواهر كافة إلى عوامل اقتصادية، في حين يتجه باحثون اخرون إلى الاقلال من اهمية العوامل الاقتصادية (البطالة) في نشوء السلوك الاجرامي وهم من المتأثرين بنظرية (لومبروزو) التي تكاد تعد كل صور الاجرام نتاج اختلالات بيولوجية ونفسية. في حين يرى اغلب الباحثين انه توجد إلى جانب العوامل الاقتصادية عوامل اخرى ذات دور اجرامي ولكنها لا تبلغ اهمية الدور الاجرامي للعوامل الاقتصادية[1].

وكلما طالت فترة البطالة كلما زادت مشاعر الضيق والحنق والاستياء لدى الشخص الذي يعاني منها وكلما احس بانه يشكل عبئا على الاخرين وبانه شخص غير مرغوب فيه، وهذا من شأنه ان يعمل على تكوين الاتجاهات السلبية والنزعات العدوانية التي تترجم إلى سلوكيات اجرامية.

ومن النتائج السلبية التي تخلفها البطالة هو انها تؤدي إلى خلق قوة طاردة للشباب المتعلم من بلدانهم لا سيما من ذوي الاختصاصات والكفاءات العلمية مقابل قوة جذب في بلدان اخرى مما تؤدي إلى حدوث خلل كبير الخطورة يتمثل

(1) ابراهيم، اكرم نشأت (الدكتور)، علم الاجتماع الجنائي، مصدر سابق، ص 92 .

بفقدان تلك البلدان لابنائها، فضلا عن الآثار السلبية التي تتركها على مستوى التصدع الاسري والتنشئة الاجتماعية للابناء[1].

وقد تتولد العلاقة بين البطالة والجريمة عن طريق تأثر العاطل واسرته بالظروف الاقتصادية السيئة الامر الذي يؤدي إلى جنوحهم إلى الجريمة بسبب معاناتهم من ناحية سوء التغذية وعدم توفر الرعاية الصحية اللازمة لهم وعدم الالتحاق إلى المدارس والانقطاع عن التعليم. فالبطالة بهذا التصور تؤدي إلى انحلال الروابط الاجتماعية التي تربط العاطل بالآخرين في المجتمع الذي يعيش فيه وانهيار القيم والمعايير الاجتماعية السائدة في المجتمع لدى العاطل، نتيجة عدم قدرته على التمسك بها نتيجة توقفه عن العمل وفقدانه لاهميته الاجتماعية[2].

وتأسيسا على ما تقدم فان تدهور الاحوال المعيشية بسبب البطالة يؤدي إلى تآكل القيم الاجتماعية وانحسارها، وعندما تتدهور هذه القيم تنطلق نماذج سلوكية من عقالها وغالبا ما تكون هذه السلوكيات منافية لقيم المجتمع ومثله العليا، الامر الذي يؤدي إلى التدهور الاجتماعي والتحلل الخلقي، وبذلك يفقد المجتمع امنه واستقراره وتكثر مظاهر الجريمة والسرقة والبغاء وغيرها من الظواهر السلبية التي تجعل الامن في وضع مهلهل لا يقوى على الصمود امام رياح الجريمة.

3. التقلبات الاقتصادية:

تتمثل التقلبات الاقتصادية في العديد من الظواهر الطارئة مثل تقلبات قيمة النقد وتقلبات الاسعار والدخول التي لكل منها اثر متفاوت في نطاق الاجرام.

---

(1) مصطفى، عدنان ياسين (الدكتور)، السلوك المنحرف في ظروف الازمات، بحث مقدم إلى الندوة العلمية الخاصة بالسلوك المنحرف وآليات الرد المجتمعي، سلسلة المائدة الحرة في بيت الحكمة، مطبعة اليرموك، بغداد، 1999، ص115 .

(2) عجوة، عاطف عبد الفتاح (الدكتور)، البطالة في العالم العربي وعلاقتها بالجريمة، المركز العربي للدراسات الامنية والتدريب، الرياض، 1985، ص 200 – 201 .

ففيما يخص التقلبات التي تحدث في مجال الاسعار فقد اثبتت الاحصائيات المختلفة في المانيا وروسيا وجود صلة بين هذه التقلبات والجريمة حيث وصلت هذه الاحصائيات إلى نتيجة مؤداها وجود تناسب طردي بين ارتفاع الاسعار من جهة وبين ازدياد جرائم السرقة من جهة اخرى، كما لوحظ ان انخفاض الاسعار يؤدي بدوره إلى انخفاض نسب السرقات[1].

فارتفاع اسعار المواد لاسيما الضرورية منها كالمواد الغذائية يؤدي إلى عجز اصحاب الدخول المنخفضة عن سد احتياجاتهم منها، مما قد يدفع البعض منهم إلى ارتكاب جرائم كالسرقة لسد حاجتهم من المواد الضرورية للمعيشة. ومن جانب اخر يضطر اغلب المستهلكين عند حالة ارتفاع الاسعار إلى التقليل من شراء مثل هذه الحاجات مما يدفع اصحاب المعامل التي تقوم بانتاجها إلى تسريح العمال والاستغناء عنهم مما يعرضهم إلى البطالة الامر الذي يدفع البعض منهم إلى ارتكاب جرائم بحق المال العام.

اما بخصوص انخفاض قيمة النقد، فان له ايضا انعكاسات سلبية خطيرة. ففي هذه الحالة التي تنخفض فيه قيمة النقد تضعف القدرة الشرائية للافراد مما يؤدي إلى عجزهم عن سد بعض احتياجاتهم، ويشتد هذا العجز كلما هبطت قيمة النقد، فاذا هبطت قيمة النقد، فان الافراد يصبحون غير قادرين على سد احتياجاتهم الضرورية بدخولهم من هذا النقد المتدني، مما يدفع بعضهم إلى ارتكاب جرائم ضد الاموال، فتزداد نسبة هذه الجرائم، كما حدث في المانيا في اعقاب الحرب العالمية الاولى، إذ بلغت هذه النسبة (25%) عند هبوط قيمة النقد الالماني بشكل مخيف وهو ما يحصل غالبا خلال الحروب واعقابها[2].

وكل فرد يتعرض لظروف الازمات الاقتصادية يتوقف ميله إلى الاجرام تحت تأثير الشعور بالحاجة على عاملين، عامل داخلي وعامل خارجي، فالعامل

---

(1) نجم، محمد صبحي، المدخل إلى علم الاجرام وعلم العقاب، مصدر سابق، ص 38 .

(2) ابراهيم، اكرم نشأت (الدكتور)، علم الاجتماع الجنائي، مصدر سابق، ص 99 .

الداخلي هو استعداده الشخصي، أي مدى نصيب نفسه من الغرائز السامية ومن ايثار الغير على الذات بوجه عام ومدى نصيبها من فضيلة الامانة على وجه خاص، والعامل الخارجي هو ضغط الظروف الاقتصادية المحيطة وما تولده في النفوس من شعور بالحاجة[1].

ولكن بصورة عامة يمكن القول ان التقلبات الاقتصادية لها مخاطرها الكبيرة على الاوضاع الامنية والاجتماعية للمجتمعات التي تحدث فيها، فغالبا ما ترافق حالات التضخم التي تعاني منها اقتصاديات هذه المجتمعات إلى ظهور الكثير من المظاهر السلوكية المنحرفة كالغش والخديعة والنصب والاحتيال والسرقة وهذا بدوره يكون على حساب القيم الاجتماعية التي تتعرض إلى التآكل والانحسار.

بيد ان لابد من القول ان الازمات والتقلبات الاقتصادية لها جرائمها الخاصة بها ولكنها لا تكون سببا رئيسا في ظهور جميع الانشطة الاجرامية، صحيح ان مثل هذه الظروف الاقتصادية الشاذة تقترن عادة بزيادة معدلات الجرائم الواقعة على الاموال، الا ان هناك جرائم يقترن حدوثها بزيادة معدلات الرخاء الاقتصادي مثل بعض جرائم الاعتداء على الاشخاص وجرائم النصب والاحتيال لوفرة المال في ايدي الضحايا، فضلا عن الجرائم الجنسية لان وفرة المال قد تغري الفرد بالاقبال على المخدرات والخمور التي تنمي غرائزه الجنسية[2].

خلاصة القول ان التقلبات الاقتصادية التي تتعرض لها المجتمعات تخلق الكثير من السلوكيات المنحرفة كالجريمة والسرقة والاختلاس وما شابه ذلك، ولكن يجب الاشارة إلى ان هذه التقلبات لا تكون بمفردها العامل الوحيد المسبب للجريمة الا في احوال عرضية وتبدو اهميتها حين يكون لدى الفرد استعداد للقيام بالجريمة فتكون مثل هذه الظروف الاقتصادية الشاذة بمثابة عامل مساعد ومهئ لولادة السلوك الاجرامي.

(1) بهنام، رمسيس (الدكتور)، الوجيز في علم الاجرام، مصدر سابق، ص 203 .
(2) عبيد، رؤوف (الدكتور)، اصول علمي الاجرام والعقاب، مصدر سابق، ص 177 .

الفصل الخامس

المبحث الأول

النظريات الاجتماعية في تفسير الجريمة والانحراف

تمهيد:

تعددت التفسيرات الاجتماعية التي قدمها نخبة من علماء الاجتماع والاجرام بخصوص السلوك الاجرامي وتأويله باعتباره سلوكا مضادا تجاه الهيئة الاجتماعية، فضلا عن كونه سلوكا يتم تعلمه عن طريق تفاعل الشخص مع بيئته الاجتماعية. ومن هذا المنطلق دأبت النظريات الاجتماعية في دراسة الانحراف والجريمة بوصفهما ظاهرتين اجتماعيتين تخضعان في ابعادهما لقوانين حركة المجتمع، فهي لاتهتم بالمنحرف أو المجرم بقدر ما تركز على مجمل النشاط الاجرامي والمنحرف، وترى معظم هذه النظريات ان الانحراف أو الجريمة امر يتعدى السلوك الفردي بدوافعه السوية منها والمرضية، ولايمكن فهمه الا من خلال دراسة بنية المجتمع ومؤسساته، وقد يكون للعوامل الذاتية دورها الا ان تحديد الانحراف والجريمة يبقى اصلا امرا اجتماعيا، وان الدراسات الاجتماعية متعددة في منطلقاتها ولاتتساوى كل هذه المنطلقات بالطبع في قيمتها التفسيرية، فهناك نظريات قديمة نسبيا تنطلق من السببية الميكانيكية، وهناك اخرى اكثر جدية وعمقا حيث تنطلق من المنهج الديناميكي الجدلي على اختلاف تفرعاته , وهناك اخيرا محاولات تذهب ابعد من ذلك محاولة فهم الانحراف لغة رمزية اجتماعية على الباحث ان يستجلي غوامضها كي يتمكن من معرفة الوظائف التي تقوم بها في مجتمع ما[1].

---

(1) الحجازي، مصطفى، الاحداث الجانحون – دراسة ميدانية نفسانية اجتماعية، الطبعة الثانية، دار الطليعة للطباعة والنشر، 1981، ص 68 .

وسنستعرض لاهم النظريات الاجتماعية التي استطاعت ان تعطي تفسيرات واقعية مـما جعلها تتبوأ مكانا رفيعا من بين النظريات التي قدمت تفسيرات متعددة في دراسة ظاهرة الجريمـة والانحراف.

1. نظرية الآنومي[*] لـ (أميل دوركهايم 1858 – 1917):

يعـد العـالم الفرنسيـ (اميـل دوركهـايم) مـن ابـرز العلمـاء الـذين عنـوا بدراسـة الظـواهر الاجتماعيـة دراسة علمية وموضوعية رصينة ومنها الظاهرة الاجرامية على وجه الخصوص. فالجريمـة في نظره ليست محض شر ينبغي التشاؤم منه دائما، بل ينظر اليها بوصفها حدثا طبيعيا وضروريـا لكل تطور اجتماعي، وان القسط الضئيل من الحرية الفردية في المجتمع لهو امر لا مفر منه ولا غناء عنه للترقي الاجتماعي، ولابد ان تحاول احدى فئات المجتمع ان تستفيد من تلك الحريـة ومـا تقتضيه من مرونة لكي تقترف الجريمة[1].

ويعتقد (دوركهايم) انه عندما يزداد المجتمع نموا وتطورا تزداد درجة تقسيم العمل ويـزداد نظامه تعقيدا، فتنشأ حالة من الافتقار إلى التكامل بين الوظائف المختلفة. وهذا الوضـع مـن شـأنه ان يزيد التمايز واللاتجانس بين اعضاء المجتمع، ويحد مـن قـدرتهم عـلى تحقيـق التضـامن، وعـلى خلق اتصالات ايجابية فيما بينهم، كما يضعف القوى الاجتماعيـة ويسـلخ عـن السـلطة الاخلاقيـة العقل الجمعي مغزاهـا في نفوس النـاس. وهـذه الحـالة التـي يصـل اليهـا المجتمـع تـدعى بحالـة "الأنومي" وهي حالة طبيعية تتصف عموما بفقدان المعايير والافتقار إلى القواعد الاجتماعية

(*) الأنومي : هي كلمة فرنسية من اصل يوناني وتعني الافتقار إلى القواعد والقوانين ولقد استخدمت في الدراسات اللاهوتية التي اجريت في القرن السابع عشر لتدل على عـدم احـترام القـانون، ثم اسـتعملها علـماء الاجتـماع لتشـير إلى حالـة المجتمع الذي يخلو من المعايير . انظر : السراج، عبود (الدكتور)، علم الاجرام وعلم العقاب، مصـدر سـابق، ص 297 – 298 .

(1) عبيد، رؤوف (الدكتور)، مبادئ علم الاجرام، مصدر سابق، ص 139 .

كنتيجة طبيعية لهذه الحالة، حيث تنطلق شهوات الفرد المحررة من كل قيد، فيرتكب افعالا تتعارض مع النظام العام للمجتمع[1].

ولكن حينما يعتقد (دوركهايم) ان الجريمة ظاهرة سليمة فهذا لا يعني انه يمتدحها أو يمجدها، أو انه يعد المجرم شخصا طبيعي التركيب من الناحيتين البيولوجية والنفسية، انه على العكس من ذلك يرى ان وجود الجريمة يدعوا إلى الاسف، وانها نتيجة ضرورية لطبيعة انسانية شريرة لا سبيل إلى تقويمها فهي كالالم يبغضه الفرد ويقاومه ومع ذلك فالالم ظاهرة عضوية سليمة، تنجم عن التركيب العضوي للكائن الحي وتؤدي وظيفة في الحياة[2].

كما التجأ (دوركهايم) إلى الآنومية في تفسير الانتحار، فقد تبين له ان التفاوت في معدلات الانتحار يسير مقترنا بالدورة الاقتصادية. واذا كان من السهل تفسير ارتفاع هذا المعدل خلال فترات الكساد، فان تفسير ارتفاع هذا المعدل خلال فترات الرواج غير العادية امر صعب. ويفسر دوركهايم ارتفاع المعدل في الحالتين بانه اضطراب مفاجئ يحدث لعدد كبير من الناس يفسد تلاؤمهم مع طرق الحياة العادية الشائعة. وبناء على ذلك الثراء المفاجئ تنهار الضوابط التي تتحكم في رغبات الانسان في المجتمع، كما تتعرض المعايير التي يقرها المجتمع إلى الانهيار مما يؤدي إلى مواقف تقود إلى الانتحار[3].

ويمكن القول بان الآنومية عند دوركهايم لها معان ثلاثة هي:

1. الانحلال الشخصي الذي ينشأ لدى فرد من الافراد بحيث يسير سلوكه دون توجيه معين دون مراعاة للقانون.

---

(1) السراج، عبود (الدكتور)، علم الاجرام وعلم العقاب، مصدر سابق، ص 298 .

(2) المصدر نفسه، ص 303 .

(3) زيد، محمد ابراهيم (الدكتور)، مقدمة في علم الاجرام والسلوك اللااجتماعي، مصدر سابق، ص54-155 .

2. تصارع المعايير في المواقف الاجتماعية ووقوع الفرد الـذي يتعرض لهـا لصـعوبة بالغـة عندما يحاول مسايرة هذه المعايير المتناقضة.

3. وجود وضع اجتماعي تنعدم فيه المعايير [1].

ويشير (دوركهايم) إلى ان المجال الذي ينمو فيه الانتحار الآنومي أو الفوضوي هـو المجتمـع الكلي، فالمجتمع قوة تنظم عواطف الافراد وسلوكهم ومصدر هذا النوع من الانحراف هو مـا يطـرأ على المجتمع من اضطراب في نواحي النشاط فيه وما يسوده من اختلال في نظامه بسبب التغييرات الحادة المفاجئة كالازمات السياسية والاقتصادية والاجتماعيـة، فينشـأ عـن ذلـك ضـعف العلاقـات الاجتماعية التي كانت حالتها السوية تهئ للفرد شعورا بالطمأنينة [2].

وتأسيسا على ما تقدم يرى (دوركهايم) ان الجريمة ظاهرة سـليمة ومفيـدة وانه لابد منهـا لسلامة المجتمع، على النقيض مـا تـرى الغالبيـة العظمـى لعلـماء الاجـرام مـن ان الجريمـة ظاهرة معضلة تخدش العواطف الاجتماعية.

ومما يدعم هذا الرأي انه عندما تقوى عوامل الضغط والقسر في مجتمع ما من المجتمعـات إلى الحد الذي تختفي معه الجريمة إلى غير رجعة، فان مثل هذا المجتمع لابد ان يصل إلى حالة مـن التصلب الاجتماعي أو الجمود الثقافي ينعدم معها كل تقدم، فان فلا بد من دفع ثمن ذلك التطـور الذي تحرزه حضارتنا ولابد مـن التضحية بشيء مـن صـلابة المجتمـع في سبيل النهوض بانظمتـه الاجتماعية [3].

ومن مفهوم هذه النظرية يمكن القول بان الجريمة أو الانحراف ما هـي إلى نـوع مـن انواع الخروج على قواعد السلوك التي يرسـمها المجتمـع لافراده. وانها ضريبة لا مفر مـن المجتمع ان يقدمها نتيجة التطور الذي يحققه في ميادين الحياة كافة، بمعنى اخر ان ظاهرة الانحراف والجريمة لاتنبع الا من اصول اجتماعية ولايمكن تفسيرها

(1) المصدر نفسه، ص 155 .

(2) مصطفى، عدنان ياسين (الدكتور)، السلوك المنحرف في ظروف الازمات، مصدر سابق، ص 106 .

(3) ابراهيم، زكريا، الجريمة والمجتمع، مصدر سابق، ص 38 .

الا في هذا الاطار، ورفض كل التفسيرات الاخرى التي حاولت ان تقدم ما لديها من اراء تعلل به حدوث السلوك الاجرامي سواء كانت هذه التفسيرات نفسية أو بيولوجية. وبهذا نرى بان دوركهايم من خلال نظريته هذه استطاع ان يضع حجر الاساس للمدرسة الاجتماعية في علم الاجرام التي ترى بانه لا يمكن فهم السلوك الاجرامي الا من خلال دراسة بنية المجتمع ومؤسساته وخاصة عندما يمر في حالة تضعف فيه الروابط الاجتماعية الناتجة اساسا من خلل أو نقص في فاعلية القواعد التي تحكم السلوك الاجتماعي، الامر الذي يؤدي بالنتيجة النهائية إلى انعدام الشعور بالتضامن الاجتماعي لدى الفرد الذي يكون السبب الرئيس والمحرك الاساس وراء اقترافه الجريمة.

2.نظرية التقليد لـ (غابرييل تارد 1843 – 1904):

من المعروف ان انماط السلوك الاجتماعي والوانه المختلفة تتكون بتأثير مثال يحتذى به وفعل يندفع الناس صغيرهم وكبيرهم، ذكرهم وانثاهم إلى محاكاته والتسبح على منواله، وذلك نتيجة الاتصال فيما بينهم وفقا لما تقتضيه السنة الاجتماعية في الحياة. ومن بين ما يسري عليه من انماط السلوك المختلفة بموجب هذه السنة هو السلوك الاجرامي التي حاولت هذه النظرية ان تفسره في ضوء هذا السياق.

يعتقد العالم (تارد) صاحب هذه النظرية ان الجريمة ليست ظاهرة انثروبولوجية وانما هي ظاهرة اجتماعية تتكون كما تتكون الظواهر الاجتماعية الاخرى وتتأصل في المجتمع عن طريق التقليد والمحاكاة، فعامل التقليد والمحاكاة في المجتمع ذو اهمية كبرى. فالغالبية العظمى من الناس تزيد على (90%) تكون عقائدهم ومبادئهم واخلاقهم وعاداتهم وميولهم ليست اصلية وانما درجوا عليها بطريقة التقليد والمحاكاة، فهي مطبوعة بطابع البيئة التي نشأوا فيها والبقية الاخرى وهي (10%) من السكان لها اخلاقياتها الاصلية وعاداتها الثابتة الخاصة به. وهو يرى كذلك ان عدوى التقليد تسري في المجتمع من الطبقات العليا إلى الطبقات

الدنيا. فالرذيلة والجريمة ظاهرتان تتولدان في البيئات الارستقراطية ثم تسريان من تلك الطبقات إلى الطبقات الاخرى في المجتمع[1].

لذا يرى (تارد) وفقا لذلك ان عامل التقليد ذو اهمية كبيرة في الاجرام وانه حقيقة لا يمكن نكرانها، حيث يمكن عن طريق هذا العامل ان نفسر هذه الظاهرة وبقاءها واستمرارها على مدار الايام والسنين.

والتقليد بموجب هذه النظرية يكون اكثر فاعلية، كلما ازداد الناس قربا والتصاقا، والادنى رتبة في المجتمع يقلد الاعلى، والصغير يقلد الكبير، والفقير يقلد الغني، وغير المثقف يقلد المثقف. وفي الماضي كان ابناء الشعب يقلدون الارستقراطيين، اما اليوم فان التقليد ينتقل من الدول المتقدمة، بما لديها من ثقافات متطورة وتكنولوجيا دقيقة، وإنتاج وفير إلى الدول المتخلفة، كما ينتقل من المدن الكبرى إلى المدن الصغرى والارياف. ويضع (تارد) بموجب نظريته هذه ثلاثة قوانين اساسية للتقليد هي:

- **القانون الاول:** ان الناس يقلد بعضهم بعضا، كلما كانت صلاتهم اكثر عمقا، وهذا القانون يوجد تطبيقه في المدن، حيث صلات الناس اكثر قوة منها في الارياف التي يعيش فيها الفلاحون مبعثرين في مزارعهم.

- **القانون الثاني:** ان التقليد ينتقل من الاعلى إلى الادنى، فالصغير يقلد الكبير والمحكوم يقلد الحاكم والفقير يقلد الغني، فالكثير من جرائم الاسرة المالكة والاشراف، كالادمان على الكحول واقتراف الرشوة وارتكاب جريمة النقد، كانت من اختصاص هذه الطبقة المترفة، ثم اخذت تنتقل إلى الطبقات الاجتماعية الاخرى.

---

(1) عريم، عبد الجبار (الدكتور)، نظريات علم الاجرام، مصدر سابق، ص 89 – 90 .

- **القانون الثالث:** وهو قانون تـداخل العـادات والتقاليـد وتزاحمهـا، فقـد كـان القتـل يـتم بوسائل بدائية، كالخنق أو بالفأس، فلما انتشرت الاسلحة النارية اصبحت تقليدا انتقل من طبقة إلى طبقة[1].

وينبغي ان نذكر في هذا المجال ان (تارد) رغم انه فيلسـوف اجتماعـي قبـل كـل شيء فانـه لايذكر بتاتا دور العوامل الموروثة. بل يبدأ مؤلفه في الاجرام المقارن بفصل عـن النمـوذج الاجرامـي يعتمد فيه على نتائج بحوث الجنائي الايطالي المعـروف (لـومبروزو) ويحللهـا مؤيـدا لهـا في بعـض جوانبها وناقدا لها في بعضها، كما لا ينكر دور الخصائص النفسية للجناة[2].

وعلى هذا الاساس فالظاهرة الاجتماعيـة بمـا فيهـا الجريمـة عنـد (تـارد) تقـوم في الاصـل عـلى التقليد أو المحاكاة، فالحدث الاجتماعـي أو السـلوك الاجتماعـي لا يمكـن ان يكـون حـدثا مبتكـرا لم يسبق لاحد ان رآه، وانما هـو حـدث أو فعـل مكـرر، وفي هـذا مـا يفسر ـ لنـا استهجان النـاس، أي استهجان المجتمع، لكل ما هو جديد ومبتكر غير مألوف، ولكـن هـذا الجديد متـى تكـرر، اعتـاده الناس وألفوه وزال ما كان يعلق به من السخرية والاستنكار[3].

كما ان عامل التقليـد والمحاكـاة يمكـن ان يفسر ـ لنـا ظاهـرة اسـتقرار الظـواهر الاجتماعيـة واستمرار بقائها مدة من الزمن بحيث تصبح تقاليد وعادات متأصلة يصعب تبديلها بسهولة، ولكن عامل التقليد هذا لا يمكن ان يفسر لنا كيف وجدت هذه التقاليد في المجتمع كما انه لا يقدم لنا اسبابا في الاجرام[4].

(1) حومد، عبد الوهاب (الدكتور)، نظرات معاصرة على عوامل الاجرام، مجلة الحقوق، مصدر سابق، ص 82-83.

(2) عبيد، رؤوف (الدكتور)، اصول علمي الاجرام والعقاب، مصدر سابق، ص 186 .

(3) بدوي، السيد محمد (الدكتور)، المجتمع والمشكلات الاجتماعية، مصدر سابق، ص 53 .

(4) عريم، عبد الجبار (الدكتور)، نظريات علم الاجرام، مصدر سابق، ص 89 .

نستنتج من ذلك ان الجريمة في نظر (تارد) هي ظاهرة مضادة للمجتمع على خلاف ما كـان يعتقده دوركهايم بان الجريمة ظاهرة صحية ومفيـدة، وان انتقـال الظـواهر الاجتماعيـة وتطورهـا وخاصة فيما يتعلق بالثقافات والعادات وانماط السلوك المختلفة هي نتيجة تقليـد الافـراد بعضـهم للبعض الاخر.

3. نظرية الاختلاط التفاضلي لـ (أدوين سذرلاند 1883 – 1950):

تعد هذه النظرية من النظريات المهمة والاكثر شهرة في علم الاجرام، وقد حظيـت بـاهتمام منقطع النظير من قبل علماء الجريمة والعلوم الجنائية الاخرى، ولاقـت صـدى كبـيرا وذيوعـا واسـع النطاق حتى لايكاد أي بحث أو دراسة عن الجريمة وأسبابها والظروف المؤدية إلى حدوثها يخلو من أي اشارة لهذه النظرية.

ويعتقد سذرلاند بموجب نظريته هذه ان الفرد يصبح مجرما اذا زادت نسبة تعرضه للانماط الاجرامية عن نسبة تعرضه للانمـاط السـلوكية غـير الاجراميـة في المواقـف ذات الصـبغة الشخصـية اساسا، ويصبح الاشخاص مجرمين لانهم تعرضوا لعزلة نسبية عن ثقافة الجماعات المطيعـة للقـانون بسبب مجال اقامتهم أو مهنهم أو قيمهم أو ربما اتصالهم المتكرر بثقافة اخرى اجرامية، وعلى هـذا فانه تنقصهم الخبرات والمشاعر والاراء والاتجاهات التي يمكن بواسطتها ان ينظموا حيـاتهم بشـكل يتقبله الافراد المطيعين للقانون[1].

ان العملية التي تؤدي بشخص معين إلى السلوك الاجرامـي وهـذا السـلوك يـتعلم ولايـورث وعندما يتم تعلم السلوك الاجرامي في نطـاق الجماعـات التـي تربطهـا علاقـات مبـاشرة، فـان هـذا التعلم يتضمن فن ارتكاب الجريمة الذي يكون احيانا في منتهى التعقيد، وفي بعض الاحيان في غايـة البساطة وان الشخص ينحرف

(1) عبيد، رؤوف (الدكتور)، اصول علمي الاجرام والعقاب، مصدر سابق، ص 207 – 208 .

حين ترجح عند كفة الاراء التي تحبذ انتهاك القوانين على كفة الاراء التي لا تحبذ انتهاكها[1].

ويظهر جليا مما تقدم ان الشخص يتعلم مثل هذا النمط من السلوك الشائن والمنحرف عندما يكون احتكاكه بالاشخاص المحيطين به والذين لديهم سجل حافل بالاجرام، وبذلك يصبح المرء على شفير هاوية السقوط في مرتع الجريمة عندما يكون قريبا من منهل الثقافة الاجرامية فيتشرب بافكارها ويتأثر بها، فيترسخ السلوك الاجرامي لديه عندما يكرر الاتصال المباشر بالانماط الاجرامية عندما تطول وتستمر مدة هذا الاتصال.

ويتم تعلم السلوك الاجرامي في ضوء هذه النظرية عن طريق مخالطة الآخرين والاتصال بهم لاسيما في مجال الجماعات ذات الارتباط القوي كالاسرة وجماعة اللعب، ويتضمن التعلم توجيه الحوافز والبواعث إلى وجهات معينة والدعوة إلى التصرف بشكل معين في مواقف معينة مع ما يساند ذلك من اعتناق مبررات وحجج ملائمة لها. ويحدث هذا التوجه إلى السلوك الاجرامي اذا رجحت الكفة المحبذة لانتهاك القانون على الكفة المعارضة لهذا الانتهاك، بمعنى ان الشخص يكتسب من بيئته واتصالاته المختلفة بعناصر هذه البيئة اراء تحبذ السلوك الاجتماعي أو تشجع على عدم التزامه، فاذا رجحت كفة الآراء الاخيرة مالت الشخصية إلى اقتراف السلوك الاجرامي. ويضيف سذرلاند ان الاتصالات أو الارتباطات ليست جميعا في قوة واحدة، فقوتها تتراوح على اساس التكرار أو التواتر والاستمرار والاولوية والعمق[2].

وبذلك يمكن القول ان السلوك الاجرامي بموجب هذه النظرية هو سلوك مكتسب يتم عن طريق الاختلاط شأنه في ذلك شأن أي سلوك اجتماعي اخر،

(1) سذرلاند، أدوين ودونالد كريسي، مبادئ علم الاجرام، ترجمة محمود السباعي وحسن المرصفاوي، مكتبة الانجلو المصرية، القاهرة، ص 101 .

(2) خليفة، احمد محمد (الدكتور)، مقدمة في دراسة السلوك الاجرامي، مصدر سابق، ص 36 .

فالمرء يكتسب مجمل انماط سلوكه وعاداته من الجماعات الاولية التي ينتمي اليها ويتفاعل معها، ويسلك طبقا للمعايير والقيم التي اعتاد عليها في مجتمعه المحلي الذي نشأ فيه.

وهذه النظرية وان كانت قد لاقت استجابة كبيرة وبصفة خاصة في امريكا الا انها لقيت بعض الاعتراض، فهي قد تفسر الكيفية التي يصير بها الفرد مجرما، ولكنها لا تفسر السبب أو الدافع إلى السلوك الاجرامي، كما انها تعجز عن تفسير اتجاه البعض إلى السلوك الاجرامي والبعض الاخر للسلوك السوي بالرغم من ان الاختلاط في الحالتين يكون بعناصر اجرامية، وهذه النظرية شأنها شأن غيرها من النظريات الاجتماعية تهمل التكوين الفردي من الناحيتين العضوية والنفسية، وتهمل باقي النواحي والمؤثرات البيئية. ومع ما تلقاه هذه النظرية من اعتراضات ، فان قيمتها تكمن كونها تؤكد على العوامل الاجتماعية في السلوك الاجرامي، وتشير إلى التشابه بين تعلم انماط السلوك السوي والسلوك المنحرف، وان الجريمة لا يقتصر تفسيرها على اساس اضطراب الشخصية وعدم تكيفها لان جانبا كبيرا من المجرمين لهم شخصيات اجرامية على اساس القيم والاتجاهات الاجتماعية المنحرفة التي تعلموها، والتي لا تتفق مع المعايير والقواعد العامة في المجتمع[1].

وانطلاقا من هذه القاعدة يقدم سذرلاند نظريته هذه على صورة تفسير تتبعي للعملية التي تؤدي بشخص معين إلى السلوك الاجرامي ويحصر هذه العملية في تسعة قضايا يبينها هرميا، بحيث تعتمد كل قضية على سابقتها كاساس تستند اليه. وهذه القضايا هي على التوالي:

1. ان السلوك الاجرامي يكتسب بالتعلم ولا ينتقل بالوراثة، فالفرد الذي لم يتدرب على الجريمة لا يبتدع سلوكا اجراميا من نفسه، فمثله مثل الفرد الذي لم يتعلم الميكانيك، فانه لا يستطيع ان يقوم باختراعات ميكانيكية.

(1) المغربي، سعد (الدكتور) والسيد احمد الليثي، الفئات الخاصة واساليب رعايتها - المجرمون، ص221.

2. تتم عملية السلوك الاجرامي من خلال الاتصال الاجتماعي، عن طريق التفاعل بين الفرد واشخاص آخرين، ومثل هذا الاتصال قد يكون بالكلام أو بالاشارات والحركات.

3. يحدث الجزء الاساس من تعلم السلوك الاجرامي في الجماعات التي تقوم بين اعضائها علاقات ودية متينة، أي ان تعلم السلوك الاجرامي يتم من خلال الاتصالات الشخصية بين افراد على درجة كبيرة من الود والصداقة.

4. تتضمن عملية تعلم السلوك الاجرامي ركنين اساسيين هما:

أ. فن ارتكاب الجريمة، أي التحضير والتخطيط لها وطرق ارتكابها ووسائل اخفائها.

ب. الاتجاهات الخاصة للدوافع والميول التي تقود الفرد إلى الجريمة، والى التصرفات الاجرامية، والى التبريرات التي تعطى لهذه التصرفات[1].

5. تتم عملية تعلم الاتجاه الخاص للدوافع والميول من الاشخاص الذي يحيطون بالفرد، ونظرتهم إلى النصوص القانونية باعتبارها مناسبة أو غير مناسبة.

6. ينحرف الفرد حين ترجح لديه كفة الاراء التي تحبذ مخالفة القانون على كفة الاراء التي تحبذ مراعاة قواعده، وهذا هو مبدأ الاختلاط التفاضلي.

7. تعمل العلاقة بالسلوك الاجرامي، أو بالسلوك المعادي للاجرام تفاضليا، أي ان هذه العلاقة ذات تأثير نسبي، تختلف باختلاف اربع عمليات هي التكرار والاستمرارية والاسبقية والعمق.

8. تتضمن عملية تعلم السلوك الاجرامي عن طريق الاختلاط بالانماط الاجرامية كل الآليات (الميكانزمات) التي يتضمنها أي تعلم اخر.

---

(1) السراج، عبود (الدكتور)، علم الاجرام وعلم العقاب، مصدر سابق، ص 322 – 323 .

9. يعبر السلوك الاجرامي عن حاجات وقيم، ومع ذلك فانه لايفسر ـ بهـذه الحاجـات، لان السلوك السوي هو ايضا تعبير عن نفس الحاجات والقيم. فاللص يسرق عادة للحصول على المال، والعامل ايضا يعمل للحصول على المال[1].

ونظرا لفحوى ومضمون هذه النظرية فقد حظيت باهتمام العلماء والمختصين منذ ظهورهـا لكونها نظرية استندت إلى الواقع الاجتماعي في صياغتها.

4. نظرية الانحراف الاجتماعي لـ (روبرت ميرتون):

يعد (روبرت ميرتون) من العلماء الذين اسهموا في القاء الضوء عـلى السـلوك المنحـرف مـن خلال التفسيرات الاجتماعية التي قدمها بصدد ذلك والتي احتلت مكانة مرموقة من بين مـا عرضـه المفكرون والمختصون من علـماء الاجـتماع مـن اراء وافكار بخصـوص ظاهرة الانحـراف والاسباب المفضية إلى حدوثها.

يرى (روبرت ميرتون) ان طبيعة المجتمع الحديث المعقد تفرض انتماء الافراد أو الجماعـات إلى عدد من الانساق الاجتماعية التي قد تتضارب اهدافها ولذلك فان عمليـة الصراع التي تنشـأ للتوفيق بين الادوار والمراكز ازاء هذه الانساق قد تؤدي إلى انواع متعـددة مـن التفكك الاجتماعـي تمتد آثارها إلى هذه الانساق ذاتها، ومعنى ذلك ان النسـق الاجتماعي لا يـتمكن مـن اداء وظائفه بصورة صحيحة ويفشل في تحقيق المتطلبات الوظيفية التي تربطه بالانسـاق الاخـرى في المجتمـع. وبهذا يمتد التفكك وينتشر فيصيب النظام فيصبح مشـكلة اجتماعيـة وبالتـالي يـؤدي إلى السـلوك المنحرف[2].

ويعتقد (روبرت ميرتون) كذلك، ان الصور المختلفة من السلوك المنحرف انما ينجم عن عدم القدرة على تحقيق الاهداف بالوسائل المشروعة، وقد اوضح

---

(1) السراج، عبود (الدكتور)، علم الاجرام وعلم العقاب، مصدر سابق، ص 323 – 325 .

(2) غيث، محمد عاطف (الدكتور)، المشاكل الاجتماعية والسلوك المنحرف، مصدر سابق، ص 78 .

ميرتون تلك الصورة السلوكية من خلال ما قدمه في نظريته عن البناء الاجتماعي، حيث تنشأ الانحرافات السلوكية من القصور الذي يلابس البناء الاجتماعي وهي، كما يرى ميرتون، إنتاج للأنومي أو للصدام بين الوسائل التي تقرها النظم الاجتماعية وبين الاهداف الثقافية الحضارية عند محاولة بعض الجماعات في تحقيق اهداف النجاح في المجتمع بالطرق المشروعة[1].

ويشير (روبرت ميرتون) إلى ان المجتمع ذي التنظيم الجيد تكون الاهداف والوسائل فيه متكاملة ومنسجمة مع بعضها تماما. حيث يكون كل منهما مقبولا من الاخر، ومفيدا ونافعا لكل اعضاء المجتمع، اما عن سوء التكامل فانه يحدث عندما لا يكون التأكيد على أي من الوسائل والاهداف غير كاف، وفي ذلك يذهب ميرتون إلى انه عندما يكون التأكيد على الاهداف الخاصة مع اهتمام بسيط بالوسائل المنتظمة التي تساعد على بلوغ الاهداف فان ثمة اشكالا اخرى تظهر، وانه في المجتمع المتكامل يحصل الفرد على رضاه بقبول كل من الاهداف والوسائل[2].

والواقع ان محاولة ميرتون كانت تهدف اساسا لابراز المضمون الاجتماعي للانحراف، ومن ثم حاول ان يرقى بالتفسير الاجتماعي لمفهومي الانانية والأنومي، وان محاولته هذه عكست الاتجاه النظري الذي يهتم بالدافع البيولوجي لنموذج الفعل المنحرف عند دوركهايم والذي يشير إلى انه نتيجة فشل المجتمع في غرس قيمه في نفوس اعضائه يترك المجال مفتوحا للعمل الحر للرغبات الانانية والباثولوجية. وقد اقام (ميرتون) تنميطه للأفعال المنحرفة على اساس الاختيارات ذات المعنى الكامل من القبول أو الرفض بالنسبة للاهداف الثقافية[3].

---

(1) مصطفى، عدنان ياسين (الدكتور)، الانحراف، السلوك المنحرف وآليات الرد المجتمعي، مصدر سابق، ص 106.

(2) شتا، علي (الدكتور)، علم الاجتماع الجنائي، مصدر سابق، ص 80 .

(3) المصدر نفسه، ص 80 – 81 .

وبذلك نجد ان هناك عنصرين اساسيين للبناء الاجتماعي هما الاهداف والوسائل، إذ هناك اهداف يسعى الفرد لبلوغها وعندما تعز فرص بلوغها بالوسائل المشروعة في الوقت الـذي يمـارس فيه المجتمع ضغطا معينا على ضرورة اتباعها نجد ان ثمـة صـورا للخروج عـن تلك الاهـداف أو الوسائل أو كليهما معا.

ويرى (ميرتون) ان انماط الاستجابة لحالة الأنومي يمكن تصنيفها على خمسة انماط يمثل كـل منها نموذجا سلوكيا مختلفا لاستجابات الافراد للضغوط الاجتماعية في ظل ظرف أو موقف اجتماعي معين وهذه النماذج أو الانماط يكمن اجمالها بما يلي [1]:

1. **النمط الامتثالي:** وهو اكثر الانماط شيوعا وانتشارا في المجتمع المستقر، ولـولاه لمـا امكـن استمرار وتماسك المجتمع واستقراره ويكون الامتثال فيـه بالنسبة للاهداف والوسائل على حد سواء، بمعنى انه ليس هنـاك تفـاوت أو تبـاين مـا بـين الاهـداف مـن جهـة والوسائل من جهة اخرى.

2. **النمط المجدد:** وهو النمط الـذي يظهـر عـلى الوجـود عندما يعطـي المجتمـع اهميـة للنجاح والجاه والمظهر مما يدفع الافراد لاستخدام وسائل ممنوعة، ويحدث ذلك عندما يتقبل الفرد الاهداف ولكنه لا يتبنى المعايير الاجتماعية والوسائل الدارجة، ولكن هـذا لا يحدث الا في بنية اجتماعية ذات خصائص معينة، وتكون الطبقات المعدمة في هـذه البنية اكثر الفئات السكانية تعرضا للضغوط الدافعة نحو الانحراف، ولقد اثبتت ابحاث عديدة ان بعض اشكال الرذيلة والجريمة ما هي سوى رد فعل عادي لوضعية يكون من المستحيل على الفرد فيها استخدام الوسائل المشروعة لتحقيق النجاح والوجاهة اللـذين تؤكد الحضارة على اهميتها.

(1) حجـازي، مصطفى، الاحـداث الجـانحون، دراسـة نفسـانية - اجتماعيـة، مصـدر سـابق، ص 87 - 88.

190

3. **النمط الطقوسي:** ويحدث مثل هذا النمط في حالة التخلي عن المثل الاعلى في الجاه والثروة والاكتفاء والاكتفاء بمستوى يمكن الوصول اليه مع تمسك متزمت بالمعايير الاجتماعية، ويقتصر على نمط روتين من الحياة يتميز بمستوى طموح منخفض، وهو نمط الذين يبحثون عن مخرج فردي هربا من اخطار الفشل المرتبطة بتعثر محاولات الوصول، ويشيع هذا النموذج في الطبقات المتوسطة عموما.
4. **النمط الهروبي:** ويحدث هذا النمط لدى الافراد الذي يعيشون في المجتمع وكأنهم ليسوا منه لا سيما فئات المشردين والمتسولين ومدمني المخدرات، والسبب وراء ظهور هذا النمط، هو عندما تشتد وطأة كل من الاهداف والوسائل على الشخص، فهو لا يستطيع ان يتخلى عن الاهداف وفي نفس الوقت لايتمكن من الوصول اليها لشدة ضغط الوسائل عليه.
5. **التمرد:** ويظهر هذا النمط عندما يحس المرء ان المؤسسات الاجتماعية القائمة تشكل عقبة امام تحقيق الاهداف المشروعة، وبالتالي يضع هذه المؤسسات موضع الشك والتفكير باخرى لاتتميز بذلك التناقض ومثل هذا التفكير يختلف كليا عن مشاعر الحقد والعداء الذي يميز موقف المنحرف احيانا من المجتمع، فمثل هذه المشاعر لاتهدف إلى التغيير بل تقتصر في الاحتجاج على الغبن[1].

خلاصة القول ان وجود الاهداف التي يتم التطلع اليها وبين عدم توفر الوسائل المشروعة لبلوغ تلك الاهداف يؤدي إلى حالة صراع شديد، هذا الصراع يؤدي عادة إلى التراخي الاجتماعي الذي يتمخض عنه ظهور السلوك المنحرف.

(1) حجازي، مصطفى، الاحداث الجانحون، مصدر سابق، ص 89 .

المبحث الثاني

طرق الوقاية من الجريمة

ان الاساليب والوسائل التي تستهدف التوقي من السلوك الاجرامي ومخاطرة الجسيمة ينبغي ان ترتكز على اسس علمية وقابلة للتطبيق العملي في درء اخطار الجريمة ومحاولة وأدها، كما ان هذه الاسس لا يكتب لها النجاح ما لم يكن المعنيين والمختصين في هذا الجانب على دراية كافية وعلم تام بالظروف المفضية إلى الجريمة والاحوال المضطربة التي تنذر بوقوعها وتدق ناقوس الخطر في حدوثها. فمرحلة التنفيذ تسبقها دائما مرحلة تأهب واستعداد لا تخفى ملاحظتها على من يكون ملما يعلم الاجرام وبخط السير في الطريق إلى الجريمة ومتى اكتشفت الحالة الخطرة يمكن استخدام اللازم فورا لمنعها من الافضاء إلى الجريمة القائم خطرها[1].

لذا فان سياسة الوقاية من الاجرام سياسة واسعة النطاق تشمل جميع مناحي الحياة المختلفة ومسؤولية تنفيذها على ارض الواقع ليست مهمة جهة دون اخرى أو طرف دون اخر وانما يقع عاتق تطبيقها على كل المجتمع ممثلا بهيئاته الحكومية ومنظماته الجماهيرية والشعبية، بيد ان تحقيق هذه المهمة الجسيمة لا يمكن ان تكون عملية سهلة ما لم يكن هناك تعاون وتنسيق على كافة الصعد وعلى جميع المستويات بين هذه الاطراف من اجل تحقيق هذا الهدف السامي والغاية النبيلة، لذا فان صياغة أي برنامج ينبغي ان يكون في ضوء الامكانات المتاحة والمتوفرة بحيث يسهل عملية تنفيذه وان أي تنظير بهذا الخصوص يقفز من فوق الواقع سيظل مجرد حبر على ورق وستبوء جميع الجهود المبذولة في هذا الجانب ادراج الرياح.

وينطوي البرنامج المعد لهذا الغرض والذي يمكن ان يعول عليه على جملة من الخطوات والاجراءات الآتية وهي:

---

(1) بهنام، رمسيس (الدكتور)، الوجيز في علم الاجرام، مصدر سابق، 1975، ص65 .

أولا. توفير الرعاية المتكاملة للأفراد:

يقصد بالرعاية المتكاملة هو ضمان تنشئة سليمة للافراد وسلوكا قويما يحفظهم من الانحراف ويجنبهم مزالق الاجرام، ولهذه الرعاية خمسة مقومات اساسية هي على النحو الاتي:

أ. الرعاية المعاشية:

يمثل الغذاء والكساء من اهم الاحتياجات الضرورية لاي انسان ولا يمكن الاستغناء عنها باي حال من الاحوال، ويختلف مدى قدرة الافراد في توفير هذه الاحتياجات تبعا لتفاوت دخولهم فالدخول المرتفعة توفر لاصحابها بكل يسر جميع هذه الاحتياجات بالحد الاعلى وذوي الدخول المتوسطة يوفرون احتياجاتهم الاساسية على نحو مقبول، في حين يكافح ذوي الدخول المنخفضة لتوفير احتياجاتهم الضرورية بالحد الادنى، ويعجز منعدموا الدخل عن توفير تلك الاحتياجات اصلا وبالتالي يلجأون إلى الوسائل غير المشروعة لتأمين احتياجاتهم لادامة الحياة بارتكاب جرائم كالسرقة والاختلاس والرشوة(1).

ب. الرعاية الصحية:

تشمل الرعاية الصحية بجانبيها الوقائي والعلاجي فالمحافظة على صحة الانسان بكامل قواه الجسيمة والعقلية ابتداءا منذ بدء تكوينه كجنين ومرحلة الطفولة وانتهاءا ببقية سني عمره حاجة اساسية. فاكتمال صحة الفرد تجعله قادرا على العمل والانتاج والاسهام في بناء كيان المجتمع ورفاهيته لان فقدان الرعاية الصحية يؤدي إلى انتشار الامراض التي تسبب ارتفاع نسبة العاجزين عن العمل من جهة وارتفاع نسبة الوفيات من جهة اخرى مما يضعف قدرة العمل والانتاج

(1) ابراهيم، اكرم نشأت (الدكتور)، السياسية الجنائية، الطبعة الثانية، شركة آب للطباعة، بغداد، 1998، ص5 .

وبالتالي يؤدي إلى انخفاض الموارد وما يتبعه من ازدياد حالات العوز والفاقه وما ينشأ عن ذلك من انحرافات سلوكية تبلغ بعضها حد الاجرام[1].

ج. الرعاية التعليمية:

لا تقتصر الرعاية التعليمية على التعليم بمفهومه الواسع على تلقين العلوم، وانما يضم إلى جانب ذلك توسيع آفاق المعرفة العامة، وتنمية المواهب وصقلها وترسيخ القيم الاجتماعية السليمة والمبادئ الاخلاقية السامية والنبيلة في النفوس، فضلا على تزويد المتعلم بمؤهلات تهيئ له فرص اوسع وافضل للعمل والحصول على اجر مجز يسد احتياجاته المعاشية بشكل جيد، في حين نجد ان مثل هذه الفرص تكاد لا توجد لغير المتعلم، مما يدفعه إلى ان يلجأ أو يضطر إلى الاساليب والطرق غير المشروعة والوسائل المحرمة عرفا وقانونا من اجل الحصول على المال اللازم من اجل توفير متطلباته وسد احتياجاته الضرورية.

ومن جهة اخرى فان للتعليم دورا كبيرا في التأثير على الظاهرة الاجرامية ويتجلى مثل هذا التأثير على طبيعة ونوع الفعل الاجرامي، اذ تشير اغلب الدراسات والبحوث في هذا المجال إلى ان اغلب جرائم الاميين تتميز بطابع العنف والقسوة كالقتل والضرب والجرح والاغتصاب في حين يخلو معظم جرائم المتعلمين تخلو من القسوة والعنف وتقتصر على جرائم الاحتيال والاختلاس والتزوير وتزييف العملة)[2].

وقد اولى ديننا الاسلامي الحنيف اهتماما كبير في تحصيل العلم والحث عليه والترغيب فيه بحيث جعل اول دعوة يوجهها الرسول الكريم (صلى الله عليه وسلم) في هذا المجال

(1) المصدر نفسه، ص7 .

(2) عبيد، رؤوف (الدكتور)، مبادئ علم الاجرام، مصدر سابق، ص108 .

هي الدعوة إلى وجوب القراءة وهي الآيات الأول في التنزيل العزيز: (اقْرَأْ بِاسْمِ رَبِّكَ الَّذِي خَلَقَ (1) خَلَقَ الْإِنْسَانَ مِنْ عَلَقٍ (2) اقْرَأْ وَرَبُّكَ الْأَكْرَمُ (3) الَّذِي عَلَّمَ بِالْقَلَمِ (4)) [1].

د. الرعاية التربوية:

لا يمكن ان تتحقق الرعاية التربوية إلا من خلال التنشئة الاجتماعية السليمة القائمة على القيم الاخلاقية والمبادئ والمفاهيم النبيلة، ولضمان توفير هذه الرعاية يجب ان يكون هناك اهتمام كبير بدعم كيان الاسرة وتوطيد دعائمها وايجاد السبل الكفيلة لاستقرارها لكي تستطيع القيام بدورها على النحو الافضل وبالشكل المطلوب. ان وجود جو اسري يفيض بالحنان ويترع بالمحبة والالفة ما بين اعضاء الاسرة له ابلغ الاثر في خلق تضامن اجتماعي اسري متماسك البناء بحيث يستطيع التغلب على جميع المشكلات عند حصولها بقدر من النضج وبروح من الايثار والروية والتبصر وبالتالي ضمان التوافق المنشود. لذا تلعب العلاقات الاجتماعية التي تربط الفرد بافراد اسرته الدور المؤثر في تطوير وتنمية حالته الروحية والاخلاقية والانسانية وهذا ما يساعده على تحقيق ذاتيته والاستفادة من قدراته وقابلياته [2].

ولقد اشارت الكثير من الدراسات والابحاث التي جرت بهذا الخصوص إلى ان الغالبية العظمى من الجانحين والمنحرفين ينحدرون من بيئات اسرية مضطربة تسودها وشائج اجتماعية ضعيفة وتكثر فيها حالات الشجار والنقار. فقد اظهرت الدراسة التي قام بها (جلوك) وزوجته اهمية الاسرة المفككة والتي يضعف فيها الاشراف العائلي واثره في تكوين الجنوح والسلوك المنحرف وقد توصلا في دراستهما إلى ان الجانحين والمنحرفين ياتون بنسبة كبيرة من اسر تكون لسبب أو

---

(1) القرآن الكريم، سورة العلق، الآيات (1-4) .
(2) الحسن، احسان محمد (الدكتور)، العائلة والقرابة والزواج، مصدر سابق، ص27 .

لاخر اما اسرا مفككة أو من اسر يكثر فيها الفساد في الاخلاق والسلوك المنحرف[1].

هـ الرعاية الترويجية:

لا يمكن ان تتحقق الرعايـة الترويجيـة إلا عـن طريـق مكافحـة الوسائل الترويجيـة الضارة وتوفير الوسائل الترويجية المفيدة بدلا عنها.

1. مكافحة الوسائل الترويجية الضارة:

ان القضاء على هذا الصنف من الوسائل لا يمكن ان تترجم إلى واقع عملـي ملمـوس إلا مـن خلال ما يلي:

أ. منع انتاج واستيراد وبيع وتناول المسكرات وفرض عقوبـات رادعـة عـلى مقترفيها والقيـام بحملة توعية واسعة النطاق تشرح اضرار المسكرات ونتائجها السلبية وسن التشريعات الخاصة بذلك.

ب. فرض رقابة صارمة ومشددة لمنع المقامرة في الامـاكن العامـة والنـوادي وغلـق المحـلات المعدة لهذا الغرض وفرض عقوبات شديدة على الذين يتولون ادارة مثل هذه الاماكن.

ج. مضاعفة الجهود لضبط حالات البغاء والاوضاع الممهدة له وفرض رقابة طويلة الامد عـلى الاماكن التي يشتبه بها كالحانات والنوادي الليلية والملاهي والتي يمكن ان تكون مقـرا لممارسة هذه الافعال المنحرفة والمرذولة.

د. اتخاذ اجراءات حازمة ومشددة على مكاتب اشرطة الفيديو التي شهدت في الآونة الاخيرة ازديادا ملحوظا والتي قد يكون البعض منها تعمل عـلى ترويج الافلام التـي تسيـء إلى الحياء العام لما تحويه من مشاهدة فاضحة

---

(1) الياسين، جعفر عبد الامير، اثر التفكك العائلي في جنوح الاحداث، مصدر سابق، ص56 .

يثير الشهوة الجنسية الآثمة أو تعمل على تداول الافلام التي تحوي على قصص اجرامية تمهد السبيل أو تغري على الاجرام[1].

2. توفير الوسائل الترويجية المفيدة:

ويتم ذلك من خلال القيام بمجموعة من الاجراءات التالية:

أ. بناء المزيد من النوادي الثقافية والاجتماعية والملاعب الرياضية وتشجيع ممارسة مختلف الالعاب الرياضية.

ب. التوسع في انشاء المزيد من المكتبات العامة والمتاحف والمعارض وانشاء المزيد من الحدائق والمتنزهات العامة[2].

ثانيا. القضاء على مشكلة البطالة:

ان البطالة التي يعاني منها بعض افراد المجتمع ستعمل على تدني المستوى المعاشي لهم مما يؤدي إلى تفشي حالة الفقر والعوز والحرمان الامر الذي قد تكون عاملا مساعدا في دفع البعض منهم من القيام بسلوكيات شائنه ومنحرفة ذات طابع اجرامي كالاحتيال والنصب والسرقة وخاصة من قبل الذين يكون لديهم الوازع الديني والرادع الخلفي ضعيفا. لذا فان توفير فرص عمل للعاطلين سوف يقلل إلى حد كبير من فرص اقترافهم للسلوك المنحرف وذلك من خلال القيام بمشروعات انمائية وعمرانية وزج العاطلين فيها.

فحالة البؤس والشقاء الناجم عن الفقر المدقع والحرمان من ابسط مقومات الحياة لا يوفر جوا يستقيم فيه العيش الكريم فتتولد حالة من السخط والاستياء والتذمر الشديد من قبل الذين يعانون من ضنك العيش والذين لا يجدون من يصغي إلى مشاكلهم ويستمع إلى شكواهم فتسود في اوساطهم مظاهر الحقد والكراهية ضد الهيئة الاجتماعية مما يولد حالة من الاصطدام بينهم من جهة

(1) ابراهيم، اكرم نشأت (الدكتور)، السياسية الجنائية، مصدر سابق، ص13 .

(2) ابراهيم، اكرم نشأت (الدكتور)، السياسية الجنائية، مصدر سابق، ص4 .

والمجتمع من جهة اخرى الامر الذي يؤدي إلى الاخلال بسلامة العلاقات الانسانية القويمة وبالتالي تهديد امن واستقرار المجتمع من خلال القيام بالسلوك الاجرامي من قبل بعض من ينتمون إلى فئة العاطلين.

ان اصلاح النظام الاجتماعي والقضاء على البطالة وتأمين وسائل العيش باصلاح النظم الاقتصادية وضمان حقوق الافراد تمثل الوسائل الاستراتيجية التي يعتمدها المجتمع في الدفاع عن امنه واستقراره[1].

ثالثا. إعادة تنظيم المجتمع المحلي:

ان اعادة تنظيم المجتمع المحلي وفق اسس موضوعية وعادلة تعد الاجراءات الاساسية في الوقاية من الجريمة ويتمثل ذلك بضرورة الاهتمام بالمناطق الشعبية والفقيرة التي لا تزال مصدرا في تفريخ نسبه غير قليلة من الجانحين والمنحرفين كما اشارت إلى ذلك العديد من الدراسات التي جرت بهذا الخصوص، الامر الذي يجعل من هذه المناطق مراكز انطلاق لهؤلاء الجانحين والمنحرفين يبثون الخوف والذعر في المناطق الاخرىوينشرون الرعب ويخلقون جوا من عدم الاستقرار فيها.

والسبب الرئيسي الذي يجعل هذه المناطق بؤرة للجريمة والمجرمين هو افتقارها للخدمات الاساسية التي تشكل ضرورة قصوى لا يمكن الاستغناء عنها باي حال من الاحوال، اضافة إلى تدني المستوى المعاشي للغالبية العظمى من قاطني تلك المناطق. وقد ربطت الكثير من الدراسات في هذا المجال ان نسب الجريمة ومعدلات حدوثها وتوزيعها مكانيا في المدينة العربية بظاهرة الفقر، اذ ترتفع في احياء الفقراء التي تتركز في المدن عن غيرها من المناطق الاخرى[2].

(1) عريم، عبد الجبار (الدكتور)، العقوبة والمجرم، مطبعة المعارف، بغداد، 1950، ص5 .

(2) المراياتي، كامل، الجريمة الحضرية بين الامن المتحقق والوقاية المطلوبة، مجلة دراسات اجتماعية، العدد الاول، السنة الاولى، بيت الحكمة، بغداد، 1999، ص57 .

فتآكل العلاقات الاجتماعية بين الاسر الفقيرة التي تقطن هـذه المناطق يجعلها تفشل في تلبية الحاجات الاساسية مما يدفعها إلى القيام بالعنف والاجرام. كما تجـدر الاشـارة إلى ان الغالبيـة العظمى من مساكن هذه المناطق تكون مساكن متهالكة، لا تتوفر فيها مقومات السكن الملائـم إلا في النزر اليسير منها وان نسبة كبيرة منها تكون ضيقة فتدفع بابناء هذه الاسر إلى الازقة والشوارع فيتعلمون نماذج سلوكية منحرفة وحيث يجدون المغريات التي حرموا منها، الامر الذي تحفزهم إلى الاقدام على اقتراف الجريمة .

ومن اجل تجفيف منابع الانحراف والجريمة في هذه المناطق فانه يجب الارتقاء بمسـتوى الخدمات الاساسية والضرورية فيها مثل توفير الماء والكهرباء وتعبيد الطرق فيها والتوسع في انشـاء الحدائق والمتنزهات وفتح مراكز لممارسة الانشطة الترويجيـة المفيـدة كممارسـة الالعاب الرياضيـة وغيرها من الخدمات الاخرى التي تعمل على تقليص الفارق بينها وبين المناطق الاخرى.

رابعا. مساهمة الرأي العام:

ان اشراك المواطنين في الدفاع عن امن المجتمع ضـد الجريمـة والمجرمين وتنميـة الاحسـاس لديهم بمسؤوليات المواطنة الحقه وتبصيرهم باهميـة مـد جسـور التعـاون مـع الاجهـزة المختصـة والجهات المعنية في منع الجريمة والوقاية منها تعد من الخطوات المهمة التي يعـول عليهـا كثيرا في هذا المجال. فاسهام المواطنين من خلال النشاطات الطوعية مع الاجهزة الامنية لاسـيما مـع شرطـة مكافحة الجريمة يجعل فرص وقوع الجريمة ضئيلة جدا، باعتبار ان الجريمة تهدد جميـع الافراد ولا تستثني احدا وان مسؤولية درء اخطارها ومنع حدوثها هي من مسؤولية جميع الاطراف الموجـودة في المجتمع.

ومـن اجل ديمومة واستمرار العلاقة بين المواطنين والاجهزة المختصة في مكافحة الجريمـة هـو العمل على ايجاد ضمانات وحوافز مناسبة لتشجيع المـواطنين عـلى الابـلاغ عـن الجرائـم وتقديم المعلومات المساعدة في الكشف عنها والتعاون في

القبض على مرتكبيها، وايضا دعم النشاطات الطوعية وبلورتها لعمل الاجهزة الامنية وبلورتها في صيغ تنفيذية كمجتمعات متخصصة على غرار جمعيات اصدقاء الشرطة وجمعيات الوقاية من حوادث الطرق [1].

خامسا. مراقبة الاشخاص المهيئين للانحراف:

تعد عملية مراقبة الاشخاص الذين لديهم ميول انحرافية من الخطوات الاساسية التي يمكن الاعتماد عليها في سبيل التخفيف من وطأة ظاهرة الجريمة وتخفيض معدلات وقوعها، لذا فان احتضان هؤلاء الاشخاص وتقديم الرعاية اللازمة وتوفير العناية الضرورية لهم سيحول دون وقوعهم في مزالق الانحراف والجريمة وذلك من خلال توجيه نشاطاتهم في ممارسة الفعاليات التي تعود عليهم بالنفع وتصرفهم عن التفكير من القيام باي نشاط محظور وملئ اوقات فراغهم بالانشطة المفيدة والنافعة والعمل على حل المعضلات التي يعانون منها وتهيئة الظروف الملائمة لاستقرار حياتهم بحيث يستطيعون سد جميع احتياجاتهم الضرورية .

وعملية المراقبة تبدأ في السنوات الاولى من عمر الشخص لاسيما في مرحلة الطفولة حيث يعتقد بعض اطباء النفس والباحثين الاجتماعيين ان الاطفال الذين تظهر عليهم اعراض نفسية مثل الشراسة والعبوس ويظهر من سلوكهم في السنوات اللاحقة في المدرسة مشكلات مع زملائهم يكونون هم الاطفال القريبين من الانحراف واذا امكن تصحيح الطفولة باجراءات مناسبة فان الطفل سوف يصبح بالغا قليل الانحراف في جملته [2]. لذا فان من الضروري انشاء العديد من العيادات النفسية يتولى ادراتها باحثون نفسيون واخصائيون اجتماعيون وارسال من يحب حالته من هؤلاء الاشخاص اليها من اجل تشخيص عللهم النفسية والاجتماعية ووضع الحلول الناجمة لها وبالتالي حمايتهم من الانحراف.

(1) ابراهيم، اكرم نشأت (الدكتور)، استراتيجيات مكافحة الجريمة في الوطن العربي، مجلة دراسات اجتماعية، العدد الاول، السنة الاولى، بيت الحكمة، بغداد، 1999، ص11 .

(2) سذرلاند، ادوين ودونالد كريس، مبادئ علم الاجرام، مصدر سابق، ص814 .

الباب الثاني
الدراسة الميدانية

الفصل الأول

المبحث الأول: الإجراءات العلمية والمنهجية للدراسة

الفصل الثاني

المبحث الأول: تحليل البيانات

الفصل الأول

المبحث الأول

الإجراءات العلمية والمنهجية للدراسة

أولا: نوع الدراسة ومنهجها

تصنف هذه الدراسة ضمن الدراسات الوصفية والتحليلية والتي ترتكـز عـلى عمليـة جمـع الحقائق والمعلومات عن مشكلة الدراسة ومن ثم تحليلها وتفسيرها من اجل الخروج بنتـائج اكـثر عمومية، وهذا بطبيعة الحال ما يتسم به المنهج العلمي والذي له القدرة والقابليـة في الوصول إلى تعميمات علمية تعد احدى الخصائص والسمات الجوهرية له.

اما فيما يتعلق بمنهج الدراسة فانه مـن المعـروف ان طبيعـة الدراسـة وموضـوع المشكلة المدروسة هي التي تحتم على القائم بالدراسة مـن اختيـار المـنهج الـذي يتـواءم مـع طبيعـة هـذه الدراسة وينسجم معها والذي يعول عليه في الخروج بنتائج تتسـم بـالعمق والشـمول والموضـوعية وتماشيا مع نوعية دراستنا وطبيعتها والتي تستوجب استخدام غير مـنهج، لـذا فانـه تـم الاستعانة بالمناهج الاتية:

1. منهج المسح الاجتماعي:

يرى (هاريسون) ان المسح الاجتماعي هو (عبارة عن مجهود تعاوني يتبع الطريقـة العلميـة لدراسة ومعالجة المشاكل الاجتماعية القائمة ضمن حدود جغرافية معينة)[1]. لـذلك فان الاستعانة بمثل هذا المنهج يمكن الباحث من الحصول على البيانات والمعلومات الدقيقة من مجتمع بحثه عن طريق العينة المسحوبة منه، لذا فاننا

---

(1) الحسن، احسان محمد (الدكتور)، والـدكتور عبد المنعم الحسـني، طـرق البحـث الاجتماعـي، مطـابع جامعـة الموصـل، الموصل، 1980، ص156 .

حرصنا ان تكون هذه العينة ممثلة تمثيلا دقيقا وصادقا لمجتمع الدراسة للحصول في نهاية المطاف إلى نتائج اقرب إلى الواقعية والمصداقية والتي يمكن ان يتم الاسترشاد بها في التطبيق العملي في المستقبل.

2. المنهج المقارن:

يهدف هذا المنهج إلى ايجاد صور التشابه والاختلاف بين مختلف الظواهر الاجتماعية، كما انه يدرس الظاهرة أو المؤسسة من خلال مقارنة ماضيها بحاضرها في المجتمع الواحد أو في عدة مجتمعات خلال فترة زمنية واحدة، وقد استعين بهذا المنهج من اجل التعرف على المؤسسات المعنية بعملية التنشئة الاجتماعية في الماضي عنها في الوقت الحاضر، كما استخدم هذا المنهج للمقارنة بين نتائج الدراسات السابقة ونتائج دراستنا الحالية.

ثانيا. فرضيات الدراسة:

تعرف الفرضية بانها (تخمين أو استنتاج ذكي يصوغه الباحث ويتبناه مؤقتا لشرح بعض ما يلاحظه من الحقائق والظواهر)[1]. ويعتمد وضع الفروض على خبرة الباحث في موضوع تخصصه وقدرته وامكانياته في استغلال معلوماته بالشكل الصحيح ومعرفته الدقيقة عن المجتمع الذي يعيش فيه. وفي ضوء ما تقدم فان اختيارنا لفرضيات هذه الدراسة جاء استنادا على ما تضمنته الدراسات النظرية والميدانية التي اجريت في السابق بخصوص مشكلة الدراسة أو القريبة منها، لذا فان الاستعانة والاطلاع على مثل هذه الدراسات تهدي الباحث إلى صياغة الفروض وبلورتها بشكل منطقي وواقعي مما يجعلها قابلة للدراسة والاختبار، وبناء على ذلك فقد تمت صياغة الفرضيات الآتية:

---

(1) بدر، احمد (الدكتور)، اصول البحث العلمي ومناهجه، دار المطبوعات، الكويت، 1978، ص88.

1. تتباين مؤسسات التنشئة الاجتماعية المختلفة في درجة فاعليتها في الوقاية من الجريمة أو الحد منها. ومن هذه الفرضية الرئيسة نشتق الفرضية الفرعية الآتية:

- للاسرة النصيب الاوفر في تزويد الابناء بجرعات التنشئة الاجتماعية وتحصينهم من الانحراف والجنوح.

2. يعزز استقرار البيئة الاسرية التنشئة الاجتماعية للابناء ويقيهم من الوقوع في احضان الجريمة.

3. التنشئة الاجتماعية التي توازن بين الاساليب المتشددة والاساليب المتساهلة هي التنشئة الاكثر نجاحا في تربية الابناء وبناء شخصيتهم.

4. تشغيل الاسرة لابنائها في سن مبكر نتيجة تدني المستوى المعاشي لها يضعف من تنشئتهم الاجتماعية ويعرضهم إلى الانحراف.

5. لاتزان شخصية المدرس اثر ايجابي في تعزيز السلوك المنضبط للطلاب ووقايتهم من الانحراف.

6. ترسيخ الوازع الديني للافراد ينأى بهم عن الانحراف والجريمة.

7. تعد وسائل الاعلام لاسيما المرئية المنافس الرئيس للاسرة في عملية التنشئة الاجتماعية والتحصين من الانحراف والجريمة.

8. هناك علاقة طردية بين تجنب اقران السوء والابتعاد عن ارتكاب الجريمة.

9. قيام مراكز الشباب بملء اوقات الفراغ بالانشطة الترويجية المفيدة يحد من تفكير الشباب في ارتكاب السلوك الاجرامي.

ثالثا. نوعية عينة الدراسة:

تعرف العينة بانها (ذلك الجزء من المجتمع الذي يجري اختياره وفق قواعد وطرق علمية بحيث تمثل المجتمع تمثيلا صادقا)[1] وقد تم اعتماد العينة العشوائية في اختيار مجتمع الدراسة وذلك للمزايا التي يتمتع بها هذا الصنف من انواع العينات، والعينة العشوائية غالبا ما تكون ممثلة لمجتمع الدراسة بشكل صحيح وتعكس البيانات والحقائق التي يتسم بها فضلا عن ذلك فان نتائجها تتسم بالموضوعية والشرعية العالية. وعند اتباع الطريقة العشوائية في اختيار عينة الدراسة تم الاخذ بنظر الاعتبار التقسيم الاداري لمدينة كركوك والتي قسمت بموجبه المدينة على سبع قطاعات تضم سنين حيا سكنيا، وقد تم اختيار عدة احياء بشكل عشوائي تضم مناطق ذات مستويات اقتصادية وانتماءات اجتماعية مختلفة من اجل ضمان تمثيل العينة لمجتمع الدراسة تمثيلا صادقا.

رابعا. مجالات الدراسة:

تضمنت الدراسة ثلاث مجالات هي:

1. **المجال البشري**: شمل عينة من سكان مدينة كركوك.

2. **المجال المكاني**: انحصر في الاحياء التي شملتها الدراسة والتي تقع جميعها في مركز مدينة كركوك.

3. **المجال الزماني**: استغرقت الدراسة المدة من 2001/6/1 لغاية 2001/10/1.

---

(1) عمر، معن خليل (الدكتور)، الموضوعية والتحليل في البحث الاجتماعي، دار الآفاق الجديدة، بيروت، 1983، ص125 .

خامسا. حجم عينة الدراسة:

ان دراسة المجتمع المدروس بشكل شامل تعد عملية بالغة الصعوبة لاسيما إذا كان هذا المجتمع كبير الحجم. لذا فانه يتم في هذه الحالة اللجوء إلى اخذ عينة من هذا المجتمع شريطة ان تكون ممثلة لمعظم صفات مجتمع الدراسة لان ذلك يوفر للباحث اقتصادا في النفقات واختصارا في الوقت فضلا عن حصوله على معلومات ادق من المعلومات التي يحصل عليها لو قابل جميع وحدات مجتمع الدراسة. لذا تمت الاستعانة بمعادلة البروفسور (موزر)[1] في تحديد حجم عينة الدراسة وهذه المعادلة هي على النحو الاتي:

$$ن_د = \frac{ع_م^2}{ع\ س\ د^{-2}}$$

ن_د = حجم العينة المطلوب اختيارها

ع_م^2 = الانحراف المعياري لمجتمع الدراسة

$$ع\ س_د^2 = \frac{حد\ الثقة\ الاحصائية\ أو\ درجة\ الدلالة\ للوسط\ الحسابي\ لمجتمع}{الدراسة}$$

وبما ان مجتمع الدراسة (مدينة كركوك) مجتمع غير متجانس في الصفات الاجتماعية والاقتصادية والديموغرافية فانه تم تقدير الانحراف المعياري لمجتمع الدراسة بـ (20) درجة وبدرجة دلالة احصائية (3±) وعلى مستوى ثقة (95%)

---

(1) الحسن، احسان محمد (الدكتور)، الاسس العلمية لمناهج البحث الاجتماعي، دار الطليعة، بيروت، 1986، ص61-62 .

بدرجة (1.96) وتم بعد ذلك تعويض رموز المعادلة من ا اجل الحصول على حجم العينة وكما ياتي:

$$ن_د = \frac{ع_م^2}{ع\ س_د^{-2}} \qquad \frac{ع_م^2}{ع\ س\ د^{-2}}$$

حيث ان

ن د =

حيث ان

$$ع\ س\ د^{-2} = \frac{\text{درجة الدلالة الاحصائية}}{\text{مستوى الثقة الاحصائية 95\%}} = \frac{(20)^2}{1.5} = 1.5$$

$$\text{اذن ن د} = \frac{400}{2.25} = \frac{3}{1.96} = 177 \text{ حجم العينة}$$

وللضرورة الاحصائية تم تعديل الرقم إلى (200) ليصبح حجم العينة النهائي.

سادسا. أدوات جمع البيانات:

من اجل التمكن في الحصول على المعلومات المطلوبة لا بد وان يستعين الباحث بعدد من الادوات التي تعينه في عملية جمع المعلومات الضرورية المتعلقة بالبحث أو الدراسة التي يزمع القيام بها. لذا استعان الباحث بعدد من الادوات الآتية:

1. **الاستبيان:** يعد الاستبيان من الادوات الرئيسة والمهمة في جمع البيانات والمعلومات والذي يتضمن جملة من الاسئلة المطروحة في الاستمارة

يقوم الباحث بتوزيعها على عينة المجتمع المدروس وتدور هذه الاسئلة حول مشكلة الدراسة.ويقوم الباحث بعملية اعداد وتنظيم وتصميم استمارة الاستبيان بعد الاطلاع على البحوث والدراسات التي تم اجرائها في السابق سواء على الصعيد النظري أو على مستوى الجانب العملي والتي هي قريبة من موضوع الدراسة أو ذات صلة به.

وقد تم عرض الاستمارة على الاستاذ المشرف للأخذ برأيه والعمل بتوجيهاته السـديدة فضلا عن ذلك فانه تم عرضها على نخبة من الخبراء والمختصين(*) لابـداء ملاحظـاتهم وارائهم على استمارة الاستبيان، وبعد ذلك تم اضافة بعض الاسئلة وحذف قسم منها واعادة صياغة البعض منها من جديد وبعد ذلك قام الباحث بعملية اختبار الاستمارة اختبارا اوليا (Pre-Test) على بعض من اسر المناطق المبحوثة وعـددها (20) اسرة مـن اجل التوصل إلى الصيغة النهائية للاستمارة والتاكد من صلاحيتها وتلافي الاخطاء فيهـا ثم عرضت مرة اخرى على الاستاذ المشرف لوضع البصمات النهائية عليهـا فضـمت في صورتها النهائية

(*)

1. الاستاذ الدكتور احسان محمد الحسن، قسم علم الاجتماع، كلية الاداب، جامعة بغداد .
2. الاستاذ الدكتورة فتحية الجميلي، قسم علم الاجتماع، كلية الاداب، جامعة بغداد .
3. الاستاذ الدكتور عبد اللطيف عبد الحميد العاني، قسم علم الاجتماع، كلية الاداب، جامعة بغداد .
4. الاستاذ الدكتور وهيب مجيد الكبيسي، قسم علم النفس، كلية الاداب، جامعة بغداد .
5. الاستاذ الدكتور هادي صالح محمد، قسم الخدمة الاجتماعية، كلية التربية للبنات، جامعة بغداد .
6. الاستاذ الدكتور محمد ياسين وهيب، قسم العلوم التربوية والنفسية، كلية التربية، جامعة الموصل .

على (36) سؤالا مقسما على سبع محاور رئيسة وكانت الاسئلة بعضها مفتوحة والبعض الاخر مغلقة.

2. **المقابلة:** وهي من الادوات والوسائل المهمة التي يتم الاستعانة بها في جمع المعلومات ويستخدمها مختلف الباحثين في موضوعات متباينة ومتعددة. وتعرف المقابلة بانها (ذلك الاتصال الشخصي- المنظم والتفاعل اللفظي المباشر الذي يقوم به القائم بالمقابلة مع فرد اخر أو مع افراد اخرين بهدف استثارة انواع معينة من المعلومات والبيانات لاستغلالها في البحث وللاستعانة بها في التوجيه والتشخيص والعلاج والتخطيط والتقويم)[1]. لذلك قام الباحث اثناء توزيعه استمارات الاستبيان على العينة بالاستعانة بهذه الوسيلة من اجل شرح وتوضيح الاسئلة التي التبس فهمها على المبحوثين وكيفية الاجابة عليها بصورة دقيقة وصحيحة فضلا عن تبيان الهدف المنشود من الدراسة والغاية المرجوة منها.

3. **الملاحظة:**

وهي من اهم الوسائل التي يستعملها الباحثون الاجتماعيون والطبيعيون في جمع المعلومات والحقائق من الحقل الاجتماعي أو الطبيعي الذي يزود الباحثين بالمعلومات والحقائق وقد استعان الباحث بنوعين من انواع الملاحظة وهما:

أ. **الملاحظة البسيطة:** وهي الملاحظة التي يستعمل فيها الباحث بصره وادراكه وخبراته وتجارية السابقة في اختبار المعلومات والحقائق والظواهر التي يلاحظها في الميدان الاجتماعي قيد الدراسة والتحليل.

ب. **الملاحظة بالمشاركة:** وهي من الطرق المهمة والاساسية في جمع المعلومات الحقائق من الميدان وهذا النوع من المشاركة يتطلب من

---

(1) الشيباني، عمر محمد التومي (الدكتور)، مناهج البحث الاجتماعي، دار الثقافة، بيروت، 1971، ص299 .

القائمين به مشاهدة الظروف الاجتماعية والمادية للمبحوثين والمشاركة في نشـاطاتهم اليومية والاطلاع على معتقداتهم واغراضهم وطموحاتهم[1].

سابعا. الوسائل الإحصائية:

استخدم الباحث مجموعة من الوسائل الاحصائية ووظفها في عمليـة الحصـول عـلى النتـائج الصحيحة ومن بين هذه الوسائل:

1. **النسبة المئوية** = $\frac{\text{الجزء}}{\text{الكل}} \times 100$

2. **الوسط الحسابي** = $\frac{\text{مج س} \times \text{ك}}{\text{مج ك}}$

3. **اختبار مربع كاي** = $\frac{(\text{ح} - \text{م})^2}{\text{م}}$

4. **الوسيط = الحد الادنى للفئة الوسيطية +** $\frac{\text{ترتيب الوسيط- التكرار المتجمع الصاعد للفئة قبل الوسيطية}}{\text{تكرار الفئة الوسيطية}} \times \text{ل}$

5. **قانون موزر** **ن د** = $\frac{\text{ع م}^2}{\text{ع س د}^{-2}}$

(1) الحسن، احسان محمد (الدكتور) والدكتور عبد المنعم الحسني، طرق البحث الاجتماعي، مصدر سابق، ص241 .

المبحث الثاني

البيانات الأولية عن المبحوثين

يمكن احتساب البيانات العامة للمبحوثين من المداخل الرئيسة التي يمكن الاعتماد عليها في التعريف بعينه الدراسة لكونها تعطي معلومات اساسية عن هذه العينة من حيث العمر والموطن الاصلي أو المنطقة السكنية التي تقطن فيها ودخلها الشهري ومدى حظها من التعليم ومقدار دخلها الشهري وعدد افراد اسرتها وغيرها من المعلومات الضرورية التي لها علاقة مباشرة أو غير مباشرة بالنتائج المتمخضة عن دراسة هذه العينة.

1. الجنس:

الجدول رقم (1)

يوضح جنس المبحوثين

الجنس	التكرارات	النسبة المئوية
ذكر	123	%61.5
انثى	77	%38.5
المجموع	200	%100

الجدول رقم (1) يظهر ان عدد المبحوثين الذكور من ارباب الاسر بلغ (123) بنسبة بلغت (%61.5) في حين بلغ عدد الاناث من زوجات ارباب الاسر (77) أي بنسبة (%38.5) من مجموع العينة.

2. اعمار افراد العينة:

يمكن التعرف على اعمار افراد العينة من خلال معطيات الجدول رقم (2)

الجدول رقم (2)

يمثل اعمار ارباب الاسر

فئات الاعمار	التكرارات	النسبة المئوية
30-21	22	%11
40-31	46	%23
50-41	55	%27.5
60-51	44	%22
70-61	33	%16.5
المجموع	200	%100

عند الاطلاع على معطيات الجدول رقم (2) نجد ان الاعمار المختلفة لافراد العينة قد قسمت على خمس فئات، فالافراد الذين تراوحت اعمارهم بين (21-30) سنة بلغت نسبتهم (11%)، اما الذين تراوحت اعمارهم بين (31-40) سنة فبلغت نسبتهم (23%)، يليهم الافراد الذين ينتمون إلى الفئات العمرية بين (41-50) بنسبة بلغت (27.5%)، اما الافراد من الفئات العمرية من (51-60) فقد بلغت نسبتهم (22%)، اما اوطأ نسبة فقد كانت من نصيب الافراد الذين تقع اعمارهم بين (61-70) سنة اذ بلغت نسبتهم (16.5%) وعند استخدام الوسط الحسابي لاعمار ارباب الاسر اتضح ان متوسط اعمارهم بلغ (46.5) سنة.

الجدول رقم (3)

يوضح اعمار زوجات ارباب الاسر

فئات الاعمار	التكرارات	النسبة المئوية
30-21	39	%19.5
40-31	41	%20.5
50-41	53	%26.5
60-51	45	%22.5
70-61	22	%11
المجموع	200	%100

تشير بيانات الجدول رقم (3) إلى ان اعمار زوجات ارباب الاسر اللاتي تراوحت اعمارهن من (21-30) بلغت نسبتهن (19.5)، واللاتي تراوحت اعمارهن بين (31-40) سنة بلغت نسبتهن (20%)، إما الفئة الثالثة منهن واللاتي تراوحت اعمارهن بين (41-50) سنة بلغت نسبتهن (26.5%)، إما اللاتي تراوحت اعمارهن بين (51-60) سنة فقد بلغت نسبتهن (22.5%)، في حين بلغت نسبة اللاتي اعمارهن بين (61-70) سنة (11%)، وعند استخدام الوسط الحسابي لاعمار زوجات ارباب الاسر تبين ان متوسط اعمارهن بلغ (37.0) سنة.

نستنتج من هذا ان معظم ارباب الاسر وزوجاتهم هم في سن الحيوية والنشاط بحيث يمكنهم من القيام بتحمل اعباء اسرهن ومنها تربية ابنائه والقدرة على سد احتياجاتهم وتجنب حالات الشطط التي قد يقعون فيها.

3. الموطن الأصلي للمبحوثين :

الجدول (4)

يبين الموطن الاصلي للمبحوثين

الموطن الاصلي	التكرارات	النسبة المئوية
مدينة	83	%41.5
قضاء	32	%16
ناحية	26	%13
قرية	59	%29.5
المجموع	200	%100

يوضح لنا الجدول رقم (4) ان نسبة (41.5%) من افراد العينة هم بالاصل من سكنة المدن في حين ان نسبة الذين ينحدرون من الاقضية (16%)، إما سكان النواحي الاصليون فقد وصلت نسبتهم إلى (13%)، إما من هم من اصل قروي فقد بلغت نسبتهم (29.5%). ومعطيات هذه البيانات تشير إلى ان اكثر من ثلث المبحوثين هم من سكنة المدن الاصليين باعتبار ان المدن هي دائما مراكز للجذب نظرا لما يتوفر فيها من خدمات ضرورية إلى جانب نوفر السلع والحاجات الاساسية التي تسد متطلبات الحياة المتشعبة على العكس من القرى والضواحي المحيطة بها التي لا يرقى لا يوجد فيها إلى بما هو متوفر في المدن.

4. توزيع المبحوثين في مدينة كركوك:

من خلال بيانات الجدول رقم (5) يمكن التعرف على المناطق السكنية للمبحوثين داخل مدينة كركوك وهي على النحو الاتي:

الجدول رقم (5)

يوضح توزيع المبحوثين على المناطق السكنية في مدينة كركوك

المنطقة السكنية	التكرارات	النسبة المئوية
الواسطي	35	%17.5
غرناطة	27	%13.5
المعلمين	25	%12.5
عرفة	23	%11.5
الماس	22	%11
واحد اذار	20	%10
المصلى	14	%7
الاسكان	13	%6.5
العروبة	11	%5.5
العلماء	10	%5
المجموع	200	%100

يوضح لنا الجدول رقم (5) إلى ان المبحوثين يقطنون في مناطق سكنية مختلفة في مدينة كركوك ومتباينة في المستوى الاقتصادي والانحدار الطبقي وهذه هي السمة البارزة التي تميز حياة المجتمع المدني حيث تشيع ظاهرة عدم التجانس ما بين سكان المدن في مستوياتهم المعاشية وانتماءاتهم الاجتماعية على العكس من سكنة القرى والارياف الذين غالبا ما تكون هذه الاختلافات ما بينهم قليلة ان لم تكن معدومة، فضلا عن ذلك فان السبب الرئيس الذي يكمن وراء بروز هذه الظاهرة هو ان حدوث الحراك الاجتماعي في المدن يكون اكثر مما هو عليه الحال في القرى. وهذا

يعزى إلى تبدل الظروف الاجتماعية وتغير الاحوال الاقتصادية والسياسية في مراكز المدن، كما ان التطور وتعدد الحاجات والرغبات البشرية وبروز ظاهرة تقسيم العمل ادى إلى تصنيف الافراد في مراتب اجتماعية حسب طبيعة عملهم وتخصصاتهم ويرتبط هذا التباين بالتقويم الاجتماعي للمهنة[1].

5. مهن المبحوثين:

الجدول رقم (6)

يبين المهن التي يزاولها ارباب الاسر

المهن	التكرارات	النسبة المئوية
موظف	91	%45.5
اعمال حرة	78	%39
متقاعد	31	%15.5
المجموع	200	%100

يتضح من الجدول رقم (5) ان نسبة (45.5%) من العينة هم من الموظفين ويأتي بعدهم الذين يمتهنون اعمالا حرة بنسبة بلغت (39%) من اجمالي العينة وهذا يفسر ما تدره هذه الاعمال من ارباح وفيرة وعدم رغبة هؤلاء في الانخراط في الوظائف الرسمية بسبب عدم كفاية مردوداتها المالية مقارنة بالاسعار العالية المتفشية في الاسواق بسبب التضخم الاقتصادي بفعل تاثير الحصار الظالم، في حين بلغت نسبة المحالين على التقاعد (15.5%)، من مجموع العينة .

(1) الحسن، احسان محمد (الدكتور) والدكتورة فوزية العطية، الطبقية الاجتماعية، مطابع جامعة الموصل، الموصل، 1983، ص13 .

الجدول رقم (7)

يوضح مهن زوجات ارباب الاسر

المهنة	التكرارات	النسبة المئوية
موظفة	109	%54.5
ربة بيت	91	%45.5
المجموع	200	%100

نتائج الجدول المذكور اعلاه تشير إلى ان اكثر من نصف زوجات ارباب الاسر يعملن في الدوائر الرسمية حيث بلغت نسبتهن (54.5%)، وهذا يشير إلى اتخراطهن في اعمال وظيفية مختلفة وخروجهن إلى ميدان العمل جاء لمساعدة ازواجهن في سد متطلبات الحياة ومواجهة الظروف المعاشية الصعبة ومن اجل التخفيف عن كاهل ارباب اسرهن، في حين بلغت نسبة ربات البيوت (45.5%) ةهذا يشير إلى عدم قناعتهن بالعمل خارج البيت لان معظم رواتب الوظائف في الوقت الراهن في وضع متدن لا ترقى إلى المستوى الذي يمكن التعويل عليه في تلبية الاحتياجات الضرورية لاسرهن وبالتالي تفضيلهن المكوث في بيوتهن وتفرغهن التام لشؤون البيت وتربية الاطفال وغيرها من الاعمال التي تدخل في صلب واجبهن.

6. مقدار الدخل الشهري:

يعد الدخل الشهري من العوامل المهمة والاساسية في تحديد المستوى المعاشي للاسرة والذي يلعب دورا بالغ الاهمية في حياتها ويؤثر سلبا أو ايجابا على وضعها الاقتصادي والاجتماعي والنفسي، فالاسر التي تتمتع بمستوى اقتصادي جيد تكون في منأى عن الحرمان والعوز، وتتجنب في نفس الوقت الكثير من المشاكل التي

تكدر صفو حياتها، اما الاسر التي يكون مردودها المالي ضعيفا فانها تكون بذلك محرومة من الكثير من ضرورات الحياة المختلفة فضلا عن حالة البؤس والشقاء التي تكابدها مما يجعلها تذوق مـرارة العيش مما يؤثر سلبا على حياة ابنائها ويلقي بظلال قاتمة على تنشئتهم الاجتماعية بسبب انشـغال الوالدين بتوفير لقمة العيش ومحاولتهم العمل على رفع المستوى المعاشي المنهك لاسرهم.

الجدول رقم (8)

يبين مقدار الدخل الشهري للاسر المبحوثة

الدخل الشهري	التكرارات	النسبة المئوية
19-10	61	%30.5
29-20	48	%24
39-30	27	%13.5
49-40	24	%12
59-50	21	%10.5
60- فاكثر	19	%9.5
المجموع	200	%100

يتضح من الجدول رقم (8) ان دخل ارباب الاسر الشهري ليس عـلى مسـتوى واحـد. بـل ان هناك تباين في الدخول، وهذا امر طبيعي لان المهن التي يزاولها ارباب الاسر وزوجاتهم تتفـاوت في ما تدره عليهم من مدخولات، اذ بلغت نسبة الذين انحصرت مدخولاتهم بـين (10-19) الـف دينـار (30.5%)، وبلغت نسبة الذين كانت مدخولاتهم بين (20-29) الف دينار (24%)، اما الذين تراوحت مدخولاتهم بين (30-39) الف دينار فقد بلغت نسبتهم (13.5%)، في حين بلغت

نسبة الذين انحصرت مدخولاتهم بين (40-49) الف دينار (12%)، وبلغت نسبة الذين انحصرت مدخولاتهم بين (50-59) الف دينار (10.5%)، في حين حل في المرتبة الاخيرة الذين كانت مدخولاتهم (60) الف دينار فاكثر بنسبة (9.5%). وقد بلغ قيمة الوسيط للدخل الشهري للاسر المبحوثة (26) الف دينار.

يبدو بشكل واضح ان التدني في المدخولات الشهرية اثر بشكل مباشر على الوضع المعاشي للاسر المدروسة وهذا بطبيعة الحال مرده إلى التاثير الكبير الذي الحقه الحصار الاقتصادي الظالم وما احدثه من تضخم في السوق العراقية وتسببه في تدني سعر صرف الدينار العراقي امام العملات الاجنبية، وهذا ما جعل الكثير من ارباب الاسر يفتشون عن مصادر رزق اضافية لسد النقص الحاصل في المستوى المعاشي لاسرهم وهذا يعني ان انشغالهم بتوفير ما تحتاجه الاسرة من ماديات كان على حساب الاهتمام بتربية ابنائهم التربية السليمة مما احدث شرخا واضحا للعيان في المسؤولية التي ينبغي ان تولى لرعاية الابناء وتنشئتهم تنشئة اجتماعية سليمة.

7. حجم الأسرة:

تلعب الظروف الاجتماعية والاقتصادية والسياسية التي يمر بها المجتمع دورا مؤثرا في تحديد حجم الأسرة. فكلما كانت هذه الظروف مناسبة وملائمة كلما كانت هناك فرصة لزيادة الانجاب وبالعكس. ومما يلاحظ في الوقت الحاضر ان زيادة الاتجاب وكبر حجم الاسرة يثقل كاهل ارباب هذه الاسر في تحمل الاعباء المادية نتيجة تعقد الحياة وتعدد مطاليبها، عليه فانه تلمس بشكل واضح ان هناك تحفظ من قبل ارباب الاسر في عدم زيادة الانجاب على النقيض عما كان عليه الحال في الماضي والجدول رقم (9) يوضح حجم اسر المبحوثين.

الجدول رقم (9)

يمثل حجم اسر المبحوثين

حجم الاسرة	التكرارات	النسبة المئوية
4-2	33	%16.5
7-5	85	%42.5
10-8	59	%29.5
11- فاكثر	23	%11.5
المجموع	200	%100

يتضح من الجدول رقم (9) ان اكثر من نصف اسر المبحوثين هي اسر متوسطة وصغيرة الحجم وان السبب الرئيسي وراء عدم التوسع في حجم الاسر راجع إلى كونها تحتاج إلى موارد مادية كافية لسد احتياجاتها خصوصا وان الظرف الاستثنائي التي يمر به القطر لا يشجع على زيادة الانجاب، فضلا عن ذلك ان كثرة عدد الابناء يجعل رب الاسرة في وضع صعب بحيث لا يستطيع ان ينال كل واحد من هؤلاء الابناء حظه الكافي من التنشئة الاجتماعية اللازمة الضرورية لان مسالة الإشراف الابوي في حالة كثرة الابناء تعتريها حالة من الضعف حيث لا يستطيع رب الاسرة القيام في هذه المهمة بالمستوى المطلوب، ولهذا فقد بلغت نسبة من كانت اسرهم يتراوح عددها بين (2-4) افراد (16.5%)، اما الاسر التي يتراوح حجمها بين (5-7) افراد فقد بلغت نسبتها (42.5%)، في حين وصلت نسبة الاسر التي تتكون من (8-10) افراد إلى (29.5%)، بينما كانت نسبة الاسر المكونة من (11- فاكثر) فرد (11.5%) من النسبة الكلية للعينة. اما قيمة الوسيط لعدد افراد اسر المبحوثين فوجد انه يساوي (7) افراد.

8. المستوى التعليمي لأرباب الأسر وزوجاتهم:

يضطلع المستوى التعليمي بدور بالغ الاهمية في تعبير رب الاسرة وزوجته بالمسؤولية الكبيرة الملقاة على عاتقها ويتخلى هذا الدور في سعيهما الجاد والحثيث في بناء اسرة متكاملة يسودها الوئام ويشيع في ظهرانيها الاحترام والوفاق من خلال تقديسها للحياة الزوجية، كما ان مثل هذا المستوى يوفر التقارب النسبي في نظرتهما المشتركة نحو جوانب مختلفة من امور الحياة المتعددة والتي بدورها تقلل من حجم الخلافات التي تحدث بينهما إلى حد كبير. والجدول الاتي يبين المستوى التعليمي لرب الاسرة.

الجدول رقم (10)

يبين المستوى التعليمي لارباب الاسر

المستوى التعليمي	التكرارات	النسبة المئوية
أمي	16	%8
يقرأ ويكتب	40	%20
ابتدائية	22	%11
متوسطة	21	%10.5
اعدادية	24	%12
معهد أو جامعة	77	%38.5
المجموع	200	%100

تشير معطيات الجدول رقم (10) ان نسبة الاميين بلغت (8%)، في حين وصلت نسبة من يعرف القراءة والكتابة إلى (20%)، في حين بلغت نسبة ممن انهوا مرحلة الابتدائية (11%) بلغت نسبة الذين حصلوا على شهادة المتوسطة (10.5%)، اما الذين حصلوا على شهادة الاعدادية فقد بلغت نسبتهم (12%)، في الوقت الذي بلغت نسبة الذين انهوا تعليمهم العالي من خريجي المعاهد والجامعات (38%)

وهي اعلى نسبة مقارنة ببقية النسب الاخرى وهذا يعطي مؤشرا ايجابيا على مدى الاهمية التي يوليها ارباب الاسر لمجال التعليم، وهذا بطبيعة الحال يكون له انعكاسات ايجابية على اسرهم، حيث ان رب لاسرة المتعلم يكون اكثر وعيا وافضل التزاما من غيره في ادراك المسؤولية الملقاة على عاتقه تجاه اسرته حيث يحرص على مستقبل ابنائه ويوفر لهم العناية المطلوبة في التوجيه والنصح والارشاد مما يؤدي إلى تدعيم تربيتهم الاجتماعية وتحصينهم من الانحراف. والجدول رقم (11) يوضح المستوى التعليمي للزوجة.

الجدول رقم (11)

يمثل المستوى التعليمي لزوجات ارباب الاسر

النسبة المئوية	التكرارات	المستوى التعليمي
19.5%	39	أمية
17.5%	35	تقرأ وتكتب
13%	26	ابتدائية
12.5%	25	متوسطة
11.5%	23	اعدادية
26%	52	معهد أو جامعة
100%	200	المجموع

نتائج الجدول رقم (11) السابق تشير إلى ان نسبة (19.5% من زوجات ارباب الاسر أميات لا يعرفن القراءة والكتابة، بلغت نسبة من يعرفن القراءة والكتابة (17.5%)، في حين وصلت نسبة المتخرجات من لابتدائية (13%) اما

اللواتي انهين الدراسة المتوسطة فقد بلغت نسبتهن (12.5%)، في حين بلغت نسبة المتخرجات من الاعدادية (11.5%)، وكانت نسبة من انهين تعليمهن الجامعي من خريجات المعاهد والكليات (26%) وهي اعلى نسبة وهذا يعطي انطباعا ايجابيا بان الزواج الناجح قد قام على احدى هذه الاسس السليمة وهو التقارب في المستوى التعليمي ما بين الزوج والزوجة وهذه الخاصية المشتركة توفر الارضية الصلبة في قيادة اسرتهما نحو شاطئ الامان بشكل ناجح بعيدا عن كل ما يكدر صفاء حياتها وسعادة عيشها.

9. عائدية السكن للمبحوثين:

تعد عائدية السكن من المسائل التي تحظى بنصيب وافر في تفكير ارباب الاسر، وهذا نابع بطبيعة الحال من حرصهم على تهيئة اسباب الاستقرار لاسرهم الذي يعد ضرورة من ضرورات العصر الملحة، والجدول رقم (12) يوضح عائدية السكن للاسر المبحوثة.

الجدول رقم (12)

يبين عائدية السكن للاسر المبحوثة

عائدية السكن	التكرارات	النسبة المئوية
ملك	134	%67
ايجار	41	%20.5
دار حكومي	25	%12.5
المجموع	200	%100

عند الاطلاع على معطيات الجدول رقم (12) نجد ان الاسر التي تملك دارا لها بلغت نسبتها (67%) وهي اعلى نسبة قياسا ببقية النسب الاخرى وهذا يمكن ان يكون مؤشرا ايجابية حيث ان الاسرة التي تملك دارا توفر لها هذه المزية أمنا اقتصاديا واجتماعيا على العكس تماما من الاسر التي لا تملك سكنا خاصا بها فتضطر إلى التاجير وهذا ما ينعكس انعكاسا سلبيا علىالمستوى المعاشي للاسرة ويتعب ميزانيتها، حيث ان تكاليف الايجار باهضة جدا مما يربك وضعها الاقتصادي ويزيد اوضاعها سوءا وتعقيدا ،وبلغت نسبة الاسر المؤجرة (20.5%)، في حين بلغت نسبة الاسر التي تقطن دورا حكومية (12.5%) من اجمالي العينة.

الفصل الثاني

المبحث الأول

تحليل البيانات

أولا. بيانات المؤسسة الأسرية:

1. المسؤولية عن الأسرة:

من خلال الجدول الاتي نتعرف بالمسؤول في الاسرة.

الجدول رقم (13)

يمثل المسؤولية عن االاسرة

مسؤولية الاسرة	التكرارات	النسبة المئوية
الاب	73	%36.5
الام	33	%16.5
كلاهما	82	%41
شخص اخر	12	%6
المجموع	200	%100

من معطيات الجدول رقم (13) يتضح ان نسبة (36.5%) يتحمل الآباء مسؤولية الاسرة مسؤولية مباشرة وهذا يعطي دلالة واضحة على ان الاب ما زال يتمتع بنفوذ في اسرته من حيث اتخاذ القرارات المتعلقة بحياتها، في حين بلغت نسبة مسؤولية الام (16.5%)، اما النسبة التي تشير إلى مسؤولية كل من الاب والام عن

اسرتها فقد بلغت (41%) وهي نسبة عالية تفوق بقية النسب الآخرة المشار اليها في الجدول اعلاه وهذه المسؤولية المشتركة هي من علائم الحياة الاسرية الناجحة كون ان مثل هذا التعاون يعد مؤشرا ناجحا في مسيرة الاسرة ويفضي إلى توفر الشروط الاساسية والضرورية في قيام بيئة اسرية بعيدة عن الشقاق وسوء الوفاق، الامر الذي يمهد السبيل امام الوالدين للقيام بواجبهما المتمثل بتنشئة ابنائهما تنشئة اجتماعية سليمة اما نسبة من يقوم بمسؤولية الاسرة من غير الاب والام والذي يمثل الوصي فقد بلغت (6%) من مجموع العينة.

2. أهمية مؤسسات التنشئة الاجتماعية في الحد من الجريمة:

نستطيع التعرف على اهم مؤسسات التنشئة الاجتماعية ودورها في الحد من الجريمة من خلال بيانات الجدول الاتي:

الجدول رقم (14)

يوضح المؤسسات الاكثر اهمية في التربية والتحصيل من الجريمة

المؤسسة	التكرارات	النسبة المئوية
الاسرة	84	%42
وسائل الاعلام	42	%21
دور العبادة	41	%20.5
المدرسة	33	%16.5
المجموع	200	%100

تشير البيانات الموضحة في الجدول رقم (14) إلى ان مؤسسات التنشئة الاجتماعية تتباين في مدى اهميتها بالنسبة للمبحوثين وما تلعبه من دور حيوي في تقديم الرعاية الضرورية من ارشاد وتوجيه وتقويم وتوجيه لسلوك جميع افراد المجتمع بغض النظر عن سني عمرهم حيث كانت للاسرة حصة كبيرة فيما تضطلع

به من مهمة جسيمة تتمثل في تنشئة ابناءها تنشئة صحيحة وقائمة على دعائم قوية بحيث تحفظهم من الانزلاق في سبل الانحراف والجريمة وقد حازت على نسبة بلغت (42%) في حين حصلت وسائل الاعلام على نسبة بلغت (21%)، وكانت المنافسة شديدة بين دور العبادة والمدرسة فيما تقدمانه من جرعات ضرورية لافراد المجتمع في التنشئة الاجتماعية اللازمة حيث بلغت نسبة ما حصلتا عليه (20.5%) و (16%) على التوالي. وهكذا يتضح بجلاء ان الاسرة هي اكثر المؤسسات حيوية واهمية في المجتمع قياسا ببقية المؤسسات الاخرى الموجودة، حيث ان لها دورا خطيرا في حياة افرادها وفي حياة المجتمع. ذلك ان الاسرة هي حاملة ثقافته وهي اداته في تقلها من جيل إلى جيل والحفاظ عليها. والاسرة اقوى سلاح يستخدمه المجتمع في عملية التطبيع الاجتماعي ذلك انها ذات تاثير كبير في تشكيل شخصيات افرادها.

ومن خلال ما تقدم يتبين لنا صحة الفرضية الرئيسة القائلة ان مؤسسات التنشئة الاجتماعية المختلفة تتباين فيما تقدمه من تربية وفي درجة فعاليتها في الحد من الجريمة وتتفق هـذه النتيجـة مع النتيجة التي توصلت اليها دراسة (احمد جمال ظاهر)[1].

3. أهمية التعاون بين الأسرة ومؤسسات التنشئة الأخرى في الحد من الانحراف والجريمة:

لا يمكن ان تقوم الاسرة بواجبها بشكل صحيح في تنشئة ابنائها تنشئة تحفظهم مـن الوقـوع في الانحراف والجريمة ما لم يكن هناك تعاون وثيق بينها وبين المؤسسات الاخرى التي تشـترك معهـا في تحقيق هذه المهمة الجليلة، بالرغم من دورها الحيوي الذي تلعبه في هذا المجـال والـذي يفـوق دور ومسؤولية المؤسسات الاخرى والجدول رقم (14) يوضح مدى التنسيق والتعاون بين الاسرة مـن جهة

---

(1) ظاهر، احمد جمال، التنشئة الاجتماعية والسياسية في العالم العربي، مصدر سابق، ص335 .

ومؤسسات التنشئة الاجتماعية الاخرى من جهة اخرى في الحد من الجريمة والانحراف.

الجدول رقم (15)

يبين اهمية التعاون بين الاسرة ومؤسسات التنشئة الاخرى في الحد من الانحراف والجريمة

الاجابة	التكرارات	النسبة المئوية
نعم	91	%45.5
لا	43	%21.5
احيانا	66	%33
المجموع	200	%100

البيانات في الجدول رقم (15) تبين ان جهود التعاون والتنسيق ما بين الاسرة ومؤسسات المجتمع الاخرى المعنية بشؤون التربية والتحصين من حالات الجنوح والانحراف يعد امرا ضروريا وملحا، حيث اعطى المبحوثين لمثل هذا التعاون نسبة (45.5%) أي ما يقارب النصف من النسبة الاجمالية في حين يتصور ما نسبته (12.5%) ان وجود هذا التعاون لا طائل من وراءه باعتبار ان الاسرة هي الجهة الوحيدة في القيام بهذه المهمة، في حين يعتقد البعض ان مد جسور التعاون والتنسيق ما بين الاسرة والمؤسسات الاخرى في هذا المجال يفضي في بعض الاحيان إلى النتائج المرجوة والمتمثلة في درء اخطار الانحراف والجريمة عن افراد المجتمع حيث بلغت نسبة المؤيدين لهذا الاتجاه (33%) من النسبة الكلية للعينة.

4. تأثير سلوك الوالدين على نشوء الأبناء:

يعد سلوك الوالدين في غاية الخطورة والاهمية حيث ينعكس مباشرة على تربية الابناء سلبا أو ايجابا حيث ان الابناء لاسيما في مرحلة الطفولة والصبا يرون

ان الوالدين يمثلان بالنسبة لهما الاسوة التي ينبغي الاقتداء بهما في كل شيء في اقوالهم وافعالهم فينهج بذلك الابناء نهج والديهم فيتاثرون بهم إلى حد كبير. والجدول الاتي يوضح ذلك:

الجدول رقم (16)

يمثل مدى تاثير سلوك الوالدين على الابناء

الاجابة	التكرارات	النسبة المئوية
نعم	121	%60.5
لا	33	%16.5
احيانا	46	%23
المجموع	200	%100

يظهر جليا من الجدول رقم (16) ان السلوك الذي ينهجه الوالدان له ابلغ الاثر على تنشئة ابنائهما حيث بلغت نسبة من يرى ان تاثير هذا السلوك على الابناء يبقى إلى امد طويل (%60.5)، ويعتقد (16.5) عكس هذا الراي منطلقين بذلك من فكرة مؤادها ان الوالدين وسلوكهم ليست الجهة الوحيدة المؤثرة في تربية الابناء وانما هناك طرق اخرى تاثيرها لا يقل عن تاثير سلوك الوالدين على الابناء، في حين بلغت نسبة من يعتقدون انه يكون في بعض الاحيان لهذا التاثير بصمات واضحة على سلوك الابناء وتصرفاتهم (%23) من مجموع العينة. فاثر الوالدين في الابناء يبرز في مراحل عمرهم الاولى وتبقى ملازمة لهم مدة طويلة من حياتهم وينبع التزامهم بالسلوك الاجتماعي المقبول من كون أن التقيد بهذا السلوك اصبح جزءا من شخصيتهم وليس نابعا من الخوف والعقوبة[1].

(1) Clinard . M , Sociology of Devaint Begaviour , New York , 1964 , P. 7 .

5. أهمية التماسك الأسري في تجنب الأبناء للانحراف والجنوح:

لا يخفى على احد مدى اهمية البناء الصلد للبيت الاسري والذي يقوم على التماسك والتضامن ما بين اعضائه وخاصة ما بين الاب والام بوصفه من الدعائم القوية التي يستند عليها في وجوده ويستمد منها صحته ويهيئ له جوا خاليا من غيوم التوتر. فالبيت لا يزال عاملا من عوامل التربية، بل قد لا نعدو الصواب كثيرا إذا قلنا ان كفته ترجح كفة العوامل الاخرى كلها مجتمعة منضما بعضها إلى بعض، ذك ان على البيت تتوقف اثار هذه العوامل جميعا فبصلاحه وجهوده الرشيدة تصلح اثارها وتؤتي اكلها وبفساده وانحراف اعماله تنحرف كلها عن جادة القصد[1]. والجدول رقم (17) يبين مدى الاهمية التي تلعبها البيئة الاسرية المتماسكة في تعزيز التنشئة الاجتماعية للابناء ووقايتهم من الانحراف والجريمة

الجدول رقم (17)

يوضح مدى اهمية التماسك الاسري في تنشئة الابناء وتحصينهم من الانحراف والجريمة

الاجابة	التكرارات	النسبة المئوية
نعم	116	%58
لا	32	%16
احيانا	52	%26
المجموع	200	%100

تشير معطيات الجدول رقم (17) ان نسبة (58%) من المبحوثين ترى ان للتماسك الاسري اليد الطولى في تحصين الابناء من الوقوع في مراتع الجريمة والانحراف، اما نسبة الذين يخالفون هذا الراي فهي (16%)، في حين يذهب (26%)

(1) وافي، علي عبد الواحد (الدكتور)، عوامل التربية، مصدر سابق، ص6 .

من المبحوثين إلى ان مثل هذا التماسك يشكل في بعض الاوقات ضمانة للابناء من الانزلاق في دروب الرذيلة والانحراف وفي ضوء هذه النتائج يظهر بشكل لا يبقى الجدل مدى الدور المهم والحساس الذي يلعبه التضامن الاجتماعي للاسرة في وقاية ابنائها من الانحراف والجريمة. فالاسرة المتماسكة هي المجتمع الاول الذي يجد فيه المرء الطمأنينة والدفء والطفل في الاسرة السوية عضو في مجتمع يحظى برعاية والديه ويجد ما يشبع حاجاته المادية والمعنوية والعاطفية ويدربه على الاخذ والعطاء ويزرع فيه القيم والاتجاهات السوية، فالاسرة السعيدة تكون مجالا طيبا في تكوين سمات اخلاقية وشخصية متزنة واتجاهات سوية لجميع افرادها[1].

وبذلك يتبين لنا صحة فرضية الدراسة القائلة (يعزز استقرار البيئة الاسرية التنشئة الاجتماعية للابناء ويحميهم من الوقوع في احضان الجريمة).

6. مقومات التماسك الأسري:

من اجل وجود تماسك اسري قوي لا بد ان تتوفر مجموعة من المقومات الكفيلة بخلق هذا التماسك وهذه المقومات تتباين اهميتها في قيام مثل هذا التماسك والجدول رقم (18) يوضح ذلك.

---

(1) المغربي، سعد (الدكتور) والسيد احمد الليثي، الفئات الخاصة واساليب رعايتها – المجرمون –، مصدر سابق، ص204 .

الجدول رقم (18)

يبين التسلسل المرتبي لمقومات التماسك الاسري

النسبة المئوية	التكرارات	التسلسل المرتبي	مقومات التماسك الاسري
26.8%	66	1	التفاهم بين الوالدين
21.5%	53	2	قيام الوالدين بواجباتهما الاسرية
17.8%	44	3	المستوى المعاشي الجيد
15.4%	38	4	تهيئة السكن الملائم
14.6%	36	5	عدم تدخل الاقارب
3.6%	9	6	اسباب اخرى

تظهر بيانات الجدول رقم (18) ان وجود التفاهم والنظرة المشتركة ما بين الوالدين قـد حازت على المرتبة الاولى ضمن التسلسل المرتبي لمقومات التماسك الاسري بنسبة (26.8%) باعتبار ان وجود مثل هذا التفاهم كفيل بان يجعل الجو لاسري جوا مملوءا بالمحبة والوفاق والسعادة مما يوفر بيئة صالحة ينعم في ظلها الابناء فيكون ذلك من اسباب نشاتهم الصالحة السليمة، اما قيام الاب والابن بواجباتهم الاساسية تجاه ابنائهم خير قيام فجاء في المرتبة الثانية بنسبة بلغت (21.5%)، في حين احتل المستوى المعاشي الجيد الذي يسد الضرورات الاساسية للاسرة بحيث يجعلها في منأى عن العوز والفاقة التي تسبب الكثير من المشكلات النفسية والاجتماعية والاقتصادية لهـا الترتيب الثالث بنسبة وصلت إلى (17.8%) بينما جاء ترتيب تهيئة السكن الملائم بالمرتبة الرابعة بنسبة (15.4%) اما عدم تدخل

الاقارب في شؤون الاسرة وحياتها الخاصة جاءت في الترتيب الخامس بنسبة بلغت (14.6%)، اما الاسباب الاخرى التي تشمل بعض العوامل التي تدخل بصورة مباشرة أو غير مباشرة في قيام تماسك الاسرة فقد حلت في الترتيب الاخير بنسبة بلغت (3.6%) من المجموع الكلي للعينة.

7. تأثير البيئة السكنية:

تشير اغلب الدراسات والبحوث الاجتماعية التي اهتمت بموضوع التنشئة الاجتماعية إلى اهمية البيئة السكنية في تربية الابناء بوصفها احدى العوامل التي لا يمكن تجاهلها في نجاح أو فشل هذه العملية بما تتركه من بصمات واضحة على سلوكه والجدول في ادناه يوضح مدى تاثير هذه البيئة على تنشئة الابناء.

الجدول رقم (19)

يوضح مدى تاثير البيئة السكنية على تنشئة الأبناء

الاجابة	التكرارات	النسبة المئوية
نعم	114	%57
لا	86	%43
المجموع	200	%100

تفيد بيانات الجدول رقم (19) ان نسبة (57%) يعتقدون ان للبيئة السكنية دورا مؤثرا في ترك بصمات واضحة للعيان على سلوك الابناء وتصرفاتهم، في حين يرى (43%) ان البيئة السكنية لا تؤثر على تربية الابناء وانما تتركه من اثار لا تعرقل إلى حد كبير تنشئتهم الاجتماعية. وقد اكدت اغلب الدراسات الاجتماعية التي تناولت هذا الموضوع ان البيئة السكينة تشكل عاملا مهما في ارتكاب الجريمة

أو عدمها. فالافراد الذين يقطنون الاحياء التي تتوفر فيها كل مقومات السكن الملائم وتتوفر فيها جميع الخدمات الضرورية وتشيع فيها الثقافة التي تزدري الجريمة والانحراف يكونون في منأى عن كل ما يؤدي إلى اضطراب سلوكهم. لذا تؤدي البيئة التي ينشأ فيها الانسان في مرحلة الطفولة دورا مهما في بناء شخصيته وصقل وتوجيه سلوكه، فهي اما ان تساعده على اكتساب الصفات الطيبة والعادات الحميدة التي تدعم شخصيته، واما العكس من ذلك فانها قد تولدله الكثير من المشكلات النفسية والاجتماعية[1].

8. أساليب التنشئة الاجتماعية وعلاقتها بالخلفية الاجتماعية للآباء:

تختلف الاساليب التي يتبعها الوالدان في تنشئة ابنائهما، وهذا الاختلاف لا محالة سوف يؤدي إلى صبهم في قالب معين يميز شخصيتهم ويؤدي إلى اكتسابهم معايير معينة وسلوكيات مختلفة عن تلك التي تتسم بها سلوكيات الاخرين وهذا التباين في الاساليب المتبعة في عملية التنشئة له علاقة بالخلفية الاجتماعية للاباء والمربين. ونستطيع التعرف على مدى علاقة اساليب التنشئة الاجتماعية بالخلفية الاجتماعية للاباء من خلال بيانات الجدول رقم (20).

الجدول رقم (20)

يمثل مدى علاقة اساليب التنشئة الاجتماعية بالخلفية الاجتماعية للاسرة

الاجابة	التكرارات	النسبة المئوية
نعم	121	%60.5
لا	79	%39.5
المجموع	200	%100

(1) احمد، احلام، العلاقة الناجحة بين الطفل والبيئة، المجتمع، العدد 1417، مطبعة جمعية الاصلاح الاجتماعي، الكويت، ص60

توضح بيانات الجدول رقم (20) ان (60.5%) يرون ان الخلفية الاجتماعية تحدد نوع الاسلوب الذي يتبعه الآباء في تنشئة ابنائهم بغض النظر عما إذا كان هذا الاسلوب صحيحا ام خاطئا، في حين ان نسبة (39.5%) يعتقدون انه ليس هناك علاقة تربط طبيعة الاسلوب الذي يستخدمه الآباء في تربية الابناء بالخلفية الاجتماعية للاباء، حيث ان تغير الاحوال الاجتماعية والاقتصادية لا بد ان تحدث تاثيرات كبيرة في عقلية الوالدين وبالتالي تؤثر على نموذج الاسلوب المتبع في تنشئة ابنائهم.

9. الأسلوب المفضل في تنشئة الأبناء:

يلعب نمط الاسلوب الذي يتبعه الوالدان في تربية ابنائهم دورا كبيرا في مدى استقامة سلوكهم والتزامهم بمبادئ الفضيلة. ويتوقف طبيعة الاسلوب المختار والمفضل على قناعة الوالدين واعتقادهما بانه الاسلوب الامثل في التعامل مع الابناء باعتباره انه يجدي نفعا اكثر من غيره ويمكن التعرف على طبيعة الاسايب المختلفة التي يتبعها الوالدان والمربون في تربية ابنائهم من خلال معطيات الجدول الاتي.

الجدول رقم (21)

يبين طبيعة الاسلوب المفضل في تنشئة الابناء

طبيعة الاسلوب	التكرارات	النسبة المئوية
اللين والتساهل	54	%27
الشدة والقسوة	38	%19
الجمع بين الشدة واللين	108	%54
المجموع	200	%100

عند الاطلاع على بيانات الجدول رقم (21) تبين ان نسبة (27%) مـن المبحوثين اجابوا بـان اسلوب اللين والتساهل هو الاسلوب الامثل في تنشئة الابنـاء، في حـين يعتقـد (19%) بـان اسـلوب الشـدة والقسـوة هـو الاسـلوب الانجـح في التعامـل مـع الابنـاء ويـرى (54%) أي اكـثر مـن نصـف المبحوثين بان التوازن بين اسلوبي الشدة واللين هـو الاسلوب الاكـثر نفعـا في تنشئة الابنـاء تنشـئة سليمة. لان مثل هذا الاسلوب هو الذي يحفظ العلاقة الايجابية بين الآباء والابناء على العكـس مـن العلاقة المتوترة التي يستخدم من خلالها الآباء اسلوب العنف والقسوة. ممـا يجعل الطفـل يشـعر دائما بالظلم والحرمان من الحب مما يجعلـه غـير متجـانس مـع العـالم الخـارجي فيكـون شخصية عدائية للمجتمع تنتهي بممارسة العنف والجريمة[1]. وهذا ما يؤكد لنا صحة فرضية الدراسة القائلة (التنشئة الاجتماعية التي توازن بـين الاساليب المتشددة والاسـاليب المتسـاهلة هـي التنشـئة الاكـثر نجاحا في تربية الابناء وبناء شخصيتهم).

وتتفق نتيجة دراستنا هذه مع نتيجة دراسة (انعام جلال القصيري)[2].

---

(1) مصطفى، احمد، ظاهرة العنف والجريمة، اكتساب أم فطرة، مجلة المعلومات، العدد السابع والتسعون، السـنة الخامسـة والعشرون، ابو ظبي، 1999، ص25 .

(2) القصيري، انعام جلال، التنشئة الاجتماعية في الاسرة العراقية، مصدر سابق، ص 323 .

10. مدى تأثير الحصار الاقتصادي على المستوى المعاشي للأسرة:

الجدول رقم (22)

يوضح درجة تاثير الحصار الاقتصادي على مستوى معيشة الاسرة

الاجابة	التكرارات	النسبة المئوية
أثر بشدة	132	%66
أثر قليلا	58	%29
لم يؤثر	10	%5
المجموع	200	%100

تشير معطيات الجدول رقم (22) مدى التاثير الذي الحقه الحصار الاقتصادي الظالم المفروض على قطرنا من قبل الاشرار على المستوى المعاشي للاسرة، حيث بلغت هذه النسبة (66%)، في حين نسبة (29%) تعتقد ان الحصار لم يؤثر عليها إلا قليلا، في حين ترى نسبة (5%) من مجموع العينة انها لم تتاثر به.

11. التشغيل المبكر للأبناء ومدى تأثيره على تنشئتهم الاجتماعية:

الجدول رقم (23)

يمثل مدى تاثير التشغيل المبكر على تنشئة الابناء

الاجابة	التكرارات	النسبة المئوية
نعم	56	%28
لا	63	%31.5
احيانا	81	%40.5
المجموع	200	%100

قيمة $كا^2$ = 4.7

يتبين لنا من الجدول رقم (23) ان نسبة (28%) يرون ان تشغيل الأسر لابنائها في مرحلة عمرية مبكرة تؤثر سلبا على تنشئتهم الاجتماعية، حيث تكون فرصة وقوعهم في الانحراف مواتية، في حين تعتقد نسبة (31.5%) ان عمل الابناء في هذه المرحلة العمرية المبكرة لا يؤثر على تنشئتهم الاجتماعية ولا يمكن ان يجعلهم عرضة للانحراف، ويرى (40.5%) ان العمل المبكر للابناء يؤثر احيانا على سلوكهم الاجتماعي. وبعد اجراء اختبار ($كا^2$) تبين لنا ان القيمة المستخرجة تساوي (4.7) في حين كانت القيمة الجدولية عند مستوى الدلالة (0.05) تساوي (5.99) وعند مستوى الدلالة (0.01) تساوي (9.21)، وبما ان القيمة المستخرجة اصغر من القيمة الجدولية فانه لا يوجد فرق معنوي بين التشغيل المبكر للابناء وبين تاثيره على تنشئتهم الاجتماعية لذا فاننا نرفض فرضية الدراسة القائلة (تشغيل الاسرة لابنائها في سن مبكر نتيجة تدني المستوى المعاشي لها يضعف من تنشئتهم الاجتماعية ويعرضهم إلى الانحراف والجنوح) ونقبل بالفرضية الصفرية. وتتفق نتيجة دراستنا هذه مع النتيجة التي توصلت اليها دراسة (اتعام جلال القصيري)[1].

ثانيا. بيانات المؤسسة التربوية (المدرسة):

تعد المدرسة الوسط الاجتماعي الثاني الذي يحتك به الابناء بعد الاسرة وان مهمة البيت لا يمكن ان تكتمل بدون قيام المدرسة بالمسؤولية الملقاة على عاتقها خير قيام. فدورها لا يقتصر على تلقين المعلومات للطلاب وحشو اذهانهم بها فحسب، وانما يتعدى ذلك إلى القيام بالتوجيه والارشاد وتدعيم السلوك الاجتماعي المقبول والحث على الالتزام بالاخلاق الفاضلة وتجنب السلوك الشائن.

ومن خلال دراستنا الميدانية توصلنا في هذا الجانب إلى النتائج الآتية:

(1) القصيري، انعام جلال، التنشئة الاجتماعية في الاسرة العراقية، مصدر سابق، ص 325 .

1. مدى قيام المدرسة بواجبها بالشكل الصحيح:

الجدول رقم (24)

يبين مدى قيام المدرسة بواجبها بالشكل الصحيح

الاجابة	التكرارات	النسبة المئوية
نعم	127	%63.5
لا	73	%36.5
المجموع	200	%100

توضح بيانات الجدول رقم (24) ان نسبة (%63.5) تتفق مع الراي القائل بان المدرسة متلكئة في اداء واجبها بالشكل المطلوب، مما جعلها تتعثر فيما تقوم به من مهمة جسيمة في مجال التربية والتعليم، في حين يعتقد (%36.5) ان المدرسة تقوم باداء وظيفتها بصورة مرضية.

2. الأسباب التي تعيد للمدرسة دورها الفاعل في التربية والتعليم:

الجدول رقم (25)

يوضح التسلسل المرتبي للاسباب التي تعيد للمدرسة دورها الفاعل في التربية والتعليم

النسبة المئوية	التكرارات	التسلسل المرتبي	مقومات التماسك الاسري
30.2%	93	1	زيادة المستوى المعاشي للمدرسين
26.3%	81	2	اختيار الادارات الكفوءة
22%	68	3	اداء الهيئة التدريسية لواجبها بصورة صحيحة
13.3%	41	4	تشخيص بوادر الجنوح لدى بعض الطلبة
708%	24	5	عدم التمييز في المعاملة بين الطلاب

تظهر بيانات الجدول رقم (25) التسلسل المرتبي للاسباب التي تجعل المدرسة مؤسسة لها دورها الفاعل في عملية التربية والتعليم، فقد تبين ان زيادة المستوى المعاشي للمدرسين قد احتل المرتبة الاولى بنسبة (30.2%) من مجموع العينة، يليه اختيار الادارات الكفوءة بنسبة (26.3%) بالمرتبة الثانية، في حين احتل اداء الهيئة التدريسية لواجبها بشكل صحيح المرتبة الثالثة بنسبة (22%)، وجاء تشخيص المدرسة بوادر الجنوح لدى بعض الطلبة بالمرتبة الرابعة بنسبة بلغت (13.3%)، في

حين احتل عدم التمييز في المعاملة بين الطلاب المرتبة الاخيرة بنسبة (7.8%) لذلك فان معالجة معوقات عمل المدرسة تعد مهمة جليلة لان المدرسة عامل مهم في تنمية شخصية الانسان وتهذيب ملكاته وتطوير قدراته، فهي تستطيع ان تدعم كثيرا من العادات والاتجاهات السليمة التي تكونت في البيت وان تقوم ببعض ما كسبه من عادات واتجاهات غير سليمة فيه، ونستطيع ان تحصنه بكثير من العادات والاتجاهات الخلقية والاجتماعية السليمة، وان تهون ما يكون قد علق بنفسه من صراعات اليمة من جراء اتصاله بوالديه واخوته(1).

3. أهمية السلوك الملتزم للمدرس في تعزيز التنشئة الاجتماعية للطلاب والنأي بهم عن الانحراف:

ان السلوك الذي يبدر من الهيئة التدريسية وخاصة إذا كان سلوكا قويما له ابلغ الاثر في ترسيخ تربية الطلاب ووقايتهم من الانحراف والرذيلة، باعتبار ان المدرس هو القدوة التي يحرص الطالب على تقليدها. والجدول الاتي يوضح ذلك.

الجدول رقم (26)

يبين مدى تاثير سلوك المدرس في ترسيخ التنشئة الاجتماعية للطلاب وتحصينهم من الانحراف

الاجابة	التكرارات	النسبة المئوية
نعم	88	%44
لا	63	%31.5
احيانا	49	%24.5
المجموع	200	%100

قيمة $كا^2 = 11.5$

(1) راجح، احمد عزت (الدكتور)، اصول علم النفس، مصدر سابق، ص523 .

يتضح من بيانات الجدول رقم (26) ان نسبة (44%) من اجابات المبحوثين تعتقد ان المدرس وسلوكه القويم له تاثير طيب على سلوك الطلبة والتزامهم بقيم الفضيلة، بينما ترى نسبة (31.5%) ان ما يبدر من المدرس من سلوك ليس حتميا، ان يؤثر على تصرفات الطلاب، بينما اتخذت نسبة (24.5%) موقفا محايدا تجاه شخصية المدرس ومدى تاثيره على الطلبة. وعند اجراء احتبار (كا^2) تبين ان القيمة المستخرجة تساوي (11.5) اما القيمة الجدولية عند مستوى الدلالة فتساوي (5.99) وعند مستوى الدلالة (0.01) تساوي (9.21)، وبما ان القيمة المستخرجة اكبر من القيمة الجدولية فثمة فرق معنوي يسن سلوك المدرس المتزن وشخصيته القوية وبين تاثير الطلاب بها لذا فاننا نقبل فرضية الدراسة القائلة (لاتزان شخصية المدرس اثر ايجابي في تعزيز السلوك المنضبط للطلاب ووقايتهم من الانحراف).

1. **الفشل في الدراسة والتسرب منها ودورهما في الانحراف والجريمة:**

الجدول رقم (27)

يمثل خطورة الفشل والتسرب الدراسي على سلوك الابناء

الاجابة	التكرارات	النسبة المئوية
نعم	87	%43.5
لا	53	%26.5
احيانا	60	%30
المجموع	200	%100

تشير البيانات في الجدول رقم (27) إلى ان نسبة (43.5%) من اجابات المبحوثين ان الفشل والتسرب الدراسي يكون احدى النوافذ التي تفضي ـ إلى اقتراف السلوك المنحرف، ونسبة (26.5%) منهم لا يعتقدون ذلك، في حين نذهب نسبة (30%) إلى تأييد ان هذه الظاهرة تكون في بعض الاحيان سببا في الانزلاق نحو الانحراف. وقد تبلور ادب موسع حول العلاقة ما بين ظاهرة التسرب والفشل الدراسي من جهة وبين جنوح الاحداث وانحرافهم من جهة اخرى حيث توصلت مجمل هذه الدراسات إلى دعم الافتراض القائل بان التسرب والفشل الدراسي هو الذي يسبق الانحراف لدى الاحداث[1].

2. الاسباب التي تمنع الفشل في الدراسة والتسرب منها:

الجدول رقم (28)

يوضح التسلسل المرتبي للاسباب التي تحول دون الفشل والتسرب الدراسي

النسبة المئوية	التكرارات	التسلسل المرتبي	الاسباب
34.5%	84	1	اهتمام الآباء لمستقبل ابنائهم الدراسي
25%	61	2	توفير النفقات الدراسية اللازمة للابناء
17.6%	43	3	المسؤولية التربوية للمدرسة
13.9%	34	4	تقدير الانجاز وتشجيع الطموح
8.6%	21	5	تشخيص حالات الكآبة ولانكسار لدى الطلاب

---

(1) Philps , Jhon , School Failure and Deliquoncy , Sociological abstruct San Deiqo U, N, number 3 , Volume . 28 , 1980 , P.229 .

يتبين من خلال التسلسل المرتبي في الجدول رقم (28) ان اهتمام الآباء لمستقبل ابنائهم الدراسي جاء في المرتبة الاولى بنسبة (34.5%) كاحد الحلول الرئيسة التي تحول دون فشل الابناء في الدراسة أو تسربهم منها، في حين جاء توفير الامكانية المادية في سد النفقات الدراسية في المرتبة الثانية بنسبة بلغت (25%)، اما الترتيب الثالث فكان من نصيب المسؤولية التربوية للمدرسة وحصل على نسبة (17.6%)، وحل تقدير الانجاز وتشجيع الطموح لدى الطلاب بالمرتبة الرابعة بنسبة (13.9%)، في حين جاء قيام ادارة المدرسة بتشخيص حالات الكآبة والانكسار لدى بعض الطلبة بالتسلسل الاخير بنسبة (8.6%) كحل لمعالجة هذه المشكلة.

ثالثا. بيانات المؤسسة الدينية (دور العبادة):

تعد التربية الدينية احدى الركائز الاساسية والمهمة في المجتمع، إذ يعول عليها في تثبيت دعائم الفضيلة والخير، وفي ذات الوقت تعمل على تقويض دعائم الرذيلة وكبح مظاهر السوء ومحاربة صور الفساد بشتى اشكاله وانواعه، فتدعيم الوازع الديني في النفوس له ابلغ الاثر في ترك بصمات ايجابية على مسيرة حياة الافراد والجماعات، ويتجلى هذا التأثير في تحصين الافراد من الوقوع في مراتع السوء والجريمة وتطهير المجتمع منها.

1. أهمية تشجيع الأبناء على أداء الشعائر الدينية ودوره في تعزيز تنشئتهم الاجتماعية:

لاشك ان التزام الابناء باداء الشعائر الدينية سوف يجعلهم يتطلعون دائما إلى عمل الفضيلة والابتعاد عن كل ما يشين سلوكهم. والجدول (29) يوضح ذلك:

الجدول رقم (29)

يبين مدى اهمية الالتزام بالشعائر الدينية في التنشئة الاجتماعية للابناء ووقايتهم من الانحراف

الاجابة	التكرارات	النسبة المئوية
نعم	105	%52.5
لا	40	%20
احيانا	55	%27.5
المجموع	200	%100

يتضح من معطيات الجدول رقم (29) إلى ان نسبة (52.2%) من مجموع العينة تعتقد ان حث الابناء على اداء الشعائر الدينية وضرورة الالتزام بها تعد من العوامل التي تساعد على ترسيخ التنشئة الاجتماعية لهم وتعزيزها بحيث تحصنهم من الوقوع في السلوك المنحرف في حين ترى نسبة (20%) من اجابات المبحوثين ان ذلك لا يمكن ان يشكل ضمانة تقيبهم من الوقوع في الجنوح والانحراف، ويعتقد (27.5%) ان الالتزام يكون في بعض الاحيان باداء الشعائر الدينية سيحمي الابناء من الانزلاق في سلوكيات منحرفة، وفي نفس الوقت يوطد دعائم تنشئتهم الاجتماعية. ويؤيد تلك الحقيقة عن وظيفة الالتزام الديني رأي (دوركهايم) في قوله ان الدين صادر عن المجتمع نفسه اقتضته ضرورة اجتماعية وهي ايجاد التماسك الاجتماعي والمحافظة عليه، ولهذا السبب ادى الدين ولا يزال يؤدي دورا هاما ومفيدا في تاريخ البشر، ولذلك يصح القول ان التماسك الاجتماعي باق ما بقي

الدين[1]. ويظهر من خلال ما تقدم ان الدين يعد اقوى سلاح يستعان به في المحافظة على النظام الاجتماعي لما له من سلطان كبير على ضبط سلوك الافراد.

2. أهمية اصطحاب الأبناء إلى دور العبادة:

الجدول رقم (30)

يمثل مدى ضرورة اصطحاب الابناء إلى دور العبادة

الاجابة	التكرارات	النسبة المئوية
نعم	119	%59.5
لا	81	%40.5
المجموع	200	%100

تبين نتائج الجدول رقم (30) ان نسبة (59.5%) من اجابات افراد العينة ترى انه من الضروري اصطحاب الآباء لابنائهم إلى دور العبادة لكون ذلك يشكل عنصرا هاما ومؤشرا ايجابيا على تدعيم خلقهم القويم ولزومهم لوجوه الخير وعمل المعروف، في حين ان نسبة (40.5%) من المبحوثين يعتقدون ان تردد الابناء على دور العبادة مسألة اختيارية ينبغي احترامها لدى الابناء وليس من الحكمة ان يلزم الابناء على ارتيادها لان ذلك قد يؤدي إلى نفورهم منها وكراهيتهم لها.

3. الأسباب التي تعمل على تعزيز التربية الدينية للأبناء:

من خلال الجدول ادناه نستطيع التعرف على العوامل التي توفر المناخ المناسب في ترسيخ التربية الدينية للابناء.

(1) الساعاتي، حسن (الدكتور)، علم الاجتماع القانوني، مصدر سابق، ص116 .

الجدول رقم (31)

يوضح التسلسل المرتبي للعوامل التي تعزز التربية الدينية للابناء وتجنبهم الانحراف

النسبة المئوية	التكرارات	التسلسل المرتبي	العوامل
31.3%	83	1	تشجيعهم على الالتزام بالنصائح والارشادات
26.4%	71	2	تعويدهم بالتردد إلى دور العبادة
20.3%	54	3	حثهم على متابعة البرامج التربوية والتوجيهية
13.5%	36	4	الزامهم بتجنب الاختلاط باقران السوء
7.9%	21	5	اسباب اخرى

يوضح لنا الجدول رقم (31) الاسباب التي تعزز التربية الدينية للابناء وتجنبهم الانحراف والجريمة، فتشجيع الابناء على الالتزام بالنصائح والارشادات التي يمليها الآباء والمربون عليهم ضرورة التقيد بها قد احتلت المرتبة الاولى بنسبة بلغت (31.3%)، بينما جاء ترتيب تعويد الابناء في التردد على دور العبادة في المرتبة الثانية حيث حصلت على نسبة (26.4%) من مجموع العينة، في حين حل حث الابناء على متابعة البرامج التربوية والتوجيهية في المرتبة الثالثة بنسبة بلغت (20.3%)، اما اهمية تجنب الابناء الاختلاط باصدقاء السوء والابتعاد عنهم فقد احتلت المرتبة الرابعة بنسبة بلغت (23.5%)، اما الاسباب الاخرى التي طرحها المبحوثين ويعتقدون انها من الاسباب الاضافية التي يمكن ان يكون لها دور لا

يستهان به في تحقيق هذا الغرض وهو تعزيز التربية الدينية للابناء فقد جاءت بالمرتبة الاخيرة بنسبة (7.9%) من اجمالي العينة. ومن خلال البيانات المتعلقة باهمية الوازع الديني في ضبط سلوك الافراد يتضح لنا صحة فرضية الدراسة السادسة والقائلة ان (ترسيخ الوازع الديني للافراد ينأى بهم عن الانحراف والجريمة).

رابعا. بيانات وسائل الإعلام:

يتفق اغلب المختصين والمحللين على ان وسائل الاعلام اصبحت وبعد التطور الـذي شهدته، تمتلك من النفوذ والتأثير ما مكنها من منافسة الكثير من المؤسسات في شتى المجالات، وفي جميـع نواحي الحياة المختلفة لاسيما في مجال التربيـة مـن حيـث ترويجها للكثير مـن العـادات والقيم والتقاليد الاجتماعية. وبذلك اصبحت هذه الوسائل ولاسيما المرئية منها الغريم التقليـدي للوكـالات المختصة في اعداد جيل يتسلح بالفضيلة ويشرئب اليها ويحرص على القيام بها كلما استطاع إلى ذلك سبيلا من اجل النأي به عن مواطن السوء، ومواقع الجريمة والانحراف، ونظرا للـدور الخطـير الـذي يلعبه الجهاز الاعلامي فانه يستوجب استحضار الحكمـة والنظرة الثاقبـة في استخدامه الاستخدام الامثل لجني ثمراته النافعة والتي لاشك انها ستعود بالنفع الكبير والخير العميم على المجتمع برمته، فهو سلاح ذو حدين ينبغي التعامل معه بحس مسؤول من اجل تحقيق الفائدة المرجوة منه.

1. الوسيلة الإعلامية الأكثر تأثيرا في عملية التنشئة الاجتماعية والتحصين من الجريمة:

تتفاوت الوسائل الاعلامية المختلفة فيما تحدثه من تأثير كبير على الجمهـور والجـدول الاتي يشير إلى هذا التفاوت في التأثير

الجدول رقم (32)

يمثل الوسيلة الاعلامية الاكثر تأثير في مجال التربية والتحصين من الانحراف والجريمة

الوسيلة الاعلامية	التكرارات	النسبة المئوية
التلفزيون	93	%46.5
الفيديو	57	%28.5
السينما	28	%14
الصحافة	22	%11
المجموع		%100

يتضح من الجدول (32) ان الوسيلة الاعلامية وهي التلفزيون تعد بالنسبة للمبحوثين هي الاكثر نفوذا والاوسع انتشارا وتأثيرا حيث بلغت نسبة ما حصلت عليه من تأييد (46.5%) أي ما يقارب النصف من مجموع العينة، ثم جاء الفيديو بالمرتبة الثانية بنسبة (28.5%) وكانت نسبة ما يعتقده المبحوثين بدور السينما واهميتها قياسا إلى اخواتها من وسائل الاعلام الاخرى (14%)، في حين حلت الصحافة بالمرتبة الاخيرة من حيث الاهمية والتأثير بنسبة (11%) من المجموع الكلي للعينة، وبهذا يتضح بشكل جلي ان الاجهزة الاعلامية المختلفة والمرئية منها على وجه التحديد قد احتلت المراتب الثلاثة الاولى من حيث دورها الفاعل والمؤثر في تدعيم اركان الفضيلة في المجتمع والعمل على ترسيخ الافراد والجماعات الناشئة منهم.

ويشبه بعض الباحثين وسائل الاعلام لاسيما التلفزيون منها بانه الاب الثالث لطفل اليوم، حيث ان هذا الجهاز هو اخطر وسائل الاعلام جميعها والاكثر

فعالية في نقل المعارف والمعلومات والخبرات بالصورة الحية والتي تتكون مشاهدها من الصوت والصورة المتحركة بلونها الطبيعي، في صورة واقعية قريبة من مدارك الاطفال، لانها تخاطب السمع والبصر، كما يتفوق التلفزيون على كل وسائل الاعلام الاخرى لانه يجمع كل مميزاتها، بل يمكن عن طريقه تقديم المعلومات والافكار التي يتعسر نقلها للطفل عن طريق الكلمة المكتوبة أو المسموعة[1].

2. البرامج التلفزيونية الأكثر شعبيه وانتشارا:

مثلما تختلف وسائل الاعلام في ما تتركه من آثار فان ما يعرضه التلفزيون من برامج متنوعة ايضا لها وقعها الذي يتباين تأثيره مما يجعل اهتمام جمهور المشاهدين بما يختلف حولها والجدول رقم (33) يبين التسلسل المرتبي لبرامج التلفزيون التي تستدعي الاهتمام بها.

الجدول رقم (33)

يمثل التسلسل المرتبي لبرامج التلفزيون التي تسترعي الاهتمام

البرامج التلفزيونية	التسلسل المرتبي	التكرارات	النسبة المئوية
البرامج الرياضية	1	91	%24.5
البرامج الدينية	2	84	%22.7
البرامج السياسية	3	69	%18.6
البرامج الفنية	4	53	%14.3
البرامج العلمية	5	42	%11.3
البرامج الثقافية	6	31	%8.3

(1) ابراهيم، محمد عوض (الدكتور)، التلفزيون والطفل، مجلة الفيصل، العدد 122، السنة الخامسة والعشرون، الرياض، 1984، ص29 .

تظهر بيانات الجدول رقم (33) ومن خلال التسلسل المرتبي لبرامج التلفزيون ان البرامج الرياضية جاءت بالمرتبة الاولى بنسبة بلغت (24.5%)، في حين جاءت البرامج الدينية بالمرتبة الثانية بنسبة بلغت (22.7%)، اما البرامج السياسية فقد احتلت بالمرتبة الثالثة بنسبة (18.6%)، في حين استحوذت البرامج الفنية المرتبة الرابعة بنسبة بلغت (14.3%)، بينما حازت البرامج العلمية على نسبة (11.3%)، اما البرامج الثقافية فقد حلت بالمرتبة السادسة والاخيرة بنسبة (8.3%) من مجموع العينة.

3. دور التلفزيون في الحد من الجريمة وأخطارها:

نظرا لتوفر هذا الجهاز المهم والخطير في كل بيت فقد اصبح له من التأثير ما قد يعجز عن بلوغه أي جهاز اعلامي آخر، وبما ان التلفزيون يعد الاكثر الوسائل الاعلامية استخداما وانتشارا لذا فان له دورا فاعلا في درء اخطار الجريمة اذا ما وظف توظيفا يحقق هذا الغرض والجدول رقم (34) يوضح التسلسل المرتبي الذي يمكن ان يلعبه التلفزيون في الحد من الجريمة والتحصين منها.

الجدول رقم (34)

يوضح التسلسل المرتبي للمهام التي يقوم بها التلفزيون في الحد من الجريمة

النسبة المئوية	التكرارات	التسلسل المرتبي	مهام التلفزيون
28.7%	77	1	تطوير الوعي الامني والقانوني
22.7%	61	2	خلــق روح الاســتنكار ضــد الجريمــة والمجرمين
19.7%	53	3	تعزيز احترام قواعد الضبط الاجتماعي
16.4%	44	4	التبصير باساليب احتيال وخداع المجرمين
12.3%	33	5	التصدي للقيم والممارسات الضارة

يتبين لنا من معطيات الجدول رقم (34) ان تطوير الوعي الامني والقانوني لدى النـاس جـاء في المرتبة الاولى بنسبة (28.7%) بوصفه مهمة رئيسـة مـن مهـام التلفزيـون الاساسـية، وحـل دور التلفزيون في خلق روح الاستنكار والكراهية ضد الجريمة والمجرمين بالمرتبة الثانيـة بنسـبة (22.7%) من اجمالي العينة، اما العمل على تعزيز احترام قواعد الضبط الاجتماعي فجاء بالمرتبة الثالثة بنسبة (19.7%)، في حين جاءت مهمة تبصير الجمهور باساليب الاحتيال والخداع التي يتبعها المجرمـون في تنفيذ مخططاتهم الاجرامية بالمرتبة الرابعة بنسبة (16.4%)، اما العمل في التصدي

للقيم والممارسات التقليدية الضارة فجاء بالمرتبة الخامسة والاخيرة بنسبة بلغت (12.3%) من مجموع العينة.

4. الأفلام الواجب على الآباء منع أبنائهم من مشاهدتها في الفيديو:

يلاحظ في السنوات الاخيرة انتشار الفيديو على نطاق واسع واستخدامه بشكل يلفت الانظار من قبل شرائح مختلفة من الناس، لا سيما شريحة الشباب منهم على وجه التحديد، الامر الذي بات يشكل مصدرا يهدد بانحلال اخلاقهم وفساد تربيتهم اذا ما استخدم استخداما سيئا والجدول رقم (35) يوضح نوعية الافلام التي يمنع الوالدين ابناءهم من مشاهدتها

الجدول رقم (35)

يمثل التسلسل المرتبي لافلام الفيديو التي يمنع الآباء من مشاهدة ابنائهم لها

النسبة المئوية	التكرارات	التسلسل المرتبي	نوعية الافلام
31.3%	73	1	الافلام المخلة بالاداب العامة
28.7%	67	2	افلام الجريمة والعنف
21.8%	51	3	الحفلات والاغاني
18%	42	4	الافلام العاطفية

توضح البيانات في الجدول رقم (35) ان افلام الفيديو التي يحظر الوالدين من مشاهدة ابنائهم لها هي الافلام التي تسئ إلى الاداب وتخدش الحياء العام فقد احتلت المرتبة الاولى من ناحية منعها بنسبة بلغت (31.3%)، اما افلام الجريمة والعنف فقد جاءت بالمرتبة الثانية حيث حصلت على نسبة (28.7%)، والافلام الخاصة بالحفلات والاغاني حلت بالمرتبة الثالثة بنسبة بلغت (21.8%)، في حين حلت الافلام العاطفية الواجب منعها من قبل الآباء في المرتبة الاخيرة بنسبة (18%) من مجموع العينة.

5. مطالعة الصحف والمجلات:

اوضحنا في الجدول رقم (31) ان وسائل الاعلام المكتوبة قد حلت بالمرتبة الاخيرة من بين وسائل الاعلام الاخرى سواء كانت مطالعة الصحف والمجلات أو الكتب حيث لم تتجاوز ما حصلت عليه من نسبة اكثر من (11%) من اجابات المبحوثين واقتصرت هذه النسبة على ارباب الاسر المتعلمين وزوجاتهم الذين تستويهم المطالعة العامة والجدول رقم (35) يوضح الموضوعات التي تحظى باهتمام المبحوثين فيما ينشر في هذا الضرب من وسائل الاعلام.

الجدول رقم (36)

يبين التسلسل المرتبي للمواضيع التي تحظى بالاهتمام في الصحافة

المواضيع التي تثير اهتمام المبحوثين	التسلسل المرتبي	التكرارات	النسبة المئوية
الموضوعات الرياضية	1	66	%29.5
الموضوعات السياسية	2	51	%22.8
موضوعات الجريمة والعنف	3	47	%21
الموضوعات الاجتماعية	4	38	%17
الموضوعات اخرى	5	21	%9.4

تؤكد بيانات الجدول رقم (35) ان الموضوعات الرياضية جاءت في المرتبة الاولى من الموضوعات المختلفة التي تنشر في الصحافة حيث حصلت على نسبة (29.5%)، اما الموضوعات السياسية فقد حلت بالمرتبة الثانية بنسبة بلغت (22.8%)، في حين حلت موضوعات الجريمة والعنف بالمرتبة الثالثة فحصلت على نسبة (21%)، وجاءت الموضوعات الاجتماعية بالمرتبة الرابعة بنسبة بلغت (17%)،

اما الموضوعات الاخرى المتفرقة فقد حلت بالمرتبة الاخيرة بنسبة (9.4%) من اجمالي العينة.

نستنتج من البيانات المتعلقة بوسائل الاعلام المختلفة لاسيما المرئية منها انها كانت لها اليـد الطولى في ترك بصمات واضحة وجلية على سلوك الافراد والجماعات لاسيما الناشئة منهم، كـما ان لها من التأثير ما ينافس تأثير المؤسسات الاخرى المختصة بالتنشئة الاجتماعيـة وبالـذات الاسرة مـما يجعلنا نقبل فرضية الدراسة القائلة (تعد وسائل الاعلام لاسيما المرئية منها المنافس الرئيس للاسرة في عملية التنشئة الاجتماعية والتحصين من الانحراف والجريمة). وتتفق هـذه النتيجـة مـع نتيجـة دراسة (نجوى حافظ)[1].

خامسا. بيانات جماعة الأقران:

يمكن القول ان جماعة الاقران تعد من الجماعات الاولية التي لها عظيم الاثر عـلى الفـرد، حيث يكتسب فيها الفرد الكثير من العادات والنماذج المختلفة من السلوك، وهي تحاول ان تطبعه بطابعها الخاص وتجعله ينهج نهجها ويعتاد على ويسلك عاداتها، وبما ان العلاقة التـي تـربط الفـرد بهذه الجماعة علاقة قوية راسخة، فانها اضحت سـلطة قويـة في عمليـة الضبط الاجتماعـي لانهـا تحاول ان تكيفه لبيئتها الاجتماعية وتصوغه في القالب الذي ترتضيه، كي يمتثل لمطالبها وينـدمج في ثقافتها ويخضع لالتزاماتها.

1. مدى تأثر القرد بجماعة الأقران:

يمكن الاطلاع على درجة التأثير التي تمارسها جماعة الاقران على سـلوك الفـرد واخلاقـه مـن خلال الجدول الاتي

---

(1) حافظ، نجوى، الاتجاهات الحديثة في الوقاية من الجريمة، مصدر سابق، ص16 .

الجدول رقم (37)

يوضح مدى تأثير جماعة الاقران على سلوك الفرد

الاجابة	التكرارات	النسبة المئوية
نعم	112	%56
لا	88	%44
المجموع	200	%100

تشير البيانات المذكورة في الجدول رقم (37) إلى ان نسبة (56%) من اجابات المبحوثين تجزم بان لجماعة الاقران دورا فاعلا وتأثيرا كبير الجانب على اخلاق الشخص وسلوكه وافعاله، فما يبدر من الاول من مواقف وسلوكيات لابد ان ينعكس بالسلب والايجاب على الثاني، في حين تعتقد نسبة (44%) من المبحوثين انه ليس لجماعة الاقران تأثير يرقى إلى ذلك التأثير الذي يجعل منها وكأنها المصدر الوحيد في توجيه الفرد مثلما تريد.

2. أهمية منع الوالدين لأبنائهم من مصاحبة أقران السوء:

عدم سماح الوالدين مصاحبة ابنائهم لاقران السوء ابلغ الاثر في تدعيم السلوك السوي لهم وعدم الانجرار مع هذا النموذج من الاقران من القيام بممارسات سلوكية منحرفة والجدول الاتي يوضح اهمية ذلك

الجدول رقم (38)

يمثل مدى اهمية منع الوالدين من مصاحبة ابنائهم لاقران السوء

في تعزيز تنشئتهم الاجتماعية

الاجابة	التكرارات	النسبة المئوية
نعم	93	%46.5
لا	51	%25.5
احيانا	56	%28
المجموع	200ذ	%100

يتبين لنا من الجدول رقم (38) ان نسبة (46.5%) من المبحوثين يعتقدون ان تجنب اقران السوء يشكل ضمانة لابنائهم من الوقوع في الجريمة من خلال الابتعاد عن التأثيرات السلبية لاقران السوء الذين لديهم ميول واستعدادات ذات نزعة انحرافية، اما نسبة (25.5%) فتؤيد الرأي الذي مفاده بانه ليس لاقران السوء ذلك التأثير الذي قد يزج بابنائهم في نشاطات محظورة وترى نسبة (28%) من مجموع العينة، ان هذه الجماعة تكون في بعض الاحيان سببا في انزلاق الفرد نحو الهاوية والانحراف والجريمة.

3. مدى أهمية قيام الوالدين في تحديد أقران أبنائهم:

الجدول رقم (39)

يوضح مدى اهمية تحديد الوالدين اقران ابنائهم

الاجابة	التكرارات	النسبة المئوية
نعم	119	%59.5
لا	81	%40.5
المجموع	200	%100

تؤكد لنا نتائج الجدول رقم (39) ان نسبة (59.5%) ترى انه من الضروري على الآباء تحديد اقران واصدقاء ابنائهم وذلك حرصا عليهم من مصاحبتهم لاقران لا يشهد لهم بمحامد الاخلاق، بينما تعتقد نسبة (40.5%) من اجابات المبحوثين ان مسألة تحديد الاقران ينبغي ان ترجع اتخاذ القرار والبت فيها إلى الابناء، وليس من الضروري على الآباء الزام ابنائهم تحديد اقرانهم وانما يتم الاكتفاء بتوجيههم وارشادهم واسداء النصح لهم بضرورة عدم توسيع دائرة صداقاتهم.

4. ضرورة معرفة الآباء لسلوك أقران أبنائهم:

ان معرفة الآباء لسلوك اقران ابنائهم يعد أمرا ضروريا لصيانة اخلاقهم، لانه يحول دون وقوعهم في اخطاء سلوكية تؤدي بهم إلى الانحراف والجريمة.

الجدول رقم (40)

يبين مدى ضرورة معرفة الآباء لسلوك اقران ابنائهم

الاجابة	التكرارات	النسبة المئوية
نعم	111	%55.5
لا	89	%45.5
المجموع	200	%100

توضح بيانات الجدول رقم (40) ان نسبة (55.5%) تعتقد انه من الضروري ان يعرف الآباء اخلاق وسلوك اقران ابنائهم من اجل ان يكون لهم اطلاع مسبق على ما يقومون به من افعال، كي يحفظوا ابناءهم من الانحراف والجنوح، وترى نسبة (45.5%) انه ليس من الضروري ان يكون الآباء على بينة بسلوك وتصرفات اقران ابنائهم لان ذلك يتطلب تفرغا شبه التام ويحتاج إلى وقت وهذا يعد امرا من الصعوبة تطبيقه. ومن نتائج البيانات المتعلقة بجماعة الاقران نسلم بصحة فرضية الدراسة القائلة (ان هناك علاقة طردية بين تجنب اقران السوء والابتعاد عن ارتكاب الجريمة).

سادسا. بيانات المنظمات الجماهيرية:

نظرا للمكانة المهمة التي تتبوؤها المنظمات الجماهيرية بكافة اشكالها التنظيمية من اتحادات وجمعيات واندية اجتماعية على خارطة المجتمع وفي حياة الناس باعتبارها احدى القنوات الرئيسة لها تأثير على سلوك الافراد والجماعات، والتي تستعين بها مؤسسات المجتمع الاخرى لاسيما المؤسسات المرجعية في اكمال دورها في تطبيع الافراد على قيم المجتمع ومثله العليا وترسيخها في نفوسهم من اجل

تحصينهم عن القبيح من الافعال والمرذول من الاعمال. فالانخراط في النشاطات والممارسات الايجابية التي تقوم بها هذه المنظمات لها عظيم الاثر في التزام جوانب الخير ووجوهه المتعددة والابتعاد عن مواطن السوء ومنابع الانحراف التي تفسد الاخلاق وتخرب الذمم.

1. أهمية استثمار أوقات الفراغ بالأنشطة الترويحية في تقليل فرص التفكير بالجريمة:

ان ملء اوقات الفراغ بالانشطة والممارسات الايجابية ذات النفع العام سوف تعمل بالتأكيد على صرف تفكير من لديه الاستعداد بالقيام بالجريمة إلى تغيير وجهة نظره واستبدالها بما يعود بالفائدة عليه وخاصة فئة الشباب على وجه الخصوص والجدول الآتي يوضح اهمية ذلك

الجدول رقم (41)

يمثل مدى اهمية استغلال اوقات الفراغ بالانشطة الترويحية

المفيدة في الحد من الجريمة

الاجابة	التكرارات	النسبة المئوية
نعم	84	%42
لا	69	%34.5
احيانا	47	%23.5
المجموع	200	%100

كا^2 = 10.3

تؤكد بيانات الجدول رقم (41) ان نسبة (42.5%) تعتقد ان استثمار اوقات الفراغ بالانشطة الترويجية المفيدة له دور كبير في صرف تفكير الكثير ممن لديه متسع من الوقت عن القيام بالممارسات الترويجية الضارة مما يحد من نسب معدلات وقوع

الجريمة، اما من يخالف هذا الرأي ويرى ان من لديه ميولا اجرامية لا ينفع معه ضرورة مشاركته بالانشطة الترويجية المفيدة وكانت النسبة المؤيدة لهذا الرأي (34.5%)، ويعتقد البعض أنه في بعض الاحيان تكون عملية استغلال ما يتوفر من وقت بالانشطة الترويحية المفيدة تجدي نفعا في كبح الجريمة ودرء اخطارها بنسبة (23.5%) من المجموع الكلي للعينة. وبعد اجراء اختبار (كا^2) وجدنا ان القيمة المستخرجة تساوي (10.3)، اما القيمة الجدولية عند مستوى الدلالة (0.05) تساوي (5.99%) وعند مستوى الدلالة (0.01) تساوي (9.21%)، وبما ان القيمة المستخرجة اكبر من القيمة المتوقعة لذلك يوجد فرق معنوي بين استثمار اوقات الفراغ بالانشطة الترويحية المفيدة وبين فرص التفكير بالجريمة.

2. المهام التي يجب ان تقوم بها المنظمات الجماهيرية في الحد من الجريمة:

ان الانشطة والمهام التي يتوجب على المنظمات الجماهيرية القيام بها هو تسهيل رغبة المشاركين بفعالياتها من خلال توفير كافة التسهيلات لذلك. وبذلك فانها تقوم بخفض الخط البياني للجريمة، فاذا ما حققت مثل هذه المنظمات هذه الغاية النبيلة والمسعى الطيب فانها لاشك سوف تستأثر بموقع متميز في حياة الناس لانها تمثل متنفسا يفرج عنه همومهم ومشاكلهم.

الجدول رقم (42)

يوضح التسلسل المرتبي للمهام التي يجب ان تقوم بها المنظمات الجماهيرية

الانشطة والمهام	التسلسل المرتبي	التكرارات	النسبة المئوية
تهيئة فرص للعاطلين عن العمل	1	67	%34.8
معالجة مشاكل المنتمين لها	2	51	%26.5
المساعدة في حل معوقات الاسر	3	43	%22.3
توفير اماكن ترويح كالمتنزهات والاندية	4	31	%16

يتضح من الجدول رقم (42) ان تهيئة فرص للعاطلين عن العمل جاءت بالمرتبة الاولى من المهام التي تقوم بها المنظمات الجماهيرية بنسبة (34.8%) باعتبار ان القيام بهذه المهمة تشكل جوهر وظيفتها وهي السبيل الافضل في الحد من الجريمة، اما معالجة وحل المعضلات التي يعاني منها الاعضاء المنتمون لها فقد جاءت بالمرتبة الثانية بنسبة بلغت (26.5%) لان وضع حلول ناجحة لاعضائها يعزز من الثقة بها ويعطيها مركزا متقدما مما يجعلها تحظى باحترام وتقدير من قبل شرائح المجتمع المختلفة، اما المرتبة الثالثة فاستحوذت عليها مهمة مساعدة الاسرة في حل مشكلاتها الاجتماعية والاقتصادية ضمن الرقعة الجغرافية المسؤولة عنها كل منظمة من هذه المنظمات حيث حصلت على نسبة (22.3%) اما المهمة الاخيرة التي يجب ان تقوم بها هذه المنظمات فتتمثل في توفير اماكن ترويح لجميع المنضوين

تحت لوائها كتوفير الاندية الرياضية والاجتماعية والمتنزهات والملاعب لقضاء اوقات فراغهم وحصلت على نسبة (16%) من المجموع الاجمالي للعينة.

3. العوامل التي تشجع الشباب على الانخراط في المراكز الشبابية:

الجدول رقم (43)

يبين التسلسل المرتبي للعوامل التي تشجع الشباب على الانخراط في المراكز الشبابية

النسبة المئوية	التكرارات	التسلسل المرتبي	العوامل المشجعة
32.7%	71	1	زيادة الحوافز المادية والمعنوية لهم
29%	63	2	تلبية المستلزمات الضرورية لهم
22.5%	49	3	زيادة الاهتمام بهواياتهم
15.6%	34	4	توفير الاماكن المخصصة لممارسة هواياتهم

تشير معطيات الجدول رقم (43) إلى التسلسل المرتبي للعوامل المشجعة على الانخراط في المراكز الشبابية، حيث ان زيادة الحوافز المادية والمعنوية لهم حلت بالمرتبة الاولى بنسبة (32.7%)، بينما جاءت في الترتيب الثاني تلبية وسد المستلزمات الضرورية لهم بنسبة بلغت (29%) في حين ان زيادة الاهتمام بهواياتهم وتشجيعهم على ممارستها من خلال الوقوف على المعوقات التي تحول دون ذلك وصلت إلى (22.5%) من مجموع العينة، بينما الترتيب الرابع كان لتوفير الاماكن المخصصة في ممارسة هواياتهم بنسبة (15.6%) من عينة الدراسة.

4. الأنشطة الترويحية المفضلة في استثمار اوقات الفراغ لدى الشباب:

تتفاوت رغبات الشباب وتطلعاتهم في تفضيلهم للانشطة المختلفة التي يمارسونها في اوقات فراغهم، لذا فزيادة الاهتمام بهذه الانشطة ستشعرهم بانهم محط اهتمام ومحل عناية من قبل الهيئات المشرفة على تنظيم مثل هذه الانشطة فيكون ذلك مدعاة لاستمرارهم وتفاعلهم مع مثل هذه الانشطة، حيث يولون ثقتهم بهذه الهيئات لانهم يجدون فيها ضآلتهم التي يشبعون من خلالها حاجاتهم النفسية والاجتماعية، والجدول رقم (44) يوضح التسلسل المرتبي لانواع الانشطة الترويحية المفضلة لدى الشباب.

الجدول رقم (44)

يوضح التسلسل المرتبي لانواع الانشطة الترويحية المفضلة لدى الشباب

الانشطة الترويحية المفضلة	التسلسل المرتبي	التكرارات	النسبة المئوية
ممارسة الالعاب الرياضية والترفيهية	1	87	%40.6
القيام بالسفرات العلمية والسياحية	2	71	%33
عقد الندوات الثقافية والتربوية	3	56	%26

يتبين من الجدول رقم (44) ان ممارسة الالعاب الرياضية والترفيهية جاءت بالمرتبة الاولى بالنسبة للانشطة والممارسات الترويحية المفضلة لدى فئات الشباب بنسبة بلغت (40.6%)، في حين حلت الرغبة في القيام بالسفرات العلمية والسياحية بالمرتبة الثانية، حيث حصلت على نسبة (33%)، وكان الترتيب الثالث والاخير من

نصيب الندوات الثقافية والتربوية بوصفها انشطة مفضلة لدى شريحة الشباب حيث بلغت نسبتها (26%) من مجموع عينة الدراسة.

وفي ضوء نتائج البيانات المتعلقة باهمية استغلال اوقات الفراغ لدى الشباب وتنظيمها من قبل المنظمات الجماهيرية والشبابية في انشطة وممارسات تعود بالنفع العام عليهم بدلا من صرفها في ممارسات ضارة لها مردودات سلبية. ومن هذا المنطلق يجب زيادة الاهتمام برغبات الشباب والحرص على توفير كل ما يحتاجونه من مستلزمات ضرورية لهم لقضاء اوقاتهم في هذه الممارسات الترويحية النافعة باعتبار ان القيام بهذا الاجراء وتنفيذ هذه الفكرة يحول دون اقترافهم للسلوك الشاذ والمنحرف. فعملية بناء المجتمع الجديد تحتاج إلى شباب ذو همة عالية يمشون على اقدام قوية وثابتة ويفكرون بعقل حي لخدمة المجتمع الجديد، فنظرة الثورة في تقييم الانسان الجديد تنطلق من عطائه للمجتمع والثورة وللمبادئ والقيم الجديدة، فعملية البناء الحضاري تتطلب وتحتاج إلى كل الناس الصالحين[1].

ومن خلال ما تم ايضاحه في البيانات المتعلقة باهمية استثمار اوقات الفراغ بالانشطة الترويحية المفيدة، يتأكد لنا صحة الفرضية الاخيرة للدراسة والقائلة بان (قيام مراكز الشباب بملء اوقات الفراغ بالانشطة الترويحية المفيدة يحد من تفكير الشباب في ارتكاب السلوك الاجرامي).

(1) حسين، صدام، (رئيس جمهورية العراق)، الشباب الصحيح طريق الثورة الصحيحة، الطبعة الثانية، دار الحرية للطابعة، بغداد، 1980، ص16 .

المبحث الثاني

أولا. نتائج الدراسة الميدانية:

يمكن ايجاز اهم النتائج التي توصلت اليها الدراسة الميدانية من خلال تحليل البيانات المتعلقة بها بما يأتي:

(1) البيانات العامة:

1. اوضحت بيانات الدراسة إلى ان نسبة الذكور من ارباب الاسر بلغت (61.5%) وبلغت نسبة الاناث من الامهات (38.5%) من عينة الدراسة.

2. تبين ان اعلى نسبة من ارباب الاسر كانت للذين تتراوح اعمارهم بين (41-50) سنة بنسبة بلغت (27.5%) اما اوطأ نسبة فقد كانت للذين تتراوح اعمارهم بين (21-30) سنة، حيث بلغت (11%)، اما بالنسبة لاعمار زوجات ارباب الاسر فكانت اعلى نسبة للآتي تتراوح اعمارهن بين (41-50) سنة حيث بلغت (26.5%)، اما اوطأ نسبة فقد كانت للاتي تتراوح اعمارهن بين (61-70) سنة بنسبة بلغت (11%) وعند المقارنة بين متوسط اعمار ارباب الاسر وزوجاتهم تبين ان متوسط اعمار ارباب الاسر (46.5) سنة اكبر من متوسط اعمار زوجاتهم (37.4) سنة.

3. اظهرت نتائج الدراسة ان غالبية ارباب الاسر هم من سكنة المدن حيث بلغت نسبتهم (41.5%) من مجموع عينة الدراسة، يليهم الذين كان موطنهم الاصلي في الاقضية بنسبة (16%)، اما من هم من سكان النواحي الاصليين فقد وصلت نسبتهم إلى (13%)، ثم يليهم من هم من اصل قروي فقد بلغت نسبتهم (29.5%) من اجمالي العينة.

4. تبين لنا ان الاسر المبحوثة تقيم في مناطق سكنية متفاوتة في المستوى الاجتماعي والاقتصادي لكن غالبيتها تقطن في احياء متوسطة.

5. اظهرت نتائج الدراسة إلى ارتفاع نسبة الموظفين في الاسر المدروسة اذ بلغت نسبة الموظفين من ارباب الاسر ما يقارب النصف اذ بلغت نسبتهم (45.5%)، فيما تجاوزت نسبة زوجاتهم الموظفات اكثر من النصف بنسبة (54.5%) وهذا يشير إلى ارتفاع مستوى التعليم للاسر المدروسة.

6. كانت الدخول الشهرية لغالبية الاسر المبحوثة تتراوح بين (10-19) الف دينار بنسبة بلغت (30.5%) من اجمالي العينة وذلك لارتفاع نسبة الموظفين في عينة الدراسة، حيث يتضح التضخم الاقتصادي في مدخولات الاسر المبحوثة، في حين لم تتجاوز نسبة الاسر التي كانت تتمتع باعلى مدخول شهري لها اكثر من (9.5%) حيث كانت تحصل على (60) الف دينار فاكثر.

7. اوضحت نتائج الدراسة ان ما يقارب من نصف الاسر المبحوثة كان حجمها يتراوح بين(5-7) افراد، حيث بلغت نسبتها (42.5%) وهي اعلى نسبة، بينما كانت اوطأ نسبة للاسر التي كان يتراوح حجمها من (11) فرد فاكثر حيث بلغت نسبتها (11.5%) من مجموع عينة الدراسة.

8. اتضح ان نسبة الاميين من ارباب الاسر كانت (8%)، اما نسبة من يعرف القراءة والكتابة منهم فقد بلغت (20%)، بينما كانت نسبة الذين اكملوا مرحلة الدارسة الابتدائية (11%) في حين كانت نسبة الذين حصلوا على شهادة الدراسة الاعدادية فقد كانت (12%)، بينما كانت نسبة الذين انهوا تعليمهم من خريجي الكليات والمعاهد (38%) من اجمالي العينة، اما بخصوص الحالة التعليمية لزوجات ارباب الاسر فقد كانت نسبة الاميات منهن (19.5%)، في حين كانت نسبة اللاتي يعرفن القراءة والكتابة (17.5%)، بينما كانت نسبة المتخرجات من المرحلة الابتدائية (13%) اما اللاتي ممن انهين مرحلة الدراسة المتوسطة فقد كانت نسبتهن (12.5%)، بينما كانت نسبة من حصلن على شهادة

الاعدادية (11.5%) اما نسبة اللاتي اكملن تعليمهن الجامعي فقد كانت (26%)، وبذلك يتضح ارتفاع نسبة المستوى التعليمي لارباب الاسر وزوجاتهم.

9. اظهرت بيانات الدراسة ان غالبية الاسر المبحوثة هي مالكة للدور التي تسكن فيها بنسبة (67%) ثم تليها نسبة الاسر التي تسكن في دور مؤجرة بنسبة (20.5%) ومن ثم يليها الاسر التي تسكن في دور حكومية بنسبة (12.5%) من مجموع العينة.

(2) النتائج المتعلقة باختبار فرضيات الدراسة:

أ. نتائج الفرضية الاولى: (تتباين مؤسسات التنشئة الاجتماعية المختلفة في درجة فاعليتها في الوقاية من الجريمة أو الحد منها).

1. تبين لنا ان نسبة مسؤولية الاب عن الاسرة بلغت (36.5%)، في حين بلغت نسبة مسؤولية الام (16.5%)، بينما كانت نسبة المسؤولية المشتركة للاب والام عن اسرتهما (41%)، في حين كانت مسؤولية الشخص الاخر والذي يمثل الوصي عليها بنسبة (6%) من مجموع عينة الدراسة.

2. اوضحت البيانات المتعلقة بالدراسة ان الاسرة قد حازت على اعلى نسبة لها من بين مؤسسات التنشئة الاجتماعية في دورها بتنشئة الابناء وتحصينهم من الانحراف والجنوح، اذ بلغت نسبتها (42%)، وحلت وسائل الاعلام بالمرتبة الثانية بعد الاسرة بنسبة (21%)، فيما جاءت دور العبادة بالمرتبة الثالثة حيث بلغت نسبتها (20.5%)، فيما حلت المدرسة بالمرتبة الرابعة والاخيرة فيما يخص بمسؤوليتها في التربية والتحصين من الجريمة اذ بلغت نسبتها (21%) من مجموع العينة.

3. تبين ان نسبة (45.5%) من مجموع عينة الدراسة تؤيد اهمية وجود التعاون بين الاسرة وبين مؤسسات التنشئة الاجتماعية في الحد من

الانحراف والجريمة، في حين ترى نسبة (21.5%) عدم وجود جدوى من قيـام مثـل هـذا التعاون، بينما كانت نسبة (33%) تعتقد ان مثل هذا التعاون يكـون في بعـض الاحيـان مجديا في تحقيق الهدف المرجو منه.

4. اظهرت بيانات الدراسة ان نسبة (60.5%) مـن المبحـوثين يؤيـدون ان سـلوك الوالـدين يؤثر على تنشئة الابناء، فيما لا تؤيد نسبة (16.5%) اهمية سلوك الوالدين عـلى تنشـئة الابناء، وتعتقد نسبة (23%) من اجمالي العينة انه قـد يكـون في بعـض الاحيـان هنـاك صدى لمثل هذا التأثير. ومن خلال البيانات المتعلقة بالمؤسسة الاسرية تحققت لنا صحة فرضية الدراسة الاولى.

ب. **نتائج الفرضية الثانية:** (يعزز استقرار البيئة الاسرية من التنشئة الاجتماعية للابناء ويقيهم مـن الوقوع في احضان الجريمة)

1. كشـفت نتـائج الدراسـة إلى ان نسـبة (58%) مـن اربـاب الاسر يعتقـدون ان التماسك الاسري له النصيب الاوفر في تحصين الابنـاء مـن الجريمـة والانحـراف، فيـما تـرى نسـبة (16%) ان مثل هذا التماسك لا يمكن ان يشكل الضمانة التي تحقق مثل هـذا الهـدف، وتعتقد نسبة (26%) من العينة ان مثل هذا التماسك يكون في بعـض الاحيـان مجـديا في وقاية الابناء من الوقوع في احضان الجريمة.

2. اتضح لنا ان من المقومات الرئيسة لوجود تماسك اسري متين هو التفاهم بـين الوالـدين حيث جاء بالمرتبة الاولى بنسبة (26.8%)، ثم يليه قيام الوالدين بـاداء واجبهما بصـورة صحيحة بنسبة (21.5%)، في حين حل في المرتبة الثالثة المسـتوى المعـاشي الجيـد للاسرة بوصفه احد الاسس التي يعتمد عليها في وجود كيان اسري متماسك حيـث حصل عـلى نسبة (17.8%) بينما كان الترتيب الرابع من نصيب توفر السكن المريح والملائـم للاسرة حيث حصل على نسبة (15.4%)، وحلت بالمرتبة

الاخيرة اسباب اخرى لها علاقة مباشرة أو غير مباشرة في الاسهام بوجود التماسك الاسري بنسبة (3.6%) من اجمالي العينة.

3. تبين لنا ان نسبة (57%) من المبحوثين تعتقد ان للبيئة السكنية تأثيرا كبيرا على التنشئة الاجتماعية للابناء، وترى نسبة (43%) من عينة الدراسة انه ليس للبيئة السكنية تأثير يذكر على تنشئة الابناء. ومن خلال البيانات المذكورة آنفا تحققت لنا صحة الفرضية الثانية.

ج. **نتائج الفرضية الثالثة:** (التنشئة الاجتماعية التي توازن بين الاساليب المتشددة والاساليب المتساهلة هي التنشئة الاكثر نجاحا في تربية الابناء وبناء شخصيتهم)

1. اشارت بيانات الدراسة إلى ان النسبة الغالبة من المبحوثين تعتقد ان الخلفية الاجتماعية لها دور مؤثر في تحديد نمط الاسلوب الذي يتبعه الآباء في تنشئة ابنائهم، اذ بلغت نسبة الذين يؤيدون هذا الرأي (60.5%) في حين ترى نسبة (39.5%) من المجموع الاجمالي للعينة انه ليست هناك من علاقة تربط بين الخلفية الاجتماعية للاباء وتحديدهم طبيعة الاسلوب الذي يتبعونه في تربية ابنائهم.

2. اتضح لنا ان اسلوب الجمع بين الشدة واللين هو الاسلوب المفضل والناجح في تنشئة الابناء حيث بلغت النسبة التي ايدت اتباع هذا النموذج من التنشئة اكثر من نصف مجموع العينة بنسبة بلغت (54%)، في حين يعتقد (27%) من ارباب الاسر ان اسلوب اللين والتساهل هو الاسلوب الذي ينبغي الاخذ به في تنشئة الابناء، وتفضل نسبة (19%) اتباع اسلوب الشدة والقسوة من قبل الآباء في تنشئة ابنائهم. من خلال البيانات المتعلقة بالاسلوب المفضل في تنشئة الابناء وبناء شخصيتهم تحققت لنا صحة الفرضية الثالثة.

د. نتائج الفرضية الرابعة: (تشغيل الأسرة لأبنائها في سن مبكر نتيجة تدني المستوى المعاشي لها يضعف من تنشئتهم الاجتماعية ويعرضهم إلى الانحراف)

1. اظهرت بيانات الدراسة ان الاكثرية من عينة الدراسة قد تضررت كثيرا بالحصار الاقتصادي المفروض على قطرنا اذ بلغت نسبة المتضرر منها (66%)، في حين بلغت نسبة الاسر التي تضررت منه بشكل قليل (29%)، اما نسبة الاسر التي لم تتضرر بالحصار الاقتصادي فقد بلغت (5%) من المجموع الاجمالي للعينة.

2. تبين لنا ان نسبة (28%) من الاسر المبحوثة تعتقد ان التشغيل المبكر للابناء يؤثر على تنشئتهم الاجتماعية وبالتالي قد يعرضهم إلى الانحراف والجنوح، وترى نسبة (31.5%) ان عمل الابناء في سنوات عمرهم المبكرة لا يؤثر على تنشئتهم الاجتماعية، في حين بلغت نسبة الاسر التي تعتقد ان العمل المبكر في بعض الاحيان يكون سببا في انحرافهم (40.5) من مجموع عينة الدراسة. ومن خلال البيانات الخاصة بمدى تأثير التشغيل المبكر للابناء على تنشئتهم الاجتماعية لم تتحقق لنا صحة الفرضية الرابعة.

هـ نتائج الفرضية الخامسة: (لاتزان شخصية المدرس اثر ايجابي في تعزيز السلوك المنضبط للطلاب والنأي بهم عن الانحراف والجريمة)

1. تبين ان نسبة (63.5%) من المبحوثين يعتقدون ان المدرسة لا تقوم بواجبها بشكل صحيح، ونسبة (36.5%) ترى ان المدرسة تقوم باداء وظيفتها بصورة مرضية.

2. اشارت نتائج الدراسة إلى ان زيادة المستوى المعاشي للمدرسين تأتي في مقدمة الاسباب التي تؤدي إلى تفعيل دور المدرسة في عمليتي التربية والتعليم، اذ حازت على نسبة (30.2%) من مجموع عينة الدراسة، فيما حلت كفاءة الادارات القائمة والمشرفة عليها بالمرتبة الثانية اذ بلغت نسبة

التأييد لها (26.3%)، وجـاء اداء الهيئـة التدريسـية لواجبهـا بشـكل صـحيح في المرتبـة الثالثة اذ بلغت نسبتها (22%) من المبحوثين، في حـين حصـلت عمليـة تشـخيص بـوادر الجنوح لدى بعض الطلبة على نسبة (13.3%) فكان نصيبها الترتيب الرابع، وجـاء عـدم التمييز في المعاملة بين الطلاب في الترتيب الخامس والاخـير بنسـبة (7.8%) مـن اجمـالي الاسباب الكفيلة باعادة المدرسة لوضعها السابق.

3. اظهرت البيانات الخاصة بدور المـدرس في تعزيز الاتجاهـات السـوية لـدى الطـلاب ان نسبة (44%) مـن اجابـات المبحوثين تؤيـد ان للمـدرس دور فاعـل في ترسـيخ التنشـئة الاجتماعية للطلاب مقابل نسبة (31.5%) تـرى عـلى النقيض مـن ذلـك، وتـرى نسـبة (24.5%) انه يكون في بعض الاحيان للمدرس تأثير في تدعيم السلوك السوي للطلاب.

4. اوضحت نتائج البيانات ان نسبة (43.5%) مـن اجابـات المبحوثين يؤيـدون ان الفشـل والتسرب الدراسي يكون احد العوامل الممهدة للانحراف، في حين تعتقد نسبة (26.5%) من مجموع العينة بان الفشل في الدراسة أو التسرب منهـا هـي احـد الاسـباب المفضية إلى الانحراف، في حين ترى نسبة (30%) ان ذلك يكون في بعض الاوقات سببا في الانزلاق نحو الانحراف والجريمة.

5. تبين لنا ان نسبة (34.5%) من مجموع عينة الدراسة تعتقد ان اهـتمام الآبـاء بمستقبل ابنائهم الدراسي تأتي في مقدمة الاسباب التي تحول دون فشل أو تسرب الابنـاء مـن الدراسة. وقد حلت مسألة توفير النفقات الدراسـة في الترتيب الثاني بنسبة (25%)، في حين جـاءت المسـؤولية التربويـة للمدرسـة بالمرتبـة الثالثة حيـث حصـلت عـلى نسـبة (17.6%)، وحلت اهمية التقدير والانجاز والتشجيع والطموح في الترتيـب الرابـع حيث بلغت نسبة تأييد المبحوثين لذلك (13.9%) فيما حلت عملية تشخيص حالات الكآبة

والانكسار لدى الطلاب بالمرتبة الاخيرة بنسبة (8.6%) من عينة الدراسة. ومن خلال البيانات المذكورة آنفا اتضحت لنا صحة الفرضية الخامسة.

و. نتائج الفرضية السادسة: (ترسيخ الوازع الديني للافراد ينأى بهم عن الانحراف والجريمة)

1. اوضحت بيانات الدراسة ان نسبة (52.5%) من المبحوثين تعتقد ان حث الابناء على اداء الشعائر الدينية والالتزام بها يعد من العوامل المساعدة في ترسيخ التنشئة الاجتماعية ووقايتهم من الوقوع في الجريمة، فيما ترى نسبة (22%) منهم ان اداء هذه الشعائر ليس كفيلا بتحقيق هذا الهدف، وتذهب نسبة (27.5%) إلى تأييد الرأي الذي مفاده انه يكون في بعض الاحيان ان التقيد في اداء الشعائر الدينية سيحمي الابناء من الانزلاق في سلوكيات منحرفة.
2. كشفت لنا بيانات الدراسة ان نسبة (59.5%) من المبحوثين تعتقد باهمية اصطحاب الاباء لابنائهم إلى دور العبادة، لان ذلك يعزز من السلوك السوي لديهم، بينما ترى نسبة (40.5%) من عينة الدراسة خلاف ذلك.
3. ان نسبة (31.3%) من عينة الدراسة ترى ان تشجيع الابناء على الالتزام بالنصائح والارشادات ستعزز من تربيتهم الدينية، ثم تليها تعويد الابناء في التردد على دور العبادة اذ بلغت نسبتها (26.4%) من اجابات المبحوثين، في حين حلت مسألة حثهم على متابعة البرامج التربوية والتعليمية كإحدى العوامل التي ستدعم من تنشئتهم الاجتماعية في المرتبة الثالثة اذ حصلت على نسبة (20.3%) من مجموع العينة، بينما حلت في الترتيب الرابع تحذيهم من مغبة الاختلاط لاقران السوء بنسبة (13.5%)، فيما حلت بالمرتبة الخامسة والاخيرة اسباب اخرى متفرقة لها دور مباشر أو غير مباشر في تحقيق تربية دينية راسخة للابناده حيث حصلت على نسبة (7.9%) من مجموع اجابات المبحوثين. ومن خلال

البيانات الخاصة بدور الدين في تربية الابناء تحققت لنا صحة الفرضية السادسة.

ز. نتائج الفرضية السابعة: (تعد وسائل الاعلام لاسيما المرئية منها المنافس الرئيسي للاسرة في عملية التنشئة الاجتماعية والتحصين من الانحراف والجريمة)

1. اشارت بيانات الدراسة إلى ان نسبة (46.5%) من اجابات المبحوثين تعتقد ان التلفزيون يعد من وسائل الاعلام التي تترك بصمات واضحة على سلوك الافراد، ثم يليه الفيديو بالمرتبة الثانية من حيث التأثير بنسبة (28.5%)، ثم تليه السينما بالمرتبة الثالثة بنسبة (14%)، وجاءت الصحافة بالمرتبة الاخيرة من حيث ما تتركه من آثار على سلوك جمهور القراء حيث بلغت نسبتها (11%) من اجمالي العينة.
2. اظهرت نتائج الدراسة ان البرامج الرياضية قد احتلت المرتبة الاولى ضمن سلسلة البرامج المتنوعة التي يعرضها التلفزيون من حيث الاهتمام بها والحرص على متابعتها حيث بلغت نسبتها (24.5%) ثم تليها البرامج الدينية بنسبة (22.7%)، ومن ثم ذلك البرامج السياسية بنسبة (24.5%) ثم تليها البرامج الفنية حيث بلغت نسبتها (14.3%) من اجابات المبحوثين، اما البرامج العلمية فقد جاءت بالترتيب الخامس بنسبة (11.3%) بينما حلت البرامج الثقافية بالمرتبة الاخيرة حيث بلغت نسبتها (8.3%) من مجموع العينة.
3. اوضحت نتائج الدراسة ان مهمة قيام التفلزيون بتطوير الوعي الامني والقانوني تعد من المهام التي جاءت بالمرتبة الاولى بنسبة (28.7%) وحلت مهمة قيام هذا الجهاز الاعلامي بخلق روح الاستنكار ضد الجريمة والمجرمين بالمرتبة الثانية حيث بلغت نسبتها (22.7%) من مجموع عينة الدراسة، ثم تلاها مهمة تعزيز احترام قواعد الضبط الاجتماعي كأحدى مهام التلفزيون الرئيسة بنسبة (19.7%)، اعقبها قيام التلفزيون بالتبصير

باساليب الاحتيال والخداع المتبعة من قبل المجرمين بنسبة (16.4%) من اجابات المبحوثين، يليها مهمة التصدي للقيم والممارسات الضارة بالمرتبة الاخيرة حيث بلغت نسبة ما حصلت عليه (12.3%) من اجابات المبحوثين.

4. يتبين لنا ان الافلام المخلة بالاداب العامة تأتي في مقدمة الافلام التي يجب على ارباب الاسر منعها والتي قد يستخدمها بعض الابناء عند توفر جهاز الفيديو بنسبة (31.3%) باعتبارها تشكل القناة الاساسية التي تفسد اخلاقهم، ثم يليها من حيث المنع افلام الجريمة والعنف حيث بلغت نسبتها (28.7%) لانها قد تعلمهم فنون الجريمة، تليها الحفلات والاغاني بنسبة (21.8%)، واخيرا الافلام العاطفية جاءت بالترتيب الاخير والتي ينبغي على الآباء منعها من العرض من على الفيديو بنسبة (18%) من عينة الدراسة.

5. اتضح لنا ان الموضوعات الرياضية تأتي في مقدمة الموضوعات التي يحرص جمهور القراء من ارباب الاسر على متابعتها في وسائل الاعلام المقروءة حيث بلغت نسبتها (29.5%)، ثم حلت الموضوعات السياسية بالمرتبة الثانية بنسبة (22.8%)، تليها موضوعات الجريمة واخبار المجرمين من حيث متابعتها من على الصحافة بنسبة (21%)، بعد ذلك الموضوعات الاجتماعية بنسبة (17%)، ثم موضوعات اخرى متنوعة بنسبة (9.4%) من اجابات المبحوثين. ومن خلال النتائج المتعلقة بتأثير وسائل الاعلام على التنشئة الاجتماعية للابناء وتحصينهم من الوقوع في الانحراف والجريمة اتضحت لنا صحة الفرضية السابعة.

ح. نتائج الفرضية الثامنة: (هناك علاقة طردية بين تجنب اقران السوء والابتعاد عن ارتكاب الجريمة)

1. يتبين لنا ان لجماعة الاقران تأثيرا كبيرا على سلوك الافراد لاسيما الابناء منهم على وجه التحديد حيث بلغت نسبة المبحوثين التي تؤيد ذلك (56%)، وترى نسبة (44%) انه ليس لجماعة الاقران ذلك التأثير الكبير على سلوك الابناء واخلاقهم.

2. اشارت بيانات الدراسة إلى ان نسبة (46.5%) من ارباب الاسر يعتقدون بان على الوالدين منع ابنائهم من مصاحبة اقران السوء لان ذلك يحصنهم من الانحراف والجريمة، وترى نسبة (25.5%) من المبحوثين ان ليس لاقران السوء تأثير يذكر على سلوك الابناء، فيما تعتقد نسبة (28%) من عينة الدراسة ان هذا النموذج من اقران السوء يكون احيانا سببا في انزلاق الفرد نحو هاوية الانحراف والجريمة.

3. اوضحت البيانات المتعلقة بمدى اهمية تحديد الوالدين لاقران ابنائهم حيث ان نسبة (59.5%) من المبحوثين تعتقد ان على الآباء تحديد الوالدين لاقران ابنائهم حفاظا عليهم من اقران السوء لان ذلك يصون اخلاقهم، وترى نسبة (40.5%) ان ليس لهذا الاجراء من دور يذكر في هذا المجال.

4. ترى نسبة (55.5%) من المبحوثين اهمية معرفة الآباء لسلوك اقران ابنائهم باعتباره احد السبل لوقايتهم من الانحراف، بينما تعتقد نسبة (40.5%) من مجموع العينة ترى عكس ذلك. ومن خلال البيانات الخاصة بجماعة الاقران تحققت لنا صحة الفرضية الثامنة.

خ. نتائج الفرضية التاسعة: (قيا مراكز الشباب بملء اوقات الفراغ بالانشطة الترويحية المفيدة يحد من تفكير الشباب في ارتكاب السلوك الاجرامي)

1. اظهرت نتائج الدراسة ان نسبة (12%) من اجابات المبحوثين تعتقد ان اشغال اوقات الفراغ بالانشطة الترويحية المفيدة تعد احد الاساليب التي ينبغي ان تعتمد في خفض الخط البياني للجريمة، وتعتقد نسبة (34.5%)

ان ذلك لايمكن ان يشكل حلا شافيا في تقليل فرص التفكير باقتراف الجريمة، فيما ترى نسبة (23.5%) من مجموع العينة ان استغلال اوقات الفراغ بهذه الانشطة يجدي نفعا في تحقيق هذا الهدف احيانا.

2. اظهرت لنا بيانات الدراسة ان مهمة تهيئة فرص للعاطلين عـن العمـل تـأتي في اولويـات مهام المنظمات الجماهيرية كاجراء فعال في كبح الجريمة بنسبة (34.8%) ثم تليه مهمـة القيام بمعالجة مشاكل المنتمين لها بنسبة (26.5%)، بعدها جاء تقديم المساعدة في حل معوقات الاسر بنسبة بلغت (22.3%) مـن عينـة الدراسـة، واخـيرا حـل تـوفير الامـاكن الترويحية كالمتنزهات والاندية الثقافية والاجتماعية بنسبة (16%) من اجمالي العينة.

3. ان نسبة (32.7%) من عينة الدراسة تعتقد ان نسبة زيادة الحوافز المادية والمعنويـة للابناء تعد احد المحفـزات الرئيسـة في الانخـراط في المراكـز الشـبابية، ثم تليهـا تلبيـة المستلزمات الضرورية بنسبة (29%)، وترى نسبة (22.5%) مـن المبحوثين ان زيادة الاهتمام بهوايات الشباب يشجعهم علـى الانضـمام لهـذه المراكـز، فيما تعتقد نسبة (15.6%) من عينة الدراسة ان القيام بتوفير الاماكن المخصصة لممارسـة هـذه الشـريحة العمرية لهواياتها تكون احد عوامل التشجيع للانخراط إلى هذه المراكز.

4. اتضح لنا ان نسبة (40.6%) من المبحوثين ترى ان ممارسة الالعاب الرياضية والترفيهيـة بنسبة (33%)، ثم تأتي بعدها اقامة الندوات الثقافيـة والترفيهيـة حيـث بلغـت نسـبتها (26%) من اجابات المبحوثين، ومن خلال البيانات المتعلقة باهمية قيام مراكز الشباب بتنظيم الانشطة الترويحية تحققت لنا صحة الفرضية التاسعة.

ثانيا. التوصيات والمقترحات:

في ضوء ما اسفرت عنه الدراسة من نتائج حول دور التنشئة الاجتماعية في الحد من السلوك الاجرامي، يوصي الباحث بمجموعة من التوصيات والمقترحات

والتي ربما تساهم في ترسيخ التنشئة الاجتماعية لافراد المجتمع وتحصنهم من الوقوع في الانحراف والجريمة، وهذه التوصيات والمقترحات هي ما يأتي:

أولا. الأسرة:

1. لاشك ان الاسرة تعتبر الركيزة الاساسية في عملية التنشئة الاجتماعية وتحصين الابناء من الوقوع في الانحراف والجريمة، ومن اجل نجاح هذه المهمة وتحقيق هذا الغرض السامي فلابد من وجود اسرة متماسكة تتوفر فيها كل مقومات نجاحها ويعتمد ذلك إلى حد كبير على توفر اسس الزواج الناجح والمتمثلة في التناسب المعقول بين الزوجين من حيث الثقافة والعمر والمركز الاجتماعي والنظرة المشتركة إلى امور الحياة.

2. قيام الاسرة بتربية ابنائها تربية اجتماعية ودينية واخلاقية بشكل تسهم في بناء شخصيتهم وتحميهم من السقوط في وهدة الانحراف والجريمة واشباع كل حاجاتهم المادية والروحية والعاطفية والنفسية.

3. ضرورة اعتماد الوالدين الاساليب التربوية الناجحة في تربية الابناء وخاصة تلك التي تستند على اسلوب الثواب والعقاب بشكل يحقق لهم التوازن النفسي والنضوج الاجتماعي.

4. تجنب الوالدين اثارة المشاكل والخلافات فيما بينهما لان ذلك يؤثر تأثيرا سلبيا على الابناء لان مثل هذه الاجواء المشحونة بالنزاعات والخلافات الاسرية سوف تفقد الابناء الدفء العاطفي والرعاية الكافية الامر الذي يهدد مصيرهم بالضياع وقد يفضي بهم إلى الانحراف والجريمة.

5. ان يكون الوالدان قدوة حسنة لابنائهم في حسن السلوك، فالطفل الذي يجد نفسه في اسرة اوغل فيها الوالدين أو احدهما في الاجرام والانحلال الخلقي ينزلق غالبا مع ذويه في الرذائل والمباذل.

6. ضرورة مد الاسرة جسور التعاون مع المؤسسات التي تشاركها في تربية ابنائها لاسيما مع المدرسة التي تعد البيئة الثانية للابناء من خلال التأكيد على مستواهم العلمي ومدى التزامهم بالمواظبة على الدوام فيها للحيلولة دون تسربهم أو فشلهم في الدراسة الامر الذي يعد مؤشرا سلبيا ومنحى خطيرا في حياتهم.
7. على الوالدين منع ابنائهم من مصاحبة اقران السوء لان ذلك يوفر المناخ المناسب في افساد خلقهم ويهيئ الفرصة المناسبة في السير معهم في دروب الرذيلة والانحراف.

ثانيا. المدرسة:

اذا كان الهدف الاساس الذي وجدت من اجله المدرسة ينصب على رفد الافراد بالمهارات والكفاءات والاختصاصات العلمية والادبية التي يحتاجها المجتمع والعمل على زرع القيم والممارسات الايجابية من اجل بناء المواطن الصالح عن طريق تنمية عناصر شخصيته، ومن اجل تفعيل دور هذه المؤسسة التربوية المهمة لذا نوصي بالاتي:

1. حسن اختيار الادارات المدرسية الكفوءة والناجحة التي تضمن نجاح مهمة المدرسة في عمليتي التربية والتعليم على نحو مرض بحيث تصبح اداة فعالة في تلقين الابناء بالعادات الصحيحة والاتجاهات السليمة.
2. العدالة والحكمة والحزم والتفاهم المباشر الصريح، هي الاسس الصحيحة التي يجب ان يرتكز عليها القائمون بادارة المدرسة وهيئتها التدريسية في تعاملهم مع الطلاب، لان مثل هذه الاسس تجعل من صوت المدرسة مسموعا لدى طلابها مما يجعل دورها ذا تأثير بالغ في حسن سلوكهم.
3. حسن اختيار الهيئات التدريسية الكفوءة والناجحة ممن تتوسم فيهم الاتزان في الشخصية والدماثة في الخلق والرباطة في الجأش فضلا عن كفاءتهم

العلمية من اجل ان تستطيع المدرسة اداء رسالتها التعليمية والتربوية على نحو افضل.

4. لكي يبقى المعلم والمدرس شخصيات مشعة ونماذج تحتذى، نرى ضرورة الاهتمام باعداد تهيئته ليعود قادرا على احتلال مركزه الاجتماعي المشع إلى جانب الاهتمام بحاجته المادية بالقدر الذي يجعله قادرا على اداء الدور المناط به.

5. ان انشغال ادارة المدرسة وهيئتها التدريسية بمهامها التعليمية لا يتيح لها القيام بالرعاية الاجتماعية للطلاب الا بقدر محدود، لذا فالحاجة تدعو إلى وجود جهاز خاص للخدمة الاجتماعية في كل مدرسة يقوم بادارته اخصائيون اجتماعيون وباحثون نفسيون يأخذون على عاتقهم تشخيص حالات الانحراف والكآبة والانكسار والفشل لدى بعض الطلاب ومساعدتهم على حلها قبل ان تفلت من زمام السيطرة عليها.

ثالثا. المؤسسات الدينية:

من المعروف ان الدين ظاهرة انسانية كونية لم يخل منها مجتمع من المجتمعات، وان النزعة الدينية مشتركة بين جميع البشر فهي ملاذها في الملمات وحصنها الذي يقيها من النزوات والهفوات والهزات واداة للتضامن والوحدة والتماسك بين الافراد والجماعات، ومن اجل تفعيل دور الدين في الحياة ينبغي التركيز على الاتي:

1. العمل على تسخير كافة الجهود والوسائل المتاحة في تنفيذ برامج الحملة الوطنية الايمانية الكبرى من اجل تحقيق الاهداف المتوخاة منها والمتمثلة في نشر القيم والتعاليم الدينية السامية وضرورة التمسك بها.

2. توفر الكفاءة المطلوبة عند اختيار ائمة وخطباء المساجد والجوامع لكي يقوموا بواجبهم بصورة جيدة في نشر الوعي والثقافة الدينية، مع ضرورة

زيادة الاهتمام بحالتهم المادية حتى يكون بامكانهم التفرغ التام من اداء واجبهم بصورة صحيحة.

3. ضرورة الاكثار من المسابقات والندوات والمؤتمرات الدينية التي تسلط الضوء على اهمية الوازع الديني في الحياة باعتباره من اقوى وسائل الضبط الاجتماعي الذي يجنب الناس ارتكاب الافعال المنحرفة والمشينة ويحثهم على الالتزام بمكارم الاخلاق وفضائلها.

رابعا. وسائل الاعلام:

نظرا للمكانة المتميزة والمؤثرة التي باتت تشكلها وسائل الاعلام في حياة الافراد والجماعات ومن اجل توظيفها توظيفا يعمل على ترسيخ التنشئة الاجتماعية وتعزيزها لجمع فئات وشرائح المجتمع المختلفة عليه نقترح الاتي:

1. العمل على زيادة البرامج التلفزيونية الهادفة التي تعمل على ترسيخ التنمشئة الاجتماعية لجميع افراد المجتمع وبالذات الشبيبة منهم كالبرامج الدينية والتوجيهية والتربوية والتثقيفية.

2. منع عرض الافلام والمسلسلات التي تروج للمفاهيم الدخيلة والعادات الغريبة التي تستهدف زعزعة ايمان الانسان بامته وتراثه الحضاري والتي تشنه الدوائر المعادية والتي تدخل ضمن ما يعرف بعملية الغزو الثقافي.

3. فحص الرقائق السينمائية والتأكد من صلاحيتها للعرض مع فرض عقوبات صارمة على دور العرض السينمائي التي تروج للافلام التي تسيء إلى الاخلاق العامة.

4. فرض رقابة صارمة على مكاتب الفيديو للحيلولة دون تسرب الافلام التي تخدش الحياء العام وتكون عاملا مساعدا في تحلل الاخلاق واشاعة الفاحشة في المجتمع.

5. نشر الوعي الامني والقانوني بكل الوسائل الاعلامية المختلفة وتبصير الجمهور باساليب الاحتيال والخداع التي يتبعها المجرمون في تنفيذ مخططاتهم الشريرة.

6. تشكيل لجان فحص الافلام والبرامج تضم تربيون متخصصين يحولون دون وصول أي رسالة اعلامية من شأنها ايقاد جذوة الانحراف والتي تتعارض مع قيم المجتمع ومثله العليا.

خامسا. المنظمات الجماهيرية:

من اجل تفعيل دور المنظمات الجماهيرية التي تمثل واجهة عريضة من المجتمع نوصي بما يأتي:

1. زيادة عدد الاندية الثقافية والاجتماعية والرياضية في عموم المدينة وتضمين برامجها الكثير من الفعاليات الرياضية والفنية والعلمية والادبية.

2. تنظيم الانشطة الترويحية المفيدة التي تسد اوقات الفراغ عند الشباب وحثهم على ممارستها بشكل يطور شخصياتهم ويفجر طاقاتهم الخلاقة.

3. ضرورة التنسيق والتعاون مع دوائر الدولة المختلفة في حل المشكلات التي تعاني منها الشباب وخاصة فيما يتعلق بتوفير فرص عمل للعاطلين.

4. مد يد المساعدة والعون للمنضوين في هذه المنظمات على حل المشكلات التي يعانون منها وتذليل المعوقات التي تعترض سبيلهم.

سادسا. دوائر الدولة:

1. قيام الجهات المعنية بزيادة دعم الاسر الفقيرة والمتعففة من صندوق الزكاة لتحسين اوضاعها المعاشية.

2. التوسع في اقامة المشاريع الاقتصادية والصناعية والعمرانية التي توفر فرصة مناسبة لاستيعاب العاطلين عن العمل للحيلولة دون لجوئهم إلى اساليب ملتوية من اجل سد واشباع حاجاتهم الضرورية.

3. تشجيع الشباب على الزواج المبكر ومساعدتهم في توفير اسباب نجاحه من خلال منحهم القروض وتجهيزهم بالسلع المعمرة وفتح السبيل امامهم للاستقرار النفسي الذي يحفظهم من السقوط في الرذيلة.

4. قيام الجهات ذات العلاقة بانشاء المزيد من الاماكن الترويحية المفيدة والتي تفتقر اليها المدينة كالملاعب والمتنزهات والحدائق العامة.

5. تطوير المناطق الشعبية في المدينة من خلال الاهتمام ببناها التحتية وزيادة توفير الخدمات الاساسية فيها والتي تمس حياة القاطنين فيها.

6. قيام وزارة الداخلية بتطوير اجهزتها الامنية تطويرا يحقق الهدف المرجو من وجودها والمتمثل في قطع الطريق امام الجناة والمجرمين من العبث بامن واستقرار المجتمع ولا يتم ذلك الا من خلال الوقوف على احتياجاتها المادية وتوفير الوسائل التي تمكنها من اداء واجبها بشكل صحيح.

المصادر

قائمة المصادر

اولا: المصادر العربية

أ. الكتب

1. القرآن الكريم.

2. الآلوسي، حسام (الدكتور) وآخرون، علم الاجتماع والفلسفة، شركة الجنوب للطباعة، بغداد، 1995.

3. ابراهيم، اكرم نشأت (الدكتور)، جنوح الاحداث في العراق، مطبعة دار السلام، بغداد، 1960.

4. ابراهيم، اكرم نشأت (الدكتور)، علم النفس الجنائي، ط5، مطبعة المعارف، بغداد، 1970.

5. ابراهيم، اكرم نشأت (الدكتور)، السياسة الجنائية، ط2، مطبعة آب، بغداد، 1998.

6. ابراهيم، اكرم نشأت (الدكتور)، علم الاجتماع الجنائي، ط2، مطبعة النيزك، بغداد، 1998.

7. ابراهيم، نجيب اسكندر (الدكتور)، قيمنا الاجتماعية وأثرها في تكوين الشخصية، مكتبة النهضة المصرية، القاهرة، 1962.

8. ابن خلدون، ابو زيد عبد الرحمن، المقدمة، دار العودة، بيروت، 1982.

9. ابو جادو، صالح محمد علي، سيكلوجية التنشئة الاجتماعية، دار المسيرة، عمان،1988.

10. ابو زهرة، محمد، الجريمة والعقوبة في الفقه الاسلامي، مكتبة الانجلو مصرية، القاهرة، 1960.

11. ابو عامر، محمد زكي (الدكتور)، دراسة في علم الاجرام والعقاب، دار المطبوعات الجامعية، الاسكندرية، 1969.

12. بدر، احمد (الدكتور)، اصول البحث العلمي ومناهجه، دار المطبوعات، الكويت، 1978.

13. بـدوي، السـيد محمـد (الـدكتور)، المجتمـع والمشـكلات الاجتماعيـة، دار المعرفـة الجامعيـة، الاسكندرية، مصر، 1988.

14. بهنام، رمسيس (الدكتور)، محاضرات في علم الاجرام، ج1، منشأة المعارف، الاسكندرية، 1961.

15. بهنام، رمسيس (الدكتور)، المجرم تكوينا وتقويما، منشأة المعارف، الاسكندرية، مصر، 1966.

16. بهنام، رمسيس (الدكتور)، الوجيز في علم الاجرام، منشأة المعارف، الاسكندرية، مصر، 1975.

17. بهنسي، احمد فتحي (الدكتور)، العقوبة في الفقه الاسلامي، دار الرائد العربي، بيروت، 1983.

18. تماشيف، نيقولا، نظرية علم الاجتماع، ترجمة الدكتور محمد عودة وآخرون، الطبعة الخامسة، دار المعارف، القاهرة، 1978.

19. جابر، سامية محمد، الانحراف والمجتمع، دار المعارف، الاسكندرية، 1988.

20. جلال، سعد (الدكتور)، اسس علم النفس الجنائي، دار المعارف، الاسكندرية، 1966.

21. جوسلين، المدرسة والمجتمع العصري، ترجمة الدكتور محمد قدوري لطفي ومحمد منير مرسي، عالم الكتب، القاهرة، 1977.

22. الحسن، احسان محمد (الدكتور)، المدخل إلى علم الاجتماع الحديث، مطبعة الجامعة، بغداد، 1975.

23. الحسن، احسان محمد (الدكتور)، الاسس العلميـة لمنـاهج البحـث الاجتماعـي، دار الطليعـة، بيروت، 1978.

24. الحسن، احسان محمد (الدكتور) والدكتور عبـد المـنعم الحسـني، طـرق البحـث الاجتماعـي، مطابع جامعة الموصل، 1980.

25. الحسن، احسان محمد (الدكتور)، العائلة والقرابة والزواج، ط1، بيروت، 1981.

26. الحسن، احسان محمد (الدكتور) والدكتورة فوزية العطية، الطبقية الاجتماعية، مطابع جامعة الموصل، الموصل، 1983.

27. الحسن، احسان محمد (الدكتور)، علم الاجرام، مطبعة الحضارة، بغداد، 2001.

28. حسن، عبد الباسط محمد (الدكتور)، اصول البحث الاجتماعي، ط4، مكتبة الانجلو المصرية، القاهرة، 1975.

29. حسين، صدام (رئيس جمهورية العراق)، الشباب الصحيح طريق الثورة الصحيحة، ط2، دار الحرية للطباعة، بغداد، 1980.

30. الحفني، عبد المنعم (الدكتور)، موسوعة علم النفس والتحليل النفسي، دار العودة، بيروت، 1978.

31. حمادي، يونس (الدكتور)، مبادئ علم الديمغرافية، مطابع جامعة الموصل، الموصل، 1985.

32. حوامدة، مصطفى محمود (الدكتورة)، التنشئة الاجتماعية في الاسلام، دار الكتب، اربد، 1994.

33. الحيالي، رعد كامل، العولمة وخيارات المواجهة، شركة الخنساء، بغداد، 2000.

34. الحجازي، مصطفى، الاحداث الجانحون – دراسة ميدانية نفسانية – اجتماعية، ط2، دار الطليعة للطباعة والنشر، القاهرة، 1981.

35. الخشاب، مصطفى (الدكتور)، علم الاجتماع ومدارسه، ج2، مكتبة الانجلو المصرية، القاهرة، 1965.

36. خليفة، احمد محمد (الدكتور)، مقدمة في دراسة السلوك الاجرامي، ج1، دار المعارف، مصر، 1962.

37. الخولي، سناء (الدكتورة)، الاسرة في عالم متغير، الهيئة المصرية العامة للكتاب، مصر، 1974.

38. الخولي، سناء (الدكتورة)، الاسرة والحياة العائلية، مركز الكتب الثقافية، القاهرة، 1984.

39. دافيدوف، ليندا، السلوك الشاذ وسبل علاجه، ترجمة سيد الطوب، الدار الدولية للاستثمار، القاهرة، 2000.

40. دياب، فوزية (الدكتورة)، نمو الطفل وتنشئته بين الاسرة ودور الحضانة، ط2، مكتبة النهضة المصرية، القاهرة، 1980.

41. راجح، احمد عزت (الدكتور)، الامراض النفسية والعقلية، عالم الكتب، القاهرة، 1965.

42. راجح، احمد عزت (الدكتور)، اصول علم النفس، المكتب المصري الحديث، الاسكندرية، 1970.

43. زكريا، ابراهيم، الجريمة والمجتمع، مكتبة الانجلو مصرية، القاهرة، 1957.

44. زكريا، فؤاد (الدكتور)، التفكير العلمي، ط3، عالم المعرفة، الكويت، 1988.

45. الزلمي، مصطفى ابراهيم (الدكتور)، منهاج الاسلام لمكافحة الاجرام، مطبعة شفيق، بغداد، 1986.

46. زهران، حامد عبد السلام (الدكتور)، علم النفس الاجتماعي، ط5، عالم الكتب، القاهرة، 1984.

47. زيد، محمد ابراهيم (الدكتور)، مقدمة في علم الاجرام والسلوك اللاجتماعي، مطبعة دار نشر الثقافة، الخرطوم، 1978.

48. الساعاتي، حسن، علم الاجتماع القانوني، ط2، دار المعرفة، القاهرة، 1960.

49. سذرلاند، ادوين، ودونالد كريسي، مبادئ علم الاجرام، ترجمة محمود السباعي وحسن المرصفاوي، مكتبة الانجلو المصرية، القاهرة، 1974.

50. السراج، عبود (الدكتور)، علم الاجرام وعلم العقاب، مطبعة ذات السلاسل، الكويت، 1981.

51. السمالوطي، نبيل، التنظيم المدرسي والتحديث التربوي، دار الشروق للنشر والتوزيع، جدة، السعودية، 1980.

52. سهيل، علي تحسين، مفهوم التربية في الاسلام، مطبعة الخلود، بغداد، 1994.

53. سويد، محمد نور عبد الحفيظ، منهج التربية النبوية للطفل، ط1، دار ابن الاثير، دمشق، 1988.

54. السيد، فؤاد البهي (الدكتور)، علم النفس الاجتماعي، ط1، دار الفكر العربي، القاهرة، 1954.

55. شتا، السيد علي (الدكتور)، علم الاجتماع الجنائي، دار الاصلاح، الدمام، السعودية، 1984.

56. الشرقاوي، انور، انحراف الاحداث، دار الثقافة، القاهرة، 1980.

57. الشيباني، عمر محمد التومي (الدكتور)، مناهج البحث الاجتماعي، دار الثقافة، بيروت، 1986.

58. الصابوني، عبد الرحمن (الدكتور)، نظام الاسرة وحـل مشـكلاتها في ضوء الاسـلام، دار الفكـر، الخرطوم، 1981.

59. صايات، خليل (الدكتور)، الصحافة رسالة واستعداد وفن وعلم، دار المعارف، القاهرة، 1967.

60. عارف، مجيد حميد (الـدكتور)، الاثنوغرافيـا والاقاليم الحضـارية، مطابع جامعـة الموصـل، الموصل، 1984.

61. عارف، محمد، الجريمة في المجتمع، مكتبة الانجلو المصرية، القاهرة، 1975.

62. عاقل، فاخر، مدارس علم النفس، دار العلم للملايين، دمشق، 1977.

63. العاني، شاكر، الجريمة، مطبعة الارشاد، بغداد، 1962.

64. العاني، عبد اللطيف (الدكتور) وآخرون، المدخل إلى علم الاجتماع، دار الكتب للطباعة والنشر، بغداد، 1985.

65. عبد الحميد، محسن (الدكتور)، الاسلام والتنمية الاجتماعية، ط1، دار الانبار للطباعـة والنشر، بغداد، 1989.

66. عبد القادر، شامل، الشباب بناة المستقبل، مطبعة القادسية، بغداد، 1982.

67. عبد اللطيف، صالح ابراهيم (الدكتور)، التـدين عـلاج الجريمـة، ط2، مكتبـة الرشـد، الريـاض، 1999.

68. عبد المسيح، أملي واخرون، تربية الطفل ومبادئ علم النفس، مطبعة الاعتماد، القاهرة، 1974.

69. عبيد، رؤوف (الدكتور)، مبادئ علم الاجرام، دار الفكر العربي، القاهرة، 1974.

70. عبيد، رؤوف (الدكتور)، اصول علمي الاجرام والعقاب، دار الفكر العربي، القاهرة، 1981.

71. عجوة، عاطف عبد الفتاح (الدكتور)، البطالة في العالم العربي وعلاقتها بالجريمة، المركز العربي للدراسات الامنية والتدريب، الرياض، السعودية، 1985.

72. عدس، محمد عبد الرحيم وعدنان عارف، رياض الاطفال، ط1، عمان، 1980.

73. عريم، عبد الجبار (الدكتور)، العقوبة والمجرم، مطبعة المعارف، بغداد، 1950.

74. عريم، عبد الجبار (الدكتور)، نظريات علم الاجرام، مطبعة المعارف، بغداد، 1970.

75. العقاد، عباس محمود، ما يقال عن الاسلام، منشورات المكتبة العصرية، بيروت، لا توجد سنة طبع.

76. علوان، عبد الله ناصح، تربية الاولاد في الاسلام، ج2، دار الفكر، دمشق، 1996.

77. عمر، معن خليل (الدكتور)، الموضوعية والتحليل في البحث الاجتماعي، دار الآفاق الجديدة، بيروت، 1983.

78. عمر، معن خليل (الدكتور)، رواد علم الاجتماع في العراق، دار الشؤون الثقافية العامة، بغداد، 1990.

79. عوض، عباس محمد (الدكتور)، في علم النفس الاجتماعي، دار المعرفة الجامعية، الاسكندرية، 1988.

80. العوجي، مصطفى (الدكتور)، دروس في العلم الجنائي – الجريمة والمجرم، مؤسسة نوفل، بيروت، 1980.

81. غازدا أم، جورج وريموند جي كورسيني، ترجمة الدكتور علي حسين وعطية محمود، نظريات التعلم، عالم المعرفة، الكويت، 1983.

82. الغزالي، ابو حامد محمد، احياء علوم الدين، ج3، مكتبة عبد الوكيـل، دمشـق، لا توجـد سـنة الطبع.

83. الغزالي، محمد، خلق المسلم، دار القلم، دمشق، 1988.

84. غيث، محمد عاطف (الدكتور)، المشاكل الاجتماعية والسلوك المنحرف، دار المعرفة، القاهرة، 1982.

85. غيث، محمد عاطف (الـدكتور) وآخرون، مجالات علـم الاجـتماع المعـاصر، ط1، دار المعرفـة الجامعية، القاهرة، 1982.

86. فهمي، محمد سيد، الاعلام من المنظور الاجتماعي، المكتـب الجامعي الحـديث، الاسكندرية، 1984.

87. القرضاوي، يوسف (الدكتور)، الايمان والحياة، مؤسسة الرسالة، بيروت، 1980.

88. القصير، مليحة عوني والدكتور صبيح عبد النعم، علم اجتماع العائلة، مطبعة الجامعة، بغداد، 1984.

89. الكبيسي، احمد (الدكتور)، فلسفة النظام الاسري في الاسلام، مطبعة الحوادث، 1990.

90. الكعبي، حاتم (الدكتور)، مبادئ علم الاجتماع، دار الحرية، بغداد، 1974.

91. كمال، عبد العزيز عبد الرحمن (الدكتور)، اثر البرامج التلفزيونية على النشئ والشـباب، مركـز البحوث التربوية، قطر، 1994.

92. كوهن، بيرسي، النظرية الاجتماعية الحديثة، ترجمة الدكتور عادل مختار الهواري، دار فينـوس للطباعة والنشر، القاهرة، 1975.

93. المطبعي، حميد، علي الوردي يدافع عن نفسه، ط1، المكتبة العالمية، بغداد، 1987.

94. المغربي، سعد (الدكتور) والسيد احمد الليثي، الفئات الخاصة واساليب رعايتها – المجرمـون -، مكتبة القاهرة الحديثة، 1967.

95. ميريلا، كياراندا، التربية الاجتماعية في رياض الاطفال، ترجمة فوزي محمد وعبد الفتاح حسن، دار الفكر العربي، القاهرة، 1992.

96. ناجي، ياسين محمد (الدكتور)، دور المؤسسات العقابية في علاج واصلاح وتأهيل.

97. نجم، محمد صبحي (الدكتور)، المدخل إلى علم الاجرام وعلم العقاب، ديوان المطبوعات الجامعية، الجزائر، 1979.

98. النعمة، ابراهيم، اخلاقنا أو الدمار، ط3، مطبعة الزهراء، الموصل، 1986.

99. نمر، عصام وعزيز سمارة، الطفل والاسرة والمجتمع، ط2، دار الفكر للنشر والتوزيع، عمان، 1990.

100. النوري، فيس (الدكتور)، المدخل إلى علم الانسان، مطابع جامعة الموصل، الموصل، 1980.

101. النوري، فيس (الدكتور)، والدكتور عبد المنعم الحسني، النظريات الاجتماعية، مطابع جامعة الموصل، الموصل، 1990.

102. النوري، قيس (الدكتور)، الاسرة مشروعا تنمويا، دار الشؤون الثقافية، بغداد، 1994.

103. هيملويت، هيلد. ت.، التلفزيون والطفل، ترجمة احمد سعيد ومحمود شكري، مؤسسة سجل العرب، القاهرة، 1967.

104. وافي، علي عبد الواحد (الدكتور)، الاسرة والمجتمع، دار احياء الكتب العربية، القاهرة، 1945.

105. وافي، علي عبد الواحد (الدكتور)، عوامل التربية، دار نهضة مصر، القاهرة، 1977.

106. وتيزمان، اليس، التربية الاجتماعية للاطفال، ترجمة الدكتور فؤاد البهي السيد، مكتبة النهضة المصرية، القاهرة، 1981.

ب. القواميس والمعجمات:

1. ابن منظور، العلامة ابو الفضل جمال الدين محمد بن مكرم، لسان العرب، المجلد الثالث عشر، دار لسان العرب، بيروت، 1956.

2. بدوري، احمد زكي (الدكتور)، معجم العلوم الاجتماعية، مكتبة لبنان، بيروت، 1977.

3. الرازي، محمد بن ابي بكر بن عبد القادر، مختار الصحاح، دار الكتاب العربي، بيروت، 1985.

4. سليم، شاكر مصطفى (الدكتور)، قاموس الانثروبولوجيا، الطبعة الاولى، جامعة الكويت، الكويت، 1980.

5. غيث، محمد عاطف (الدكتور)، قاموس علم الاجتماع، مطابع الهيئة المصرية العامة للكتاب، القاهرة، 1979.

6. الفيروزآبادي، العلامة مجد الدين محمد بن يعقوب، قاموس المحيط، عالم الكتب، بيروت، 1980.

7. مدكور، ابراهيم (الدكتور)، معجم العلوم الاجتماعية، الهيئة المصرية العامة للكتاب، القاهرة، 1975.

8. ميتشيل، دينكن، معجم علم الاجتماع، ترجمة الدكتور احسان محمد الحسن، دار الطليعة، بيروت، 1986.

جـ. الرسائل والأطاريح:

1. العباسي، عبد الحسن، دور مؤسسات الضبط الاجتماعي الرسمية في مكافحة الجريمة، رسالة ماجستير في علم الاجتماع، غير منشورة، كلية الاداب، جامعة بغداد، 1998.

2. عبد العزيز، احمد عبد العزيز، جرائم الشباب، رسالة ماجستير في علم الاجتماع، غير منشورة، كلية الاداب، جامعة الموصل، 2001.

3. القصيري، انعام جلال، التنشئة الاجتماعية في الاسرة العراقية، اطروحة دكتوراه في علم الاجتماع، غير منشورة، كلية الادب، جامعة بغداد، 1995.

4. الكبيسي، سناء عبد الوهاب، التنشئة الاجتماعية في رياض الاطفال، اطروحة دكتوراه في علم الاجتماع، غير منشورة، كلية الاداب، جامعة بغداد، 1996.

5. الياسين، جعفر عبد الامير، اثر التفكك الاجتماعي في جنوح الاحداث، رسالة ماجستير، منشورة، كلية الاداب، جامعة بغداد، 1975.

د. الدوريات والبحوث:

1. ابراهيم، اكرم نشأت (الدكتور)، استراتيجيات مكافحة الجريمة في الوطن العربي، مجلة دراسات اجتماعية، العدد الاول، السنة الاولى، بيت الحكمة، بغداد، 2000.

2. ابراهيم، محمد عوض (الدكتور)، التلفزيون والطفل، مجلة الفيصل، العدد (122)، السنة (25)، الرياض، 1984.

3. الجابري، خالد فرج (الدكتور)، دور مؤسسات الضبط في الامن الاجتماعي، بحث مقدم الى الندوة الفكرية الخاصة بالامن الاجتماعي، سلسلة المائدة الحرة في بيت الحكمة، دار الحرية للطباعة، بغداد، 1997.

4. حافظ، نجوى (الدكتورة)، الاتجاهات الحديثة في الوقاية من الجريمة، المجلة الجنائية القومية، المجلد (23)، العدد الثالث، المركز القومي للبحوث الاجتماعية الجنائية، القاهرة، 1980.

5. حافظ، ناهدة عبد الكريم (الدكتورة)، السلوك المنحرف بوصفه ثقافة فرعية، بحث مقدم إلى الندوة العلمية الخاصة بالسلوك المنحرف وآليات الرد المجتمعي، سلسلة المائدة الحرة في بيت الحكمة، مطبعة اليرموك، بغداد، 1997.

6. حومد، عبد الوهاب (الدكتور)، نظرات معاصرة على عوامل الاجرام، مجلة الحقوق، العدد (4)، السنة (23)، جامعو الكويت، الكويت، 1999.

7. رشيد، اسماء جميل، اثر التلفزيون في التعبئة النفسية للعنف والجريمة، مجلة الشرطة، العدد الخامس، السنة الرابعة، مركز الدراسات والبحوث في مديرية الشرطة العامة، شركة الوفاق للطباعة المحدودة، بغداد، 2001.

8. الرفاعي، محمد خليل، الفيديو تمدن الوسيلة واشكالية الغرض (تأثير الفيديو في المراهقين – دراسة حالة – سوريا)، مجلة المستقبل العربي، العدد (194)، مركز دراسات الوحدة العربية، بيروت، 1995.

9. سلمان، مؤيد خليل، اثر التلفزيون في السلوك العدواني، مجلة الشرطة، العدد الخامس، السنة (174)، مركز البحوث والدراسات في مديرية الشرطة العامة، شركة الوفاق للطباعة المحدودة، بغداد، 2001.

10. صالح، ثناء محمد (الدكتورة)، الجريمة ونظرية السببية في الشريعة الاسلامية، مجلة الشرطة، العدد (64)، السنة (74)، مركز البحوث والدراسات في مديرية الشرطة العامة، شركة الوفاق للطباعة، بغداد، 2001.

11. العاني، عبد اللطيف عبد الحميد (الدكتور)، القيم الاجتماعية في الاسلام وأثرها في التحصين من الجريمة، مجلة التربية الاسلامية، العدد السادس، السنة (35)، شركة الخنساء، بغداد، 2001.

12. احمد، احلام، العلاقة الناجحة بين الطفل والبيئة، المجتمع، العدد (1417)، السنة (27)، مطبعة جمعية الاصلاح الاجتماعي، الكويت، 1998.

13. عمر، نوال محمد (الدكتورة)، الفيديو والناس، كتاب الهلال، العدد (471)، دار الهلال للطباعة والنشر، القاهرة، 1990.

14. المشهداني، اكرم عبد الرزاق (الدكتور)، منهج الاسلام في مكافحة الجريمة، مجلة التربية الاسلامية، العدد (84)، السنة (35)، شركة الخنساء للطباعة، بغداد، 2002.

15. محمد، هادي صالح (الدكتور)، وسائل وقاية الشباب من الانحراف والجريمة، مجلة آداب الرافدين، العدد (25)، كلية الاداب، جامعة الموصل، دار الكتب للطباعة والنشر، الموصل، 1993.

16. مصطفى، احمد، ظاهرة العنف والجريمة، اكتساب أو فطرة، مجلة المعلومات، العدد (97)، ابو ظبي، 1999.

17. مصطفى، عدنان ياسين (الدكتور)، السلوك المنحرف في ظروف الأزمات، بحث مقدم إلى الندوة العلمية الخاصة بالسلوك المنحرف وآليات الرد المجتمعي، سلسلة المائدة الحرة في بيت الحكمة، مطبعة اليرموك، بغداد، 1999.

ثانيا. المصادر الاجنبية:

1. Broph, Geree, Child Development and Socialization, 4th edition, London, 1977.

2. Clinard, M., The Sociology of Deviant Behavior, N.Y. (U.S.A), 1964.

3. Conklin, John, Criminology, 3 edition, New York, 1964.

4. Dressler, David, Reading in Criminology, Colombia University Press, N.Y., 1967.

5. Johnson, Harry, Sociology: Asystematic Introduction, Rout Ledge and Kegan Paul, London, 1976, p. 124-126.

6. Parsons, Talcott and R. Bales, Family Socialization and Interaction Process, London, 1964.

7. Phillips, John, School Failure and Delinquency, Sociological Abstracts, Number 3, Volume 28, San Diego, U.S.A., 1980.

8. Sutherland, Edwin and Donald Cressey, Criminology, 9th edition, J.B. Lippincott Company, New York, 1974.

9. Reckless, Walters, The Crime Problem, 3rd edition, New York, 1961.

10. Hanson, Mark, Educational Administration and Organization Behavior, Oxford University Press, London, 1978.

11. Wilson, Harriet, Parents Can Cut the Crime, New Society, Number 54, Coventry, England, 1980.

Printed in the United States
By Bookmasters